ro
ro
ro

Rainer Schmidt, geboren in Düsseldorf, ist Journalist und Schriftsteller. Er hat als Redakteur beim BBC World Service gearbeitet, für das «Zeit-Magazin», den «Spiegel-Reporter», «Vanity Fair» und als Chefredakteur des «Rolling Stone». Heute ist er verantwortlicher Redakteur des Magazins «Frankfurter Allgemeine Quarterly». 2008 erschien «Wie lange noch», 2009 «Liebestänze». Sein letzter Roman – «Die Cannabis GmbH» (2014) – fand großen Anklang bei Presse und Lesern. Nico Hofmann hat die Filmrechte für die UFA Fiction erworben. Rainer Schmidt lebt in Berlin.

Pressestimmen:

«Unbedingt lesenswert.» (DIE WELT)

«*Legal High* unterhält prächtig.» (N-TV)

«Einer der lustigsten und irrsten Krimis, die derzeit auf Deutsch zu haben sind.» (DIE WELTWOCHE)

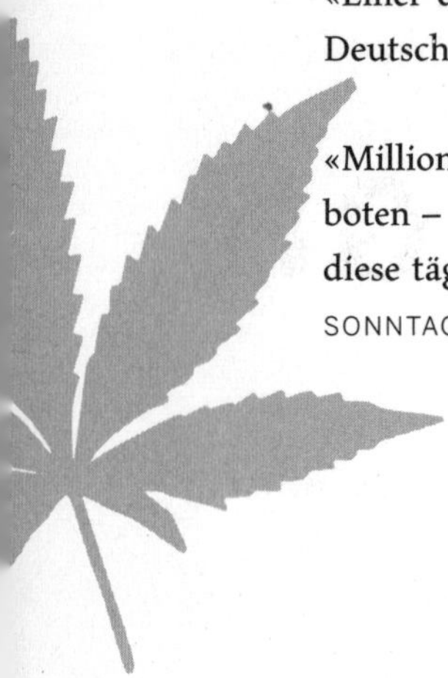

«Millionen Deutsche kiffen. Der Konsum ist nicht verboten – der Grasanbau schon. Rainer Schmidt beschreibt diese tägliche Schizophrenie.» (FRANKFURTER ALLGEMEINE SONNTAGSZEITUNG)

RAINER SCHMIDT

LEGAL HIGH

ROMAN

ROWOHLT TASCHENBUCH VERLAG

Veröffentlicht im Rowohlt Taschenbuch Verlag,
Reinbek bei Hamburg, März 2018

Umschlaggestaltung any.way, Hamburg,
nach dem Cover-Entwurf von studio grau, Berlin
Satz Maiola Pro OTF (InDesign)
Gesamtherstellung CPI books GmbH, Leck, Germany
ISBN 978 3 499 29028 2

PROLOG

Manchmal verstand die Kanzlerin ihre Mitbürger nicht. Warum hackten scheinbar normale Menschen ohne Not schmucklose Gewächse klein, stopften das Gestrüpp in Papier, zündeten es an und saugten daran – bloß um dann auszusehen und aufzutreten wie ihre halbe Fraktion nach anstrengenden Sitzungen? War das so erstrebenswert? Bei internationalen Konferenzen sah es übrigens nicht anders aus. In einigen Fällen lag es an den Themen, bei manchen Teilnehmern am Alkohol, oft einfach an der Erschöpfung. Sie wollte sich gar nicht davon ausnehmen. Gott, in was für einem Zustand sie teilweise während dieser absurden Verhandlungen mit den Griechen vor drei Jahren gewesen waren, unverantwortlich eigentlich. Wie Betrunkene hatten sie bis in die frühen Morgenstunden über Dinge gesprochen, die selbst ausgeruht kaum zu verstehen waren, vollkommen übermüdet und erschöpft gegen fünf Uhr morgens allerdings allen wie ägyptische Kreuzworträtsel erschienen. Sogar den Griechen selbst. Auch ihr Finanzminister hatte mehr als einmal hysterisch gekichert, und der rauchte ja wohl nicht. Obwohl, vielleicht aus medizinischen Gründen ...?

Aufmerksam blätterte sie in dem kleinen Geheimdossier, das ihr die Büroleiterin am 16. August 2018 zusammengestellt hatte, wie darauf vermerkt war, privat sozusagen, niemand sollte mitbekommen, womit sie sich hier beschäftigte. Und alles nur wegen der Amerikaner.

Lächelnd schüttelte sie den Kopf, denn neben den Cannabis-Umsatzzahlen und den entsprechenden Steuereinnahmen der diversen US-Bundesstaaten hatte ihre Vertraute sehr liebevoll überall lachende Schäuble-Köpfe mit Hanf-Siegerkranz und Dollarzeichen in den Pupillen hingemalt. Je höher die Summe, desto breiter grinste sie ihr ewiger Minister an. Mit vor Erregung glühenden Wangen saß er auf der steil nach oben ragenden Pfeilspitze der Einnahmenkurve, in der Hand das prall gefüllte Staatssäckle. Das sah fast zu süß aus, dachte die Kanzlerin, so süß war der ja selten in echt. Aber wie er sie so triumphierend von der Zeichnung angrinste, wurde ihr klar, dass genau diese Zahlen seine radikale und durchaus überraschende Kehrtwende bewirkt haben mussten. Plötzlich stellte er sich vor die Kameras und sagte: «Ja, Legalisierung ist auch ein Gebot fiskalpolitischer Vernunft!» Das hatte er selbstredend wieder ohne Absprache und Ankündigung zur besten Sendezeit in den Tagesthemen und auf YouTube verkündet. Schäuble eben. Nicht zu bremsen. Sie kannte das ja. Deswegen fragte sie manchmal ihre Büroleiterin morgens als Erstes: «Gibt es was Neues vom irren Alten?» Wahlweise auch: «Was heckt unsere Schwarze Null heute wieder aus?» Das war ihr kleiner Running Gag. Aber sein neuer Drogenkurs war nicht witzig.

Der Seehofer lag ihr mit dem Cannabis-Thema auch schon länger in den Ohren. Kurz hatte sie gedacht, endlich ist Ruhe an der Südfront, der hat so viele Pleiten erlebt, jetzt geben der und dieser fränkische Fleischkopf endlich mal Ruhe, nein, bekommt er wieder seine berühmten fünf Minuten und will im Alleingang die Hanf-Revolution ausrufen, weil seine Bauern endlich Klarheit verlangen, wie er behauptet. Bayerns und Deutschlands Zukunft als fortschrittliche Agrarnation stehe auf dem Spiel, man könne und werde sich diesen Milliardenkuchen unter gar keinen Umständen von den Amis oder eventuell sogar den Chinesen vor der Nase wegschnappen lassen, die schon in Colorado die US-Anbieter von Ausrüstung zum Cannabisanbau in die Ecke gedrängt hätten. Der Bayerische Bauernverband drohe bereits unverhohlen mit Aufrufen zu Wahlboykott und Parteiaustritten.

Sogar die Katholiken saßen dem im Nacken. Gottes Schöpfung sei heilig und zu ehren, kein Mensch habe das Recht, seine Weisheit und Güte in Frage zu stellen und bei seinen Geschenken zwischen Gut und Böse zu urteilen. Das sei anmaßend und frevelhaft, eine Sünde wider den Herrn, weswegen sich die Deutsche Bischofskonferenz bald in einem Hirtenbrief für Cannabis starkmachen werde. Das traf den Horst bis ins Mark. Der glaubte selbstverständlich schon lange an gar nichts mehr außer an sich selbst, aber er wusste sehr genau um die mögliche Wirkung solcher Worte von der Kanzel bei seiner verbliebenen Kernklientel. Der steht ganz schön unter Druck, der Arme, dachte die Kanzlerin, deswegen führt er sich auf wie Rumpelstilzchen. Gedroht hatte er ihr auch schon wieder. Wenn sie sich nicht bald zu einer Stellungnahme bewegen ließe, würde er eben alleine vorpreschen. Ganz böse hatte der Horst dabei geguckt, fehlte nur noch, dass er mal wieder mit einer Verfassungsklage drohte. Und alles bloß wegen dieses Cannabis.

Schnell warf sie einen Blick auf die aktuellen Umfragen zum Thema, die seit dem Nachmittag auf dem Tisch lagen. Oha! Daher wehte der Wind also.

Das waren allerdings klare Zeichen.

Sie würde wohl doch bald handeln müssen.

TEIL I
DIE HOFFNUNG IST GRÜN

Der Dude zuckte zusammen, als das große Tor hinter ihm zufiel. Es folgten weitere Sicherheitsschleusen und Türen, ihm wurde schlecht. Der Kreislauf, eventuell etwas mit dem Magen. Undefinierbare Geräusche, knappe Kommandos, strenge Gesichter, in denen nichts zu lesen war. Seine Füße fühlten sich dick an, das Atmen fiel schwer, die Nase wirkte verstopft, da kam gar nichts mehr durch. Er musste Papiere lesen, er unterschrieb einen Zettel oder zwei, er sog heftig Luft durch den Mund ein, der Mann vor ihm starrte ihn feindselig an. Eine Art Schalter, der Gang so lang, noch mal hinsetzen, eine Raufasertapete, leicht grau, ins Gelbliche changierend. Er sah tanzende Punkte auf der Wand, das hört bestimmt gleich auf, dachte er, das meinen die alles gar nicht so, das ist ein Versehen, ein riesengroßes Versehen, aber lüften könnten die trotzdem mal in diesem Puff.

Zwei Uniformierte gingen vorbei, an ihrer Seite klapperten Schlüssel, was er albern fand. Schlechtes Kostüm, ist doch hier kein Tatort, die sollen sich alle mal locker machen, dann wird sich das schon regeln lassen. Er spürte, wie sich sein Brustkorb hektisch hob und senkte, als ihm dämmerte, dass sich hier gar nichts regeln ließ, auf jeden Fall nicht heute, möglicherweise die nächsten *Jahre* nicht. Diese Erkenntnis schoss wie ein Blitz durch seinen linken Arm, ein ungewohnter Schmerz, grell und bohrend, schon rutschte er aus dem hässlichen Plastikschalensitz. Da schauten die Schlüsseldeppen ganz schön doof, als sie ihn zu Boden gehen sahen, damit hatten sie wohl nicht gerechnet.

Der Staat aber wollte seinen fleißigsten Grasanbauer nicht gleich am ersten Tag, diesem 1. Juni 2015, durch einen dummen Herzinfarkt oder unterlassene Hilfeleistung verlieren. Draußen bin ich ihnen lästig, drinnen wollen sie mich unbedingt erhalten, das ist doch unlogisch, dachte der Dude noch, als sie ihn in die Krankenstation brachten. Das EKG-Gerät neben der Liege sah aus, als hätten sie damit schon Adolfs kaltes Vegetarierherz vermessen, ein Museumsmodell womöglich, überlegte er, nur hier noch heimlich im Einsatz. Die Bürokratie nahm ein Stechen im linken Arm sehr ernst, weil die Bürokratie keinen Ärger will. Fällt der Häftling tot um, ist das ein Problem. Fällt der Häftling tot um, weil Hinweise auf ein Stechen im Arm nicht ernst genommen wurden, ist das ein Riesenfuckingproblem. Also: Rundumcheck, Überwachung – zumindest über Nacht.

Alle hier trugen weiße Sachen, das beruhigte den Dude, kam ihm alles sehr menschlich vor, geradezu normal im Vergleich zu den grauen Fluren vorhin. Die Pfleger wirkten freundlich, die Ärzte professionell distanziert und höflich, das war viel an Tagen wie diesen. Sie freuten sich sehr, dass er deutsch sprach. Sie lobten ihn dafür. Immer wieder. Der Dude fand das seltsam. Vor allem, weil die Ärzte und Pfleger doch selbst des Deutschen mächtig waren. Vielleicht war das hier der Umgangston, deswegen schmeichelte er dem nächsten Pfleger, der ihm Blut abnahm, gleich wegen seiner Deutschkenntnisse.

Der fragte bloß: «Willst du mich verarschen, oder was?»

Die Regeln hier scheinen kompliziert, dachte der Dude.

Er bekam ein Bett in einem überhitzten Sechserzimmer. Es roch nach Terpentin, Bohnerwachs, Desinfektionsmittel, altem Schweiß und Sperma, fast wie in einem Etablissement auf der Reeperbahn. Zwei weißhaarige Alte dämmerten vor sich hin, ein bulliger Rumäne lehnte am Fenster und redete mit sich selbst, neben ihm riss und zerrte ein Italiener an sich herum – ein kokainabhängiger Drogenkurier, wie ihm eine Schwester vorher erklärt hatte. Der klobige Körper des Italieners lag seltsam verrenkt auf dem Laken. Das Krankenstation-Leibchen entblößte mehr, als es verdeckte, die Haut an Armen und Händen war offen, die Beine stellenweise tiefblau und dunkelrot angelaufen, von totem Adergeäst und braunen Flecken durchsetzt. Unentwegt wanderten seine Hände über Arme und Beine und zupften Streifen aus der wunden Haut, die sich weiß löste und stellenweise nass glänzte. Der Drogenkurier pulte und grub mit stiller Gewalt, vielleicht um eine verborgene Wahrheit ans Licht zu zerren. Vor seinem Bett lag ein heller Ring aus abgeworfenen Schuppen.

«Hör auf, hier alles mit deiner kranken Haut zu versiffen», brüllte ein Pfleger den Kranken an. «Ich will den Dreck nicht mehr auf meinem Boden sehen, kapierst du das, du asozialer Pizzabäcker, capisci? Ja?»

Der Häutende verharrte kurz, starrte ihn traurig an – und zupfte weiter. Fluchend polterte der Pfleger aus dem Saal. Im Knast haben alle Paranoia vor Hautkrankheiten, jeder hatte unentwegt Angst, sich von anderen die Krätze zu holen, was regelmäßig zu einem Ansturm beim Anstaltsarzt führte. Der

Dude hatte davon gehört. Er verstand jetzt, was gemeint war.

Auf der anderen Seite neben seinem Bett lag ein dürrer Junge, zartes Mausgesicht, ganz fahl, Lippen schmal wie Rasierklingen. Der Dude musterte ihn freundlich, der Junge duckte sich weg, ein verängstigtes Tier im Käfig, keine fünfundzwanzig Jahre alt.

«Hey, wie heißt du?»

Schweigen.

«Willst du mir deinen Namen nicht verraten?»

Schweigen.

«Weswegen bist du hier?»

Schweigen.

«Hey, hörst du nicht, wieso bist du hier?»

Der Dude fragte etwas zu aggressiv, wie er sofort bedauerte, sendete aber dadurch klare Signale potenzieller Gewalttätigkeit aus, die der Dürre offensichtlich richtig zu deuten gewohnt war. Also öffnete und schloss der bleiche Jüngling hektisch seinen Mundschlitz, um viel zu schnell eine Geschichte von Drogen und falschen Verdächtigungen herauszupressen, die den Dude gar nicht interessierte, weil er nur seine gesundheitlichen Beschwerden hatte wissen wollen. Das Geplapper klang wie schlecht ausgedacht, vom ersten Wort an als Quatsch erkennbar. Der Dude bohrte nicht weiter, andere im Raum gifteten schon herüber. Der Rumäne drohte vom Fenster mit der Faust, sagte vielleicht irgendwas von «Kinderficker». Die Stimmung kippte, der Dude würgte das Bürschchen ab: «Schon gut, erzähl das deinem Friseur.»

Der Dude schlief unruhig. Er wachte alle paar Stunden auf und wusste nicht, wo er war. Er dachte an die letzten Sekunden mit Madame, wie er seine Frau nannte, er hörte seine Zwillinge Jakob und Anton nach ihm rufen, seine beiden besten Kumpel

Eight Fingers und No Brain lachten scheppernd über die Endlosschleife in seinem Hirn: *Ich bin im Knast für viereinhalb Jahre. Knast. Viereinhalb Jahre. Knast.*

Er hörte Geräusche, die er nicht deuten konnte, eine Ahnung von Aufruhr und Nervosität, ein stiller Kampf, dazu Lärm aus vielen Kehlen, das Schnarchen war ohrenbetäubend. Morgens trieb ihn die Blase aus dem Bett. Er schlich auf Zehenspitzen zum Klo und schob die Schwingtür halb auf. Mehr ging nicht. Schwerer Widerstand, weil der Junge im Weg hing. Der aus dem Bett nebenan. Mit einem Laken um den Hals, oben an einer Rohrleitung festgemacht. Der Dude sah die großen Augen, die Haut noch fahler, der Mund grotesk weit offen. Das Gesicht sagte: Das war's.

Der Dude brauchte fünf Sekunden, bevor er verstand. Er schrie. Und drückte die Notglocke.

Die anderen schreckten hoch, Wärter drängten in den Saal. Bitte aufstehen, los jetzt, auf geht's, nicht liegen bleiben, schneller jetzt, alle raus. Routinearbeit.

Der Dude trottete hinter den anderen her. Er sah den Jungen baumeln, eine leichte Bewegung, es konnte eine Täuschung sein. Dass die Leitungen das aushielten. Vielleicht waren sie extra dafür gemacht, dachte er, zu Hause hätten die Rohre das nicht getragen, niemals. Eventuell war denen das hier gar nicht so unlieb, wenn sich einer so davonmachte. Schaffte Platz, sparte Kosten. Konnte man nicht ausschließen.

Der war echt tot. Einfach so.

Herzlich willkommen im Gefängnis.

Der Dude wirkt blass, fand Madame, viel schmaler als beim letzten Mal. Und wie gebeugt der geht, so vorsichtig und schleppend, dachte sie, als ihr Mann das Besucherzimmer betrat. Zu Haftbeginn hatte er die Figur eines Boxers gehabt und einen rollenden Gang, der aussah, als werde er jederzeit losspringen. Gerade mal zwei Jahre der Haftzeit rum, sieht aber schon aus wie sein eigener Schatten, dachte sie und musste schlucken. Das hatte er nicht verdient. Sie aber auch nicht.

Sie umarmten sich, eher flüchtig, das war nicht der Ort für große Gefühle. Seine strohblonden, struppigen Haare hatte er wieder auf fünf Millimeter gestutzt, das machte ihn viel härter, fremder. Der jungenhafte Dude, der ewige Strahlemann, dessen Lebenslust ihn von innen illuminierte, war verschwunden. Seine sonst leicht rosigen Wangen wirkten grau und eingefallen, geradezu hager. Sie sah, wie sehr er sich um ein Lächeln bemühte, er ahnte nicht, wie sehr sie sich zusammenreißen musste, um nicht sofort loszuheulen. Aber sie wollte stark sein, ihn nicht belasten, das alles reichte auch schon so. Schweigend saßen sie einander gegenüber, fast schüchtern. Sie hatte den Eindruck, die Batterien des Dude, des großen, unerschrockenen, angstfreien, lauten King of Cool, des Großmeisters des Cannabis, waren leer. Sein Anblick brach ihr das Herz. Sie wollte diesen Verfall nicht sehen. Allein deswegen brachte sie die Zwillinge nie mit ins Gefängnis. Sie wollte nicht, dass Jakob und Anton ihren Vater so erlebten. Sie selbst wäre am liebsten auch nicht mehr gekommen. Aber das war keine Option. Das konnte sie ihm nicht antun.

«Schönes Kleid», sagte der Dude mit einem Blick auf ihren hochgeschlitzten Dress mit dem japanischen Blumenmuster und nahm ihre kalte Hand.

Wie weich sich seine einstige Pranke anfühlt, dachte Madame, so kraftlos und klein.

«Ja, das ist das Kleid von unserem Kennenlernabend.»

Sie sah, wie seine Augen feucht wurden, sie konnte sich kaum noch beherrschen. Der wilde Abend, als er sie angesprochen hatte, Jahre her. Damals hatte der große Lebensrausch begonnen, mit so viel Optimismus und Selbstbewusstsein, die verrückten gemeinsamen Jahre des Überflusses in ihrer kleinen, luxuriösen Parallelwelt – Erinnerungen aus einem anderen Leben.

«Das werde ich auch bei deiner Entlassung anziehen, ja?»

Er nickte stumm. Madame schaute auf die Uhr, nur noch fünf Minuten. Sie dachte: *Zum Glück.* Dafür schämte sie sich ein bisschen. Sie war froh, als sie wieder draußen war.

■

Der Dude starrte auf die Unterseite des Betts über ihm. Der Besuch wirkte nach.

Madame fühlt sich so unwohl, sie hält es kaum aus, mich so zu sehen, dachte er. Wie sie da am Tisch gesessen hatte, seine Frau, die rote Mähne streng nach hinten gebunden, das ebenmäßige Kinn etwas zu hochgereckt, die seidene Haut noch eine Spur blasser als sonst, die vollen Lippen irgendwie blutleer. Eigentlich wollte er gar nicht mehr, dass sie kommt. Aber das konnte er ihr nicht antun, ihr waren die Besuche doch so wichtig. Auf den ersten Blick war sie die gewohnt edle Erscheinung gewesen, aber hatte da mehr steif als stolz gesessen, ihm konnte sie nichts vormachen, er hatte es gespürt, wie verunsichert sie war, durch und durch. Das berührte ihn sehr. Natürlich ließ sie sich nichts vor ihm anmerken, niemals würde sie etwas sagen, immer Haltung bewahren, das hatte sie in ihren Elbchaussee-Kreisen gelernt, da kam sie ja eigentlich her, das war ihr Leben gewesen, bevor sie sich ganz auf ihn eingelassen hatte. Ob sie das jetzt manchmal bereute?

Es machte ihn rasend, dass er ihr nicht helfen konnte. Sie hatte nach seiner Verurteilung sofort angefangen, als Immobilienmaklerin zu arbeiten, bei einem der größten der Branche, Grund & Grund. Den Job hatte ihr Kelly besorgt, ihre treue Freundin. Dort konnte sie sich den Tag einigermaßen frei einteilen, zumindest so, dass sie es irgendwie immer noch schaffte, ihre neunjährigen Zwillinge ausreichend zu versorgen. Sein Herz klopfte schneller bei dem Gedanken an seine Jungs. So lange hatte er Jakob und Anton schon nicht mehr gesehen. Nur auf Fotos. Und die Zeit verstrich quälend langsam. Das alles war deprimierend.

Deprimierend war aber auch, was gerade politisch passierte. Diese Headline in der MoPo, die irgendwer auf dem Flur vergessen hatte, war erschreckend: «Kifft Hamburg bald legal?» Er konnte es nicht fassen. Der Senat wollte einen Modellversuch zur kontrollierten Abgabe von Cannabis im gesamten Stadtgebiet wagen, wegen der guten Erfahrungen mit dem lizenzierten Verkauf in der Schanze und im Karoviertel. Seit Frühsommer 2017 folgten die beiden Hamburger Kieze dem Vorbild von Friedrichshain-Kreuzberg in Berlin. Dort war kurz vorher ein entsprechender Antrag im dritten Anlauf durchgedrückt worden, schnell zog der Rest der Hauptstadt nach. Köln, Bremen und Frankfurt wollten diesem vielversprechenden Weg folgen, Hamburg als Erstes. Und er saß im Knast. Verdammt.

Der Dude dachte an seine Lieblingspflanze, die ihn hierhergebracht hatte. Er dachte an pH-Werte, Dünger, Bewässerungszeiten, Kokosmatten und Leuchtmittel, er dachte an seinen ätzenden Brennnesselsud, den er immer so sorgfältig über die Hanfblätter verteilt hatte, um die Feinde seiner sensiblen Cannabis-Sativa- und Indica-Pflänzchen mit den besten Mitteln der Natur zu erledigen. Keine Chemikalie sollte damals den puren Geschmack gefährden, nichts die reine Lehre stören. Denn er hatte nicht irgendein Gras herstellen wollen, nein, es sollte das beste Gras der ganzen Republik werden, und – in aller Bescheidenheit – er war ganz nah dran gewesen. Seine Kunden schwärmten noch heute von seinem ökologisch reinen Zeug, das wusste er aus zuverlässigen Quellen. Ja, der ganze Norden war danach verrückt gewesen, das sogenannte Strongdude wurde eine echte Legende. Dafür hatte er gelebt, dafür hatte er gekämpft, dafür hatte er hart gearbeitet – Sieben-Tage-Woche, Bereitschaft rund um die Uhr, die Plantage schlief nie. Dazu bekiffte Angestellte, Lieferprobleme, nörgelnde Hauptabnehmer, Ernteausfälle. Zum Schluss hatte er sich wie ein Sklave seiner selbst geschaffenen Maschinerie gefühlt, leer, ausgepumpt, fertig. Auf dem Weg ins Paradies war er irgendwann unbemerkt in Richtung Hölle abgebogen. Als er das erkannte, war es leider bereits zu spät gewesen – irgendwer hatte ihn verraten, wer genau, hatte er selbst im Prozess nie erfahren, aber für ihn war klar, dass es der Bauer Petersen von nebenan gewesen sein musste. Im Traum sah er manchmal noch dessen grobschlächtiges, rot zerfurchtes Gesicht, wie aus den kleinen, stumpfen Augen die giftigsten Blicke auf den Dude trafen. Einige Male keimten in solchen Erinnerungsnächten Gewaltphantasien auf und eine süße Rachsucht. Morgens war davon meist nichts mehr übrig, höchstens schlechte Laune. Aber weil er verraten worden war, teilte er sich jetzt ein Zimmer mit fünf Mitbewohnern, die ihn nicht leiden konnten. Der Rumäne, der Albaner, der Kurde und die zwei deutschen Asis machten aus ihrer Abneigung keinen Hehl. Der Grund war nicht klar, die Feindseligkeit eindeutig. Er wollte es ignorieren, aber es ging nicht.

BERLIN. In vielen Bundesländern werden die Rufe nach einer vollständigen Entkriminalisierung von Cannabis lauter. Die Bremer Landesregierung hat bereits im Rahmen ihrer lokalen Möglichkeiten einige Verwaltungsvorschriften entsprechend geändert, aber jetzt soll das Problem grundsätzlich angegangen werden. Baden-Württembergs Ministerpräsident Winfried Kretschmann (Grüne) hat sich für eine Legalisierung des Konsums ausgesprochen. Zustimmung äußerten die Vertreter Hessens, Nordrhein-Westfalens, des Saarlands sowie Sachsen-Anhalts und Brandenburgs. Der Vorstoß wurde vom GKV-Spitzenverband, dem zentralen Interessenverband der gesetzlichen Kranken- und Pflegekassen, begrüßt: Die Legalisierung sei auch gesundheitspolitisch geboten, nur so könne man langfristig auf teure Medikamente verzichten und auf diese Weise «massiv Kosten sparen». Die Bundesregierung verwahre sich strikt gegen solche Überlegungen, erklärte ein Regierungssprecher. Man werde jedoch die Regelungen für die Verschreibung von sogenanntem Medizinalhanf erneut überprüfen und möglicherweise noch großzügiger gestalten. Experten rechnen mit Zehntausenden zusätzlichen Genehmigungen für Schmerzpatienten und andere Schwerkranke, einige sogar mit Hunderttausenden.

▬

Die zwei Manager in Smokings auf der Dachterrasse des Berliner Hotel de Rome hatten ihre Fliegen gelockert, blickten aber recht angespannt auf den Bildschirm vor ihnen.

«Hunkel, was ist da los, warum sind wir da nicht involviert? Wir brauchen sofort einen Termin bei der Kanzlerin! Wofür spenden wir denn laufend, verdammt?»

Katz schmiss in einer Geste nur halb gespielter Empörung seine Fliege Richtung Fernseher, wo gerade erläutert wurde, was die jüngste Lockerung der Regeln bezüglich des «Medizinalhanfs» für Deutschland bedeuten könnte. In den USA, hieß es in dem Tagesthemen-Bericht, profitierten mittlerweile in über dreißig Bundesstaaten Patienten davon, dass Ärzte Marihuana verschreiben durften – was sich zu einem Riesengeschäft entwickelt habe. Unternehmen und Börse spielten verrückt.

«Das ist ab sofort unser Terrain, Hunkel, oder?»

Katz prostete Hunkel spielerisch mit seinem Gin Tonic zu, der nickte und dachte: Ja, wahrscheinlich hat er recht. Denn aus irgendwelchen Gründen hatten sie wohl ein paar Grundschwingungen nicht mitbekommen, das war nicht gut, da kündigte sich eine Zeitenwende an.

Klar würden sie da einsteigen, big time.

Hunkel leerte sein Glas in einem Zug. Als Präsident des Bundesverbands der Deutschen Industrie wurde er oft zu Veranstaltungen zwangsverpflichtet, um mit Ministern, Firmenchefs, Investoren oder der Kanzlerin für eine rauschfreie Jugend zu werben und Alkohol und jede Art von Drogen zu verteufeln, selbst jene, die sie selbst schätzten. Und jetzt sollte damit Geld verdient werden? Der Kapitalismus ist schon ein verachtenswerter Opportunist, dachte er und sog heftig an seiner Cohiba Siglo II. Katz rülpste, sie waren zum Glück allein, wie Hunkel mit einem schnellen Blick überprüfen konnte, wobei Katz an solchen Abenden egal war, was andere von ihm dachten. Hunkels Pressereferenten wollten immer, dass er nicht von Kapitalismus, sondern nur von der «Marktwirtschaft» redete, das klinge nicht so nach Marx oder Sahra Wagenknecht. Er fand das heuchlerisch. War doch nicht seine Erfindung, dieses System, das aus sozialen Wesen profitorientierte Effizienzfetischisten machte, was wissenschaftlich bewiesen war. Wenn er aber mitspielte, wollte er auch gewinnen. Zweifel und Skrupel brachten einen dabei nicht weiter. Leute wie Katz hielten sich mit solchen

Kinkerlitzchen niemals auf. So sahen sie dann irgendwann auch aus. Katz etwa litt unter der alterstypischen Gewebeschwäche der Endvierziger, sein Kinn löste sich langsam im Hals auf. Da halfen weder Yoga noch Personal Trainer. Wenn in seinen Augen noch etwas anderes glühte als Gier oder Missgunst, war das meist auf Alkohol zurückzuführen. Hunkel stutzte kurz. Oder gar auf Chrystal Meth? Das hatte sich ja gerade im Regierungsviertel zum beliebten, weil äußerst effektiven Aufputschmittel gemausert, wie man hörte. Mehr leisten, schneller sein als die anderen, darum ging es nur noch. Man brauchte sich heute gar nicht mehr zu verstellen, selbst stumpfeste neoliberale Parolen galten als akzeptiert. Bescheidenheit ist eine Zier, doch weiter hilft uns meist die Gier, haha. Nichts hatte sich im verrotteten Kern geändert, höchstens, dass er noch verrotteter war. Beispiel Banken: Die waren seit der Finanzkrise 2007 noch mächtiger und größer geworden, noch mehr Institute waren «too big to fail», ihr Erpressungspotenzial war ins Unermessliche gestiegen. Die Öffentlichkeit verstand nur noch Bahnhof, es war eine hochgradig unterhaltende Tragikomödie – solange er und seinesgleichen daran verdienen konnten. Amüsiert hörte er neue Stimmen von einer «Entökonomisierung» der Lebensverhältnisse sprechen, Effizienz und Gewinn verlören als Handlungsmaximen an Bedeutung, hatte kürzlich erst wieder ein Forscher vom Max-Planck-Institut zur Erforschung von Gemeinschaftsgütern bei einem Symposium in Bonn erklärt. Was für ein Witz. Klar ging es um Werte, man nannte diese Werte auch Geld.

Hunkel drehte sich zu seinem alten Freund Katz, der seit ewigen Jahren schon als Arbeitgeberpräsident mitmischte.

«Du hast völlig recht, wir brauchen sofort einen Termin bei der Kanzlerin!»

Vom Ende des Gangs beobachteten die Beamten hinter dicken Scheiben das Geschehen, das war das «Aquarium». Anträge mussten dort abgegeben werden. Die Schließer ließen sie oft einfach so herumliegen. Alle konnten im Prinzip lesen, was die anderen gerade beantragt hatten, weil die Zettel hinter der Scheibe für jeden, der sich ein wenig verrenkte, einsehbar waren. Das war perfide, denn es erhöhte die soziale Kontrolle – und provozierte Ärger.

Am Nachmittag sah der Dude seine Zellennachbarn vor der Scheibe feixen. Der Rumäne führte das große Wort. Er näherte sich langsam und hörte, wie sein Name mehrfach fiel, sie redeten über ihn. Schlecht natürlich.

«Na, was habt ihr für ein Problem?»

Der Ceaușescu-Verschnitt fuhr herum, Mund weit offen, die Goldzähne blitzten, der Dude konnte den Gestank aus seinem Maul förmlich sehen.

«Oh, der Dude, wieder fleißig schleimen bei Kollegen hier?»

Der Rumäne zuckte mit dem Kopf Richtung Aufsichtspersonal, alle blickten den Dude feindselig an. Gruppendynamisch lief es nicht wirklich gut für ihn, die Stimmung war bisschen Standgericht, bisschen Exekutionskommando.

«Du ganz schön oft Extra-Besuch», sagte der Albaner.

«Immer viel Geld zum Einkaufen», sagte der Kurde.

«Du Arschloch scheißt die mit Anträgen zu und kommst durch damit, komisch, oder?», sagte einer der deutschen Asis.

«Warum wohl?», fragte der andere Deutsche schneidend.

«Vielleicht, weil ihr gute Kumpel, du und Schwuchteln hinter der Scheibe?»

Der Blick des Dude folgte dem ausgestreckten Finger des Rumänen. Da lag gut einsehbar sein Antrag auf Sonderurlaub für seine beiden Jungs, die wegen Lebensmittelvergiftung im Krankenhaus behandelt wurden, anscheinend bewilligt, wie er am Stempel erkennen konnte. Das hatte ihm noch niemand gesagt. Gut für ihn, eigentlich. Fanden seine Zellennachbarn eher nicht so.

«Was willst du damit sagen?»

«Du Wichser so viele Anträge, andere dafür Ärger, du kriegst fast alles, meinst du, wir völlig bescheuert?»

«Vielleicht sind sie froh, dass einer mal einen geraden Satz in ihrer Landessprache hervorbringt?»

«Oder ...?»

«Oder was? Was willst du andeuten?»

Der Rumäne schnalzte mit der Zunge.

«Du sagst, du warst Anbauer mit Riesenplantage, alles gigantisch. Wahnsinnige Mengen, wahnsinnige Qualität. Aber dafür geben dir deutsche Nazi-Richter nur paar Jahre? Für Tonnen von Stoff? Komisch, oder?»

Dem Dude wurde kalt.

«Tja», ergänzte der Albaner, «und hier drin alle nett zu dir, viele Anträge, kein Problem, viele Extras, kein Problem.»

«Vielleicht, weil er gar nicht so ein schlimmer Finger ist», sagte der größere Deutsche.

«Sondern einfach Arschloch-Spitzel?»

Der Rumäne blickte ihn triumphierend an.

«Verstehst du, Dude? Du stinkst!»

Der Dude verstand und schlug den Rumänen mit einer ansatzlosen Geraden nieder. Dem Fallenden rammte er einen Ellbogen ins Maul. Er spürte den Widerstand von Zähnen auf der Haut, er hörte ein Knacken.

Der Rumäne spuckte Blut. Die anderen vier schmissen sich auf den Dude. Die Schließer kamen angestürmt. Jemand schrie: «Das wirst du Schwein büßen!»

Die Wärter zerrten sie auseinander. Keiner wollte sagen, wer angefangen hatte. Den Uniformierten war das egal. Würden halt alle bestraft.

Der Rumäne kam Stunden später von der Krankenstation zurück. Der Zorn und die Schmach verzerrten sein Gesicht. Sah ganz silberig aus, seltsamer Glanz, nicht real, ziemlich gespenstisch. Das bemerkten die Schließer auch und verordneten ihm eine Einzelzelle. Er sollte ihnen verraten, was der Anlass war, wer der Schuldige.

Der Dude hatte ein Problem. Wenn der Rumäne petzte, gäbe es richtig Stress, Streichung aller Vergünstigungen und eventuell ein Verfahren obendrauf. Aber so oder so, er war geliefert. Spitzel. Alle hatten es gehört. Das konnte ihm das Genick brechen. Spitzel hieß, der Dude wäre ab sofort vogelfrei. Eine Eiterbeule im sensiblen Sozialgefüge der Knastwelt. Beweise? Nicht nötig. Der Verdacht war der Beweis. Sehr effiziente Logik, nicht wirklich gerecht, aber extreme Situationen erfordern extreme Abstoßungsprozesse, in denen filigrane Differenzierung keinen Platz hat.

Der Dude brauchte dringend Hilfe. Er brauchte Wladimir, den gefürchteten Russen in ihrer Abteilung. Alle nannten ihn nur «Wladimir der Schreckliche». Ganz harter Junge aus dem Moskauer Milieu, beste Verbindungen, angeblich sogar Kontakte zu Putin über drei Ecken. Was so geredet wurde. Ein großer Deutschen-Freund sollte er auch sein. Das war sein Mann. Kleines Problem: Wladimir brauchte ihn nicht. Oder doch?

Madame griff nach ein paar Strümpfen und verstand erst nach einer kleinen Ewigkeit, was ihre Hände reflexartig in der Schublade suchten: Geld. Sie folgte einem alten Instinkt, hier waren früher die leicht rauen, dicken Bündel versteckt gewesen. Noten in Fünfzigerrollen, Hunderterrollen, in seltenen Fällen Zwanzigerrollen. Mal zweitausend Euro, meist fünftausend, eingebettet in Socken und Unterhosen, manchmal auch aufbewahrt in Butterdosen und Bildrahmen, in Stuhlhohlräumen und Gefrierfächern, unter losen Parkettstücken und im Werkzeugkasten, plus, nicht zu vergessen, in der Schüssel oben auf dem Schrank – das war das Reservoir für den täglichen Bedarf.

Was waren das für Zeiten gewesen. Überall Geld, keine Sorgen, nur eine große Lust aufs Leben und ganz große Gefühle, sie waren die Masters of the Universe. Der Dude war ganz in seiner Arbeit aufgegangen, die er liebte und so gewissenhaft verfolgte wie ein ehrbarer deutscher Mittelständler, als der er sich im Grunde immer gesehen hatte, und sie ihn auch. Ihr Mann war ja kein Krimineller, niemals gewesen. Er hatte ein reines Bio-Produkt hergestellt, das von vielen begehrt wurde, er sorgte vorbildlich für seine Söhne und seine Frau, er vermied den Kontakt mit echten Verbrechern, na ja, so gut es ging zumindest, und schadete niemandem, auf jeden Fall nicht bewusst. Ihr Leben, so sah Madame das rückblickend und glaubte, dabei objektiv zu sein, war ein großes, berauschendes Fest des Glücks gewesen, in dem es von allem zu viel und Cash ohne Ende gab. Heute gab es Sorgen im Überfluss, kein Geld, kein Glück und kaum noch Gefühle, wenn sie ehrlich war. Gedankenverloren zog sie die Nylons in die Länge.

Sie hatte ihren Dude abgöttisch geliebt. Also den starken, etwas zu lauten, zu großzügigen, überschäumenden, exaltierten, verrückten, unerschrockenen Dude, der genau wusste, was er wollte und was nicht. Nach dem verlangte sie mit jeder Faser ihres großen Herzens, nach dem Mann, der niemals Angst hatte und sich nie einschüchtern ließ, der seine eigenen Regeln machte und so hingebungsvoll durchdrehen konnte, dass sie ihm selbst die ein oder andere Eskapade verzieh, weil man so ein Energiepaket einfach nicht zähmen konnte. Im Gefängnis wirkte er so klein, nicht nur wegen des Gewichtsverlusts. Er wirkte so erschlafft, gebrochen geradezu. War das tatsächlich der Dude, dem sie einmal verfallen war?

Am Vorabend seines Haftantrittes hatten sie sich geschworen, auf immer und ewig, no regrets, das war ihr Kampfspruch, nie hatte sie mehr Liebe durchströmt als in den letzten Stunden vor dem Abschied. Ja, für immer und ewig, egal, was kommt, und der ganze andere Rest, den man so sagt, wenn man noch gar nicht weiß, was *wirklich* kommt. Jetzt wusste sie es nur zu gut, und es gefiel ihr gar nicht. Genauso wenig wie diese ewige Geldnot.

Früher waren zwei-, dreitausend Euro nichts, ein schöner Abend vielleicht, das Cannabisgeschäft machte es möglich. Jetzt studierte sie Sonderangebote wie eine Hartz-IV-Empfängerin, unerträglich. Der Immobilienjob lief langsam einigermaßen an, die Situation würde also tendenziell besser werden, aber trotzdem. War sie bei der Arbeit, hatte sie ein schlechtes Gewissen wegen ihrer Jungs, die in einem Alter waren, in dem sie viel mehr Aufmerksamkeit brauchten, als sie zu geben in der Lage war, alleine schon, um die nur unzulänglich erklärte Abwesenheit des Vaters kompensieren zu können. Ging sie früher nach Hause, weil sie für Jakob und Anton da sein wollte, machte sie sich Vorwürfe, weil sie ihren neuen Job vernachlässigte. Ihre Mutter unterstützte sie ab und zu, aber ihr Stolz hielt sie davon ab, deren freundliches Hilfsangebot übermäßig zu strapazieren. So schlecht ging es ihr dann doch nicht. Nach außen zumindest. Das war eine Lüge, die sie sich leisten wollte. Noch.

▬

HAMBURG. Die Zustimmung für eine umfassende Legalisierung von Cannabis ist laut einer Umfrage des Magazins Stern deutlich gestiegen. Demnach sprechen sich jetzt 43 Prozent der Befragten über 18 Jahren für eine Änderung der Gesetze aus. Das ist der höchste Wert, der bisher in der Bundesrepublik gemessen wurde. 51 Prozent sind strikt gegen die Legalisierung, 6 Prozent sind unentschlossen. Unter den Anhängern der Unionsparteien ist die Ablehnung am stärksten. Die Drogenbeauftragte der Bundesregierung kommentierte die Zahlen mit den Worten, die Mehrheit der Deutschen sei vernünftig und wolle Kinder und Jugendliche nicht ins Verderben schicken. «Bestimmte Medien und die Opposition» seien dafür verantwortlich, dass «die Gefahren dieser Droge bewusst verharmlost» würden.

▬

Der Dude hatte bald alle Einzelteile zusammen. Eine alte Haarschneidemaschine von einem Typen aus dem Nebentrakt, da war ein Motor drin, dazu ein paar achteckige Hülsen von diesen Stabilo-Stiften. Er friemelte den Zünddraht von der Spule eines Feuerzeugs, das ergab eine ordentliche Vorrichtung, auch wenn es mit dem Draht statt einer Nadel ein ganz schönes Gerupfe geben würde. Egal, dachte der Dude und machte sich an die Tuscheproduktion. Die Farbe herzustellen war leichter als gedacht. Er schmolz den Griff eines Einwegrasierers mit seinem Feuerzeug, gab ein bisschen Spülmittel dazu, mit eingeschmolzenem Gummi von Schuhsohlen klappte das auch, fertig war die Supertinte.

Beim Umschluss sagte er Wladimir Bescheid. Der bestellte ihn in seine Zelle. Er wollte einen Stern auf die Brust, sein Kumpel einen auf das linke Knie. Der Körper des durchtrainierten großen Mannes sah bereits aus wie das Zentrum der Milchstraße, so dicht war der Sternennebel auf der Haut. Der Dude hatte irgendwo mal gelesen, was die Dinger bedeuteten, man konnte daran alles ablesen, die Position in der Organisationshierarchie, die Orte, an denen ihr Träger gesessen hatte, manchmal ging es auch um Höheres. Ein Stern auf einem Knie bedeutete angeblich: Ich knie vor niemandem. Zwei Sterne auf den Knien bedeuteten: Ich knie vor niemandem, auch nicht vor Gott.

Sie verhandelten kurz. Fünf Beutel Tabak pro Stern. Der Dude überlegte nicht lange. «Okay», sagte er, «aber nur unter einer Bedingung: Ihr versteckt die Maschine.»

Wladimir runzelte die Stirn, sein Kumpel grinste dreckig.

«Der Kiffer hat Schiss, wa?»

«Willst du mich beleidigen, Schwuchtel?»

Der Dude bereute den Satz ein bisschen. Der Kumpel zuckte zusammen und holte aus, Wladimir hielt den muskulösen Arm des Landsmannes zurück.

«Alexej, du darfst doch nicht den Heiligen des ökologischen Grasanbaus verschrecken, den Hersteller des mythischen Strongdude. Der Dude beliebte, einen Scherz zu machen, wenn ich das richtig verstehe, oder?»

Der Dude lachte etwas zu laut. Wieso sprach der so gut Deutsch? Wieso wusste der Kerl so genau, wer er war?

«Jaja, ein Scherz.»

Alexej grunzte.

«Der Dude wird uns nicht nur die Körper verschönern», sagte Wladimir, «sondern vielleicht auch unsere Zukunft.»

Alexejs Gesicht erhellte sich. Er schien etwas zu verstehen, das dem Dude noch nicht klar war. Oder nicht klar sein wollte. Irgendwie nahm das hier gerade nicht die richtige Richtung. Aber für Seminararbeiten über interkulturelles Verständnis blieb keine Zeit.

Wladimir zeigte auf das vernarbte Knie von Alexej.

«Anfangen!»

▬

«Frau Tröchter, verbinden Sie mich sofort mit Böll.»

«Aber ist Dr. Böll denn noch am Platz?»

«Das rate ich ihm aber dringend!»

Isabelle Frevert, Vorstandsvorsitzende des Chemie- und Pharmariesen Meduk, lachte. Ihre Vorzimmerdame auch. Böll war ja immer am sogenannten Platz, weil er nirgendwo anders lebensfähig war. Man konnte ihn um jede Tages- und Nachtzeit erreichen. Isabelle Frevert wusste gar nicht, wie der das machte. Fuhr der nie nach Hause? Hatte er überhaupt ein Privatleben? Privat war einer wie Böll gar nicht vorstellbar. Ein seltsamer Kauz im Grunde, aber ein genialer Wissenschaftler. Und allein das zählte für sie.

Der Fernseher lief im Hintergrund weiter. Isabelle Frevert verzog den Mund. Man dachte, man hätte alles im Griff, und zack, tauchte unvermittelt der schreckliche Kurz, der Vorsitzende der Deutschen Cannabis Vereinigung, in den Hauptnachrichten auf und brachte alles durcheinander. In den sozialen Netzwerken drehten bereits alle durch, wie sie auf ihrem

Notebook sah, auf Twitter gab es nur das eine Thema, Spiegel Online, FAZnet und Zeit Online: überall nur Kurz, Kurz, Kurz. Der war als Sachverständiger vom Wirtschaftsausschuss des Deutschen Bundestages wiederholt eingeladen worden, aber demnächst, und das war die sensationelle Nachricht, sollte er direkt vor die Bundespressekonferenz treten, um erstmals überhaupt auf dieser Bühne mit Billigung aller Ausschussmitglieder seine Position zu erläutern. Bundespressekonferenz? Was war da los? Warum wusste sie nichts von diesem Auftritt, wieso hatte Berlin ihr nicht Bescheid gesagt? Sie glaubte nicht an Zufälle und Versehen. In diesen hochkomplexen Systemen kommunizierender Röhren hatten kleinste Veränderungen oftmals fundamentale Konsequenzen. Winzige Risse führten zu tektonischen Plattenverschiebungen. Kurz im Wirtschaftsausschuss – das kannte sie mittlerweile. Die Protokolle der öffentlichen, aber auch der geheimen Treffen lagen in ihrem Safe. Gleich neben den ebenso diskret angefertigten Niederschriften der sehr vertraulichen Gespräche mit dem Wirtschaftsminister und *ihr*, die sie rein routinemäßig hatte heimlich mitschneiden lassen, man wusste ja nie.

Dieser angekündigte Kurz'sche Auftritt kam für Frevert aus heiterem Himmel. Das durfte nicht passieren. Sie machte sich eine Notiz. Sie konnten sich in dieser Phase keine Schwäche erlauben.

Frevert ordnete mit einem Blick in das große Panoramafenster, in dem sie bei der schräg einfallenden Sonne den Hauch eines Spiegelbildes erkannte, ihren eigentlich perfekt liegenden und in einem angenehmen Mittelblond nicht zu aufdringlich strahlenden Pagenkopf. Seit dem Studium war das ihre Lieblingsfrisur. Praktisch und klassisch zeitlos, wie sie fand, streng genug, um ernst genommen zu werden, aber zugleich weiblich genug, um nicht den zartesten Anschein von

Überanpassung aufkommen zu lassen. Gott, natürlich war das ein bisschen beschämend, im Jahr 2017 noch in solchen Kategorien zu denken, schoss es ihr durch den Kopf, aber auch nicht beschämender als die Tatsache, dass sie nicht nur die erste, sondern immer noch die einzige Frau an der Spitze eines DAX-30-Unternehmens war.

Sie hörte Karin Tröchter im Vorzimmer reden, draußen entfaltete sich das beeindruckende Werkspanorama neben der Stadt, die sie immer noch so trostlos fand wie bei ihrem ersten Besuch. Herrje, was war sie froh, nicht hier aufgewachsen zu sein oder wohnen zu müssen. Nur die Gewissheit, in ein paar Jahren wieder woanders arbeiten zu können, verhinderte eine schwere Depression. Obwohl sie es mit der Villa im nahen Düsseldorf doch einigermaßen gut getroffen hatte.

«Herr Dr. Böll ist jetzt dran», rief ihr die Vorzimmerdame zu und schloss diskret die Tür zu ihrem Büro.

«Frau Dr. Frevert?»

«Guten Abend, Herr Böll. Wie ist die Lage?»

«Die Lage ist bestens, Frau Dr. Frevert.»

«Einfach Frevert, lieber Herr Böll, ich heiße Frevert.»

Sie fand die in einigen Wirtschaftskreisen verbreitete Betonung der akademischen Titel lächerlich und verachtenswert, was sie gern alle spüren ließ. Zumal sie selbst am besten wusste, was für aufgeplusterte Diplomarbeiten oftmals dahinter standen. Von den gekauften und anderweitig gefälschten und betrügerisch angefertigten Erschleichungsschriften mal ganz abgesehen. Sich als erwachsener Mensch mit einer vor Jahrzehnten erbrachten, meist gar nicht mal so überragenden intellektuellen Leistung zu schmücken, erschien ihr töricht und peinlich. Böll, ein genialer Biologe und Chemiker, hatte sich nie um Titel geschert. Das allein zeigte ihr seine Reife,

Intelligenz und Fokussiertheit. Wer sich von einer Promotion einschüchtern ließ, war ein armer Wicht, und wer Wert darauf legte, damit zu imponieren, zeigte in Isabelle Freverts Augen nichts als einen unangenehmen Minderwertigkeitskomplex und geistige Unreife. Und da sie die Chefin war, wagte niemand, ihre Haltung zu diesem Thema in Frage zu stellen. Das fand sie sehr angenehm.

«Entschuldigung, Frau Frevert, ich vergesse das immer wieder.»

«Schon gut. Haben Sie die Nachrichten gesehen?»

«Ja, langweilig.»

«Wieso langweilig? Wussten Sie von dem Auftritt?»

«Nein, aber was soll dieser Kerl schon erzählen?»

«Warum haben wir von dem bevorstehenden Termin vor der Bundespressekonferenz nichts mitbekommen?»

«Ich weiß es nicht, aber das ändert gar nichts. Vor allem nicht, wenn ich mir anschaue, was der sonst so sagt.»

«Wirklich?»

«Ja, alles gut.»

Isabelle Frevert beruhigte sich. Böll wusste seine außergewöhnlichen fachlichen Fähigkeiten mit einem gesunden merkantilen Bewusstsein und Scharfsinn zu verbinden. Seit Jahren galt er als das perfekte Trüffelschwein für den Konzern. Böll forschte nicht einfach drauflos, weil es Spaß machte, neue Sachen zu entdecken. Er entflammte nur richtig, wenn er den kommerziellen Erfolg schon wittern konnte. Der hochaufgeschossene Biochemiker erspürte instinktiv, wie man sagen musste, Marktlücken wie kein Zweiter, weshalb er allen stets drei Schritte voraus war. Und damit ihr Unternehmen der Konkurrenz. Böll war ein echter Jackpot, und alles, was er verlangte, war Freiraum. Wahrscheinlich war es ihre beste Entscheidung gewesen, den auf andere leicht verstörend wirkenden dürren Forscher quasi als erste Amtshandlung zum Leiter des sogenannten Pflanzenschutzzentrums in der benachbarten Gemeinde zu machen. Das war eine international anerkannte, mächtige Einrichtung, in der Böll schalten und walten konnte, wie er wollte. Und das tat er auch.

«Ich muss mir wirklich keine Sorgen machen?»

«Nein, Frau Frevert, alles läuft genau nach Plan!»

-

Der Dude wollte Schutz vor dem Rumänen. Damit war er bei Wladimir an der richtigen Adresse. Wladimir konnte zum Beispiel Araber und Moslems nicht leiden. Wahrscheinlich kleines Trauma aus dem Tschetschenien-Krieg, zu viel Bombenwirbel als junger Mann möglicherweise, vielleicht auch einfach Rassismus. Er fand auch Rumänen minderwertig, den Zellenmitbewohner des Dude ganz besonders. Der roch seltsam und sprach kein Russisch, obwohl sie das Pack doch jahrelang durchgefüttert hatten, als sie alle noch unter Hammer und Sichel vereint gewesen waren.

Den bekloppten Deutschen aber mochte Wladimir irgendwie. Wie akkurat der arbeitete, gewissenhaft, eifrig, deutsche Wertarbeit eben. Wladimir wusste, was der Spitzel-Titel für den Dude bedeuten könnte. Ohne den Deutschen gäbe es keine neuen Tattoos. Nicht gut.

Der Rumäne saß immer noch in einer Einzelzelle auf einem anderen Flur. Alexej bekam von einem Wärter, der gegen ein paar Euro Sonderurlaubsgeld nichts einzuwenden hatte, die drei Minuten, die er für einen Besuch brauchte.

«Wenn du den Dude anfasst, schneiden wir dir die Eier mit einer rostigen Rasierklinge ab. Wenn du den Dude als Täter für deine lächerlichen Mädchenwunden meldest, erzählen wir den 81ern, du hättest sie wegen Drogenhandels angeschwärzt. Alles klar?»

Keine Fragen mehr, Euer Ehren. Denn 81er stand im Knast für Hells Angels. In der Zelle des Dude brauchte Alexej genau zwei Sätze.

«Der Dude steht unter Wladimirs Schutz. Wenn nur einer von euch ihn schräg anguckt, könnt ihr euch ein Gemeinschaftsgrab schaufeln.»

Alexej wollte gerade gehen, da kam der Dude rein.

«Niemand wird dir etwas tun.»

«Ich weiß nicht, ob ...»

«Alles ist gut.»

«Okay. Danke.»

«Nein, nicht ‹danke›. Du schuldest uns jetzt einen Gefallen.»

«Ich ...»

«Wir kommen auf dich zu.»

Der Dude blickte in die Zelle.

Alle wichen seinen Augen aus. Stille. Er legte sich aufs Bett. Die Russen. Die machten nichts umsonst. Niemals.

▬

Die Stimmen im Flur der Villa wurden leiser, in sie mischte sich das Geräusch startender Automotoren, eine Karosse nach der anderen knirschte über den Kies zum Tor, das auf die Elbchaussee hinausführte. Madame schaute auf die träge dahinfließende Elbe, auf der nur ein kleiner Schlepper seine Spur zog. Sie mochte diese Stimmung und das Licht, das sich nachts auf dem Wasser brach. In Abständen erschütterte ein metallischer Knall die Idylle, der kam aus dem gleißend hellen Bereich des Containerhafens. Wenn die Mutter, die an der Eingangstür Gäste verabschiedete, bemerkte, dass der ausgestellte Prunk im Haus die Besucher einschüchterte, wies sie stets auf den «störenden Krach» von der anderen Seite hin, das sei im Endeffekt auch nicht besser, als wie ihre Tochter an der Max-Brauer-Allee zu wohnen. Nun ja.

Madame liebte den Anblick der Container. Als kleines Kind hatte sie immer darüber nachgedacht, wo sie gerade herkamen und, am allerwichtigsten, was wohl drin war. Einzelnen gab sie sogar Namen. Sie bestand darauf, dass sie «ihre» Container nach Tagen noch mit einem Fernglas identifizieren konnte. Ihre Mutter zerstörte allerdings früh jede romantische Illusion von wilden Tieren, blinden Passagieren und geheimnisvollen Schätzen im Innern der Metallgehäuse.

«In allen Containern ist das Gleiche drin, überall auf der Welt.»

«Das glaube ich nicht.»

«Doch, mein Kind: Geld. Es geht immer ums Geld, und egal, wie es sich tarnt und welche Form es auch annehmen mag, es steckt in jedem dieser Container.»

«Das verstehe ich nicht.»

«Nicht schlimm, du kommst schon noch selbst drauf.»

Madame hatte mit ihrer satten Herkunft immer gehadert und auch deswegen den Tag des Zusammentreffens mit ihrem Dude einst wie eine Befreiung empfunden. Diese rohe Aura der Ruhrpott-Straßenkatze, diese Erdnähe, diese gewaltige physische Präsenz, seine durch und durch kaputte Familie, solche kannte sie sonst gar nicht, das hatte sie, wenn sie ehrlich war, immer fasziniert und auch ein bisschen scharfgemacht, das war alles so neu und frisch und anders gewesen. Sie bekam Einblicke in einen Kosmos, der ihr vorher verschlossen gewesen war – und ihrer Verwandtschaft sowieso. Das hatte sich sehr gut angefühlt, wie ein echtes, aufregendes Leben.

Doch im Moment hatte sie genug von den Einblicken, wie sie zugeben musste. Das Gefängnis, diese fremde, unangenehme neue Welt, mit diesen einschüchternden Gestalten, die wollte sie gar nicht intensiver kennenlernen. Sie konnte die Geschichten ihres Mannes bei ihren Besuchen kaum noch ertragen. Das war alles so eng, so klein, so furchtbar. Er merkte gar nicht, wie sie kaum noch etwas erzählte, so sprudelte es jedes Mal aus ihm heraus, eine endlose Litanei aus seinem beschränkten Leben, das ihn langsam selbst beschränkt wirken ließ. Was interessierten sie diese Wladimirs und Rumänen, warum sollte sie sich mit solchen Asozialen auseinandersetzen, warum schaffte er es nicht, sich von diesen Leuten fernzuhalten?

Die Mutter brachte ihr einen Tee und setzte sich schweigend neben sie. Gemeinsam genossen sie das Elbpanorama. Oben schliefen die beiden Jungs. Eine der überaus freundlichen, praktisch zur Familie gehörenden Hausangestellten hatte sie zu Bett gebracht. Jakob und Anton liebten die Aufenthalte bei ihrer Oma.

«Es ist schön, dass wir uns jetzt wieder öfters sehen», sagte die Mutter in die Stille. Madame nickte lächelnd. Sie war tatsächlich wieder gerne hier. Lieber auf jeden Fall als im Gefängnis bei dem Dude.

▬

Einer der Deutschen wurde verlegt, dafür kam ein Neuzugang, Libanese wohl, war dem Dude egal, die Abdullahs waren für ihn alle gleich. Dieser war mehrfach vorbestraft: Körperverletzung, Drogenhandel, Betrug, Diebstahl. Der Dude fand ihn bis auf seinen Gebetsfimmel ganz in Ordnung. Er zog seinen neuen Zellennachbarn sofort damit auf: Einen auf strenggläubig machen, aber laufend in den Knast wandern, statt in den Heiligen Krieg zu ziehen, das war nicht konsequent. Der Abdullah lachte und winkte ab.

Mit Religion hatte der Dude nichts am Hut. Für ihn waren das alles Heuchler und Verbrecher, egal, ob Katholiken oder Moslems. Das war dem Dude schon als Kind aufgefallen. Bei der Jugendfreizeit hatte der Pastor immer darauf bestanden, dass die Jungen gemeinsam das Lagerfeuer auspinkeln. Das fanden alle lustig, der Dude nicht. Er sah den Glanz in den Augen des Geistlichen, der mit seinem katholischen Schwanz in der Hand die vielen kleinen katholischen Schwänzchen um sich herum musterte. Der Dude konnte den Blick nicht deuten, ließ aber instinktiv seinen Hosenstall lieber zu. Jemand packte ihn deswegen grob am Arm, er schlug sofort zu. Zu viert stürzten sie sich auf ihn. Nur der Pastor hatte verstanden. Sie mussten nie wieder zusammen ein Feuer auspinkeln.

Später nervten ihn die ganzen Abdullahs aus dem Karoviertel. Deren Glaubens-, Clan- und Ehrenwahnsinn fand er extrem unsympathisch. Die sollten ihn einfach alle in Ruhe lassen. Es war ihm wurscht, wo jemand geboren war. Er kam aus dem Ruhrgebiet, da hatte die Hälfte der Bevölkerung polnische oder andere ausländische Vorfahren, da wurde schon multikulti gelebt, als es dafür noch gar kein Wort gab. Arschloch oder Freund, das war der binäre Code der Pottbeziehungen. Solange ihm niemand auf dem Gebetsteppich vor der Nase herumflog, hielt er sich für so einen «All together now»-Typen. Schöne Einstellung, tolerante Einstellung, leider völlig realitätsfremd. Zumindest hier im Knast.

Die Russen hingen am liebsten mit Russen rum, die Albaner mit Albanern, die Serben mit Serben, die Polen mit Polen, wobei die Polen die Russen nicht leiden konnten, die Serben nicht die Kroaten, Russen, Serben und Griechen fanden die Araber unangenehm, die ihrerseits untereinander komplizierteste Schiiten-Sunniten-Feindschaften pflegten, höchstens gelegentlich vereint in ihrem Judenhass. Eigentlich so eine dauernde 1914-kurz-vorm-Krieg-Stimmung, die keine Hoffnungen auf menschheitsgeschichtliche Fortschritte jenseits der Gemäuer machte. Zu viel Testosteron, dachte der Dude, zu wenig Hirn, Herzen aus Stacheldraht, Nervenenden wie spanische Reiter, hoffnungslos in jedem Fall. Große internationale Koalitionen gab es nur bei «Sittichen», den verurteilten Kinderschändern. Allgemeiner Knastkonsens: Kinderficker sind Abschaum, noch schlimmer als Vergewaltiger, und deswegen praktisch vogelfrei. Echte Schwule galten auch als das Allerletzte, akzeptiert waren höchstens Knastschwule, also Heteros, die den Druck nicht aushielten und sich aus der Not heraus ab und zu mal von einem anderen Hetero einen runterholen ließen.

Wahrscheinlich gibt es keinen Flecken auf deutschem Boden, wo es so archaisch zugeht wie im Gefängnis – und keinen, an dem man so ungeschützt ist. Der Justizvollzug kam dem Dude vor wie eine staatlich finanzierte Kriminellen-Hochschule. Fachbereiche Betrug, Schmuggel, Überfälle, Drogenhandel, sonstige Verbrechen. Man konnte im Knast die besten Kontakte für jedes Feld bekommen. Die schweren Gewalttäter saßen woanders, aber auch hier behaupteten Männer, sie könnten jemanden organisieren, der «draußen» einen aus dem Weg räumt, für fünftausend Euro all inclusive.

Viel von dem, was erzählt wurde, stimmte wahrscheinlich nicht. Die Lüge war ein ständiger Begleiter. Das Testosteron-Level verzerrte Realitäten in comichafte Dimensionen. Nur wegen eines kleinen Fehlers seien sie hier gelandet, beim nächsten Mal, Alter, sehe die Welt ganz anders aus. Darum ging es den meisten: besser werden. Noch raffinierter. Noch skrupelloser. Im Nebenflur saß ein Kokshändler, eine lokale Berühmtheit. Der ging seit Jahrzehnten rein und raus: Knast, Freiheit, neues Ding, Knast, die Drehtür als Lebensentwurf. Der Dude wartete auf Resozialisierungsbemühungen, Sozialarbeiter, Psychologen, nichts passierte. Keine Zeit und Ressourcen, kein Interesse. Er verstand das nicht. Er hatte nur Cannabis angebaut, was machte er hier?

Sie mischen dich unter die größten Verbrecher, auf dass du so werden mögest wie die, damit sie wenigstens im Nachhinein recht haben, wenn sie behaupten, dass du immer schon einer von denen warst. Sie machen dich kaputt, um zu beweisen, wie kaputt du bist.

Das ist pervers, dachte der Dude.

▬

Das Gewitter holte mit einer großen, schon lange vorher sichtbaren Bewegung aus, um dem Kulturstädtchen am Fluss ein paar schallende Ohrfeigen zu verpassen. Donnerhaken und Blitzfeuerwerke prasselten auf die schönen Häuser und Straßen ein, das Tosen war eine Erlösung nach all den überhitzten, schwefeligen Tagen. Trotzdem hatte Andy schlechte Laune. Er presste Stirn und Nase gegen die Scheibe und schaute vom obersten Stockwerk im höchsten Gebäude der Stadt hinunter auf das irdische Elend, das sich als malerisches Sturmspektakel vor ihm entfaltete. Er mochte die Symbolik nicht. Da ging etwas zu Ende, und er war machtlos. Er hasste solche Situationen, in denen er nicht auf das Ergebnis einwirken konnte, selbst wenn es nur das Wetter war. Sie beunruhigten ihn. Unauffällig kontrollierte er im Spiegelbild des Fensters den Sitz seiner vollen schwarzen Haare, auf die er sehr stolz war und die gut zu seiner römischen Nase und der Denkerstirn passten, wie er fand. Unter dem schwarzen Poloshirt wölbten sich seine harten Brustmuskeln, dezent, nicht aufdringlich. Die weiße Jeans saß eng und machte eine gute Figur, vor allem, wenn man so groß war wie er. Er gefiel sich heute, aber die Nachrichten machten ihm Sorgen.

Andy drehte sich um und sah in fragende Gesichter, vielleicht blitzte in manchen auch Furcht auf. Er mochte den Anblick und den Geruch, ja, er konnte sie riechen, diese Mischung aus Angst und Unterwerfungslust, das machte ihn geil, deswegen stand er auch hier und die anderen saßen da, logisch. Andy ging betont langsam zurück zum Tisch, auf dem Schalen mit Obst oder Gummibärchen standen, dazwischen kleine Gemüsedips, Möhren, Paprika, Sellerie, alles aus ökologisch reinstem Anbau von glücklichen Bauern auf zertifiziert sauberen Wiesen und Feldern hochgezogen, da standen ja alle drauf. Er fand das albern, aber wenn es die Stimmung verbesserte, warum nicht, dachte Andy, der natürlich nicht Andy hieß, sondern Andreas, Dr. Andreas Drumbach, aber das klang so old school, dem Unternehmen und seiner Vision in keinster Weise angemessen. Deswegen mussten ihn alle Andy nennen.

Jung, frisch, cool, attraktiv, abenteuerlustig, gesund, ein bisschen verantwortungsbewusst und total unkonventionell, das waren erstrebenswerte Attribute, vor allem, weil man damit sehr konventionell sehr viel Geld verdienen konnte. Da war es fast egal, wie gut oder schlecht das Produkt war, wenn nur alle, die auch gern jung, frisch, cool, attraktiv, abenteuerlustig, gesund, ein bisschen verantwortungsbewusst und total unkonventionell sein wollten, an die Idee glaubten. Und das hatte er geschafft. Er hatte ein völlig durchschnittliches Produkt, eine Art Limo, die keine bemerkenswerten Vorzüge gegenüber vergleichbaren anderen Getränken aufzuweisen hatte, wie er jederzeit seinem besten Freund gegenüber eingestehen würde, wenn er je einen gehabt hätte, zu einem begehrten Superseller hochgejazzt – aus dem Nichts, nur mit seiner Vision.

Er galt weltweit als Marketinggott. «Der Mann, der über Limonade gehen kann», nannte ihn die Financial Times. Als «Revoluzzer» feierte ihn das Handelsblatt. Zu Recht, wie Andy fand. Sein Energydrink «Black Devil» war eine einzigartige Erfolgsgeschichte, er hatte damit den Weltmarkt von hinten aufgerollt.

Andys eigenbrötlerischer Schulfreund Simon, ein Genie in Chemie, hatte in ihrer Drogenprobierphase eine Art legales Amphetamin aus Naturextrakten erfunden, das so drogig wirkte wie extrem starker Kaffee, aber viel verruchter daherkam, wobei zuerst keiner der beiden ahnte, was Simon da durch Zufall entdeckt hatte. Auf jeden Fall kaufte Andreas seinem Schulfreund Jahre später, als er sich in einem hellen Moment daran erinnerte und es weder mit der Revoluzzer- noch mit der Punk-, Musikmanager- oder der Taxikollektiv-Karriere geklappt hatte, die Formel offiziell ab und entwickelte mit ein paar Lebensmittelchemikern diesen bescheiden aufputschenden, wenngleich nicht besonders gut schmeckenden Drink.

Von Anfang an setzte er vor allem auf Marketingschnickschnack. Keine normale Dose, sondern eine Kugel. Das war herstellungstechnisch Irrsinn, von den Lagerungsproblemen mal ganz abgesehen, denn laufend rollten die Kugeln durch die Läden, sie ließen sich nirgends einfach ins Regal stellen, aber damit stand zumindest gleich der Slogan, den nicht nur

Jugendliche super fanden: «Gib dir die Kugel!» Wahlweise auch: «Ich teile alles, aber die letzte Kugel ist für mich!»

Zuerst verlegte er sich nur auf Bereiche, die er als natürliche Märkte sah, etwa Heavy-Metal-Fans. Schwarze Klamotten, viel Teufelsbrimborium, das schien zu passen, ging aber fast komplett in die Hose, weil die überhaupt nicht wacher oder energiegeladener werden wollten, deswegen soffen sie ja rund um die Uhr Bier. Er versuchte es bei den letzten verwirrten Autonomen: «Du willst ihnen die Kugel geben – hier ist sie!» Zündete auch nicht wirklich, es gab nicht mehr genug davon. Irgendwann landete er bei Clubs und elektronischer Musik, die pushten sich mit allem möglichen Zeug permanent hoch, das passte. Als «Koks für Arme» ging es richtig ab. Der Spruch «Das mag dein Dealer gar nicht» brachte ihm enormen Zulauf – und bundesweit Presse. Plötzlich wurde Black Devil als eine Art Anti-Drogen-Drink gefeiert. Absurd, war ihm aber recht.

Dann entdeckte er den Sport, je wilder und sinnloser, desto besser, das hatten große Konkurrenten schon vorgemacht. Zu Tode gelangweilte Jugendliche anfeuern, sich freiwillig in möglichst unsinnige, möglichst lebensgefährliche Sportarten zu stürzen, die allein aus Marketinggründen überhaupt erst erfunden wurden, das war zugegebenermaßen genial – und er perfektionierte das Prinzip. Apnoe-Tauchen in Limobecken, Waterboarding-Meisterschaften mit Black Devil, nicht zu vergessen die grenzwertigen «Kugelungen», bei denen Kandidaten bis zum Kopf eingegraben und mit den Getränke-Kugeln beworfen wurden. Es gab einen Rüffel vom Deutschen Werberat für den Slogan: «Gaudi wie beim Saudi». Die Medien fanden das sowieso empörend und menschenverachtend, die Jugendlichen deswegen natürlich noch schärfer und lustiger. Black Devil zerbombte alle bisher geltenden Regeln, alle Grenzen, alle Maßstäbe.

Die alten Riesen Coca-Cola und Red Bull belächelten ihn erst, schließlich bekämpften sie ihn. Sie bedrohten Handelsketten, schwärzten ihn beim Kartellamt an, bei lokalen Gesundheitsämtern, das ganze Programm, aber: Black Devil blieb sauber. Und vorne, das war ganz wichtig. Nur wer vorne blieb, konnte weiter siegen.

Genau deswegen hatte Andy gerade keine gute Laune. Weil er unsicher war, und das Gefühl hasste er. Dem Black-Devil-Chef ging das zu schnell mit diesen Legalisierungsbestrebungen. Er verabscheute Kiffer, ihr ganzer Weltenzugang war die reine Antithese zu seiner Haltung. Er mochte die Typen nicht, er mochte die Musik nicht, er fand die Frauen nicht fuckable, aber sein Instinkt und der Blick auf die amerikanischen Zahlen sagten ihm, das würde The Next Big Thing werden.

Andy sah in die Gesichter seiner engsten Mitarbeiter. Ein paar hatten bei ersten Diskussionen gleich die Nase gerümpft, die wohlfrisierten Köpfe geschüttelt (dieser seit Jahren gepflegte Undercut war auch nichts anderes als eine leicht verdruckste Heinrich-Himmler-Gedächtnisfrisur, fand Andy) und sich hochmütig Bärte und Schnauzer gekrault. Dope? Fanden die alle echt uncool. Klar, das war ein anderes Marktsegment, praktisch das brutale Gegenteil von den bisher anvisierten neurotischen Aktivitätsjunkies, aber so what? Wenn das alte Hinten das neue Vorne war, musste man eben ein bisschen flexibel sein. Mit der Zeit gehen. Kapierten diese Berufshipster einfach nicht. Aber so ging Erfolg.

Er bat wie immer um eine «ehrliche Meinung» und schrieb sich wie immer heimlich die Namen derjenigen auf, die seine nicht teilten. So weit kommt es noch, dass sie die hier demonstrierte Lockerheit als Freibrief für anarchistische Arroganz verstehen, dachte Dr. Andreas Drumbach, lehnte sich in seinem

Designerstuhl weit zurück, ließ sich mit Schwung nach vorne fallen und rief: «Heute ist Mittwoch. Ich will bis zum Ende der Woche ein detailliertes Strategiepapier, das mir sagt, mit welchen Produkten wir in das Cannabis-Geschehen eingreifen. Wer anderer Meinung ist und darüber diskutieren möchte, kann das gleich machen – mit dem arbeitshungrigen Leiter unserer Personalabteilung, der gern Auflösungsverträge bereitstellt. Vielen Dank. Bis Freitag.»

▬

HAMBURG. Das Leben für Kleindealer ist im Schanzenviertel ungemütlicher geworden, seit der Senat angekündigt hat, den Modellversuch auf das ganze Stadtgebiet auszudehnen. Dealer Michael K.: «So etwas habe ich noch nicht erlebt!» Der 32 Jahre alte Grasverkäufer war es gewohnt, verfolgt zu werden, von der Polizei. Jetzt sitzen ihm andere im Nacken: «Vom Industrievertreter bis hin zu Investorengruppen wollen alle wissen, wo und wie man am besten produziert und wo meine Quellen sitzen.» Ähnliche Vorkommnisse werden aus Berlin, Bremen, Kiel, Leipzig, Köln, Düsseldorf, Frankfurt, Stuttgart und München gemeldet. Michael K.: «Ich höre bald auf, das ist mir echt zu stressig.»

▬

Anruf aus dem Bundestag, Grünen-Fraktion, ausgerechnet für den Dude. Erst dachte der Abteilungsleiter der Justizvollzugsanstalt, er hätte sich verhört, aber nein, das habe alles seine Richtigkeit, man bereite einen neuen Gesetzesentwurf vor und brauche die Expertise des Inhaftierten. Das irritierte den

Beamten sehr. Waren die nicht seit ihrer Gründung von Kiffern und Drogenverharmlosern unterwandert? Und da mussten die ausgerechnet in seiner Anstalt einen «Experten» suchen. Himmelherrje, waren die kaputt.

Der Dude nahm im Büro des Abteilungsleiters verwundert den Hörer vom Tisch. Ein Mann namens Zwillinger, wissenschaftlicher Mitarbeiter eines Grünen-Abgeordneten, wollte für einen Gesetzesentwurf konkrete Angaben zum Cannabisanbau, um so mögliche Steuern präzise berechnen zu können. Dieses Ansinnen kam dem Dude sehr entgegen. Seine Modellrechnung für eine mittelgroße Anlage stand seit Jahren. Er ging von Grundinvestitionen von ungefähr 200 000 Euro aus. Dazu kamen die laufenden Kosten:

«Ein Chef, 10 000 Euro im Monat, Sekretärin plus Büromaterial 4000, für eine Halle von 1000 Quadratmetern sind 8000 Euro Miete realistisch. Für 500 Lampen braucht man zehn Gärtner, zusammen 35 000 Euro Lohn. Fünfhundert Lampen à 600 Watt ergeben 300 000 Watt Leistung pro Tag. Bei 0,8 Gramm Gras pro Watt in zwei Monaten – entspricht sechs Ernten im Jahr – käme man auf 120 Kilogramm pro Monat. Die Lampen kosten täglich gut 1100 Euro Strom, sind 33 000 Euro monatlich, dazu Wasserkosten (3000 Euro), fünf Teilzeithelfer (je 1500 Euro) und 1000 Euro für Dünger und alles andere. Ergibt 101 500 Euro für 120 Kilogramm Gras im Monat, entspricht 0,85 Euro pro Gramm.»

Zwillinger schrieb schweigend mit und unterbrach nur, wenn er nicht mitkam. Der Dude mochte die Situation, wie er hier als Experte befragt wurde, das fand er angemessen, darüber vergaß er sogar die Umstände des Telefonats.

«Das sind knapp ein Euro Produktionskosten pro Gramm, Verkauf an den Staat für zwei Euro. Der gibt das Gramm für neun Euro an die Apotheken ab, die schlagen einen Euro drauf, macht zehn Euro, plus Mehrwertsteuer von 19 Prozent ergibt einen Ladenabgabepreis von 11,90 Euro pro Gramm für absolut reines, sauberes, kontrolliert und in Deutschland fair angebautes Gras. Für Top-Qualität ein unschlagbarer Preis.»

Zwillinger blieb still, der Dude glaubte zu hören, wie ein Stift über Papier kratzte.

«Und mit den sieben Euro Gewinn pro Gramm könnte der Staat doch Therapiezentren oder Aufklärungsangebote finanzieren, oder?»

Zwillinger ging darauf nicht ein und bedankte sich. Ob er sich bei Rückfragen noch einmal melden dürfe. Blieb auffällig freundlich, hatte fast etwas zu Kumpeliges. Fand der wohl ganz geil, mit einem Knacki zu konferieren.

Erst in den Knast stecken, dann als Experten befragen, diese Staatstypen verstehe, wer will, dachte der Dude.

TEIL II
ZEITENWENDE

Die Sonne hatte Hamburg im Würgegriff. Der Dude quälte sich mit dem Auto durch den Berufsverkehr zu seinem neuen Arbeitsplatz. Seit ein paar Monaten durfte er als Freigänger fünf Tage die Woche in einem Seniorenheim in der Küche arbeiten, um sich wieder an das Leben «draußen» zu gewöhnen – abends musste er pünktlich zurück in den Knast. Bei Verspätungen drohten Strafen und Arbeitsverbot. Im Altenstift wussten nur wenige über ihn Bescheid, die Heimleitung wollte es so. Die Gefängnisleitung überwachte ihn durch unangemeldete Kontrollbesuche.

Der Umgang mit den Alten war eine Erholung für den Dude, andererseits belasteten ihn die neuen Freiheiten auch. Es war der tägliche Wechsel. Nicht ganz drin, nicht ganz draußen, das ging an die Substanz.

Die mörderische Hitze ließ die Alten im Seniorenheim ächzen, die Rollatoren quietschten matt über den Flurbelag, alle paar Minuten, so schien es, hetzten kleine Notfalltrupps durch die Gänge, kurzes Geschrei, Türenknallen, hektische Rufe, dann wieder Stille. Vier Abgänge in zehn Tagen. Sie fielen um wie die Fliegen.

Der Dude sah die erschöpften Gesichter, er sah die Qual in den Augen, er spürte die Einsamkeit der Alten noch stärker als sonst. Manchmal stahl er sich entgegen allen Vorschriften aus der Küche und setzte sich einfach zu ein paar Greisen, wenn die bei ihren «Bunten Runden» teilnahmslos nebeneinandersaßen und vor sich hin speichelten. Wenn er ihnen ein Stück Torte von den Tellern klaute, fand er das entschuldbar, die meisten wussten eine Sekunde später nicht mehr, was er getan hatte – oder wer er überhaupt war. Die Schwestern ließen ihn gewähren, ein paar versuchten sogar, mit ihm zu flirten. Er ging nicht drauf ein. Er wollte nur mit seinen Alten ein bisschen dahindämmern.

Ich bin wie sie, dachte der Dude beim Kartoffelschälen in der Küche, ich habe keinen Sex mehr, ich habe keine Familie mehr, niemand vermisst mich, niemand will mich, ich störe alle, und wäre ich nicht da, würde es niemandem auffallen. Ich wäre verschwunden wie ein ferner Stern, der abends in der Milchstraße einfach nicht mehr scheint, aus, weg, vorbei.

Zu spät sah er am Nachmittag auf die Uhr, zu spät stieg er in den Wagen. Er fuhr trotzdem zu Hause in Altona vorbei. Madame war nicht ans Telefon gegangen, niemand war da, es lag kein Zettel da, kein Hinweis, nichts. Er ging in das Zimmer seiner Zwillinge und legte sich auf das Doppelstockbett. Überall lagen Klamotten auf dem Boden herum, dazwischen ein kaputtes Skateboard. Im Bad stand Madames Parfüm, das gute Gaultier, der Geruch von Gummibärchen und schmutzigem Sex. Schöne Bilder kamen zurück, verstörende Bilder, ein elender Hirnfick. Seit dem Streit der vergangenen Woche herrschte Funkstille.

«Wladimir, Wladimir, Wladimir, ich kann den Namen nicht mehr hören. Wladimir hier, Wladimir dort, mir reicht es!»

Der Dude sagte nichts. Ab und zu erzählte er Madame von seinem Alltag hinter Gittern, auch von Wladimir, der für ihn keine unwichtige Rolle in der anderen Welt spielte, aber das kam nicht besonders gut an.

«Ich kenne den nicht, und ich will ihn auch nicht kennenlernen. Toll, wenn er dir deine Zeit im Gefängnis erträglich macht, aber merke dir ein für alle Mal, ich will mit diesen Verbrechern nichts zu tun haben. Ich will nicht, dass meine Söhne auch nur den Hauch einer Ahnung kriegen, mit was für Abschaum ihr geliebter Daddy seine Zeit verbringt und von wem er sich wie ein kleiner dummer Schuljunge beeindrucken lässt! Kapiert?»

«Der Wladimir ist kein Abschaum, und die anderen ...»

«Verbrecher, die dir anbieten, für fünftausend Euro jemanden umzulegen, sind für dich kein Abschaum? Merkst du nicht, was aus dir langsam wird? Du bist nicht mehr der Mann, den ich kannte und den ich einmal ...»

Ihre Stimme überschlug sich und bekam den blechernen Klang, den Frauen in dieser Erregungsstufe manchmal erzeugen. Ein Geräusch wie das Ratschen eines Fingernagels über eine Schiefertafel. Ihr Gesicht wirkte verrutscht, die Proportionen seltsam verzerrt, hart und fremd, er erkannte seine Madame nicht mehr. Ihre Wut hatte alles Elegante und Edle verdampfen lassen, übrig blieb eine wütende Fratze. Der Dude spürte, wie seine Welt einen Riss bekam. Wie sollte er mit diesen Erinnerungen bei ihr je wieder einen hochkriegen? Sein Schwanz würde dieses hysterische Antlitz nie wieder verdrängen können. Dann bliebe nur noch von hinten, einfach schnell eindringen, auf die Arschbacken konzentrieren, das könnte eventuell noch gehen.

«Ich will nicht, dass irgendein Wladimir dieses Haus betritt, ich will nicht darüber reden oder spekulieren, keine Witze hören oder sonstige Andeutungen, klar?»

Der Kopf des Dude bewegte sich, ein Nicken, vielleicht auch nur ein unwillkürliches Zucken. Er fand das eigentlich eine ganz gute Geschichte, das mit «für fünftausend Euro jemanden umnieten». Wieso sollte er das nicht erzählen? Nur so blieb doch begreifbar, was er gerade durchmachte.

«Diese Wohnung ist die Welt meiner Kinder, und sie war auch einmal deine. Wenn du so weitermachst, lieber Dude, wird diese Welt auch ohne dich hervorragend funktionieren.»

Das neue, fremde Gesicht der Frau, die er als Madame kannte, kam sehr nah. Das Gebrüll stand ihr nicht gut. Wenn sich die Elbchaussee auf Straßenlevel begab, wurde es schnell besonders unangenehm. Das Hässliche im eigentlich Reinen wirkte noch abstoßender als im schmutzigen Umfeld. Jeder sollte bei dem bleiben, was er am besten kann, finden sie doch sonst auch, diese Leute von der Elbe, dachte der Dude.

Er stockte. «Diese Leute»?

So hatte er noch nie von Madame gedacht.

Der Riss war tief.

Seitdem ging Madame nicht mehr ans Telefon und meldete sich nicht. Er konnte nicht mit seinen Jungs sprechen und sich nicht erklären.

Er fuhr langsam zurück zum Knast. Der Bau war kein Zuhause, das Zuhause nicht mehr seins. Bin ich draußen, will ich wieder rein, bin ich drinnen, will ich nur noch raus, und bin ich draußen, weiß ich nicht mehr, was ich dort soll, dachte der Dude. Vielleicht hat Madame recht, ich bin ganz schön kaputt.

Er kam fast zwei Stunden zu spät. Gleich ab in die Zelle,

diese Woche keine Arbeit mehr, keine Sozialtage, keine Privilegien – er hörte gar nicht hin.

Der Mann hinter dem Mikrophon sah bloß halb verdeckte Köpfe hinter Kameraobjektiven, die sich in sein Gesicht zu rammen schienen. Die Fotografenmeute rief und fluchte, drängelte und schubste, eine amorphe Masse mit tausend Stielaugen, aggressiv und fordernd. Herr Kurz, hierhin, nein, hierher, es wirkte wie der Angriff einer gefräßigen Hornissenschar. Bundespressekonferenz, schon wieder, er konnte es immer noch nicht glauben.

Anton Kurz, langjähriger Vorsitzender der Deutschen Cannabis Vereinigung, durfte mittlerweile tatsächlich regelmäßig im Heiligen Gral der Politik die ökonomischen Vorzüge einer Legalisierung erörtern. Heute war aber ein besonderer Tag. Es ging um den endgültigen Abschlussbericht des Wirtschaftsausschusses, er sprach auf ausdrücklichen Wunsch der Abgeordneten.

Er konnte nicht sagen, wie er sich jetzt genau anfühlte, der wahrscheinlich größte Tag in seinem Leben. All diese Jahre, der Kampf um Anerkennung, die Demütigungen, die Anfeindungen, die vergebliche Mühe. Was hatten sie ihn verteufelt, verfolgt, verleumdet. Wahrscheinlich auch abgehört, überwacht und schikaniert. Alle naselang Steuerprüfungen, einfach so, bei jeder Verkehrskontrolle wurde er herausgewunken, in den Zeitungen fand er diffamierenden Klatsch über sich, gespeist aus anonymen Quellen. Aber er hatte sich nicht beirren lassen. Kurz hatte seinen besten Anzug an, eine einfache Wahl, er hatte nur den einen. Seit Jahren lebte er von Spenden aus der Gras-

Szene, der er den Weg in die Legalität bereiten wollte. Das Ziel war fast erreicht.

Die Fotografen wurden zurückgedrängt. Der Lärm verebbte. Der Saal war voll besetzt. Kurz versuchte, diesen in jeder Hinsicht einmaligen Moment zu genießen. Die roten Lampen an den Kameras leuchteten auf, es ging los, er war auf Sendung.

■

Der Dude fegte die Küche, als er Kleinhagen, den Rezeptionisten und Hausmeister des Seniorenheims, durch die Küchentür an der Herdzeile vorbei auf ihn zufedern sah. Ein mittelgroßer, kompakter, leicht übergewichtig wirkender Mann, dessen tiefe Gesichtsfurchen unerhörte Geschichten ahnen ließen und sein wahres Alter verheimlichten. Er strahlte trotz seines etwas grobschlächtigen Äußeren eine geradezu buddhistische Ruhe aus, kombiniert mit einer geheimnisvollen Aura der Stärke und Bestimmtheit. Die Alten liebten ihn. Er begrüßte die Besucher und führte verwirrte Bewohner zu ihren Zimmern zurück. Kleinere handwerkliche Aufgaben erledigte er nebenbei, er tröstete deprimierte Senioren oder Verwandte, die nicht damit klarkamen, dass sie von der eigenen Mutter oder dem eigenen Vater nicht mehr erkannt wurden. Der Dude hatte Respekt vor ihm, vor allem, weil er bei ihm einmal zwischen Daumen und Zeigefinger halb verdeckt und sehr verblasst drei tätowierte Punkte zu erkennen geglaubt hatte. Das bedeutete: Der war mal im Knast gewesen. Die Punkte hießen: «Nichts sagen, nichts sehen, nichts hören». Der hält dicht, der verpfeift niemanden. Manchmal bedeuteten sie auch: «Asozial, brutal und arbeitsscheu». Je nachdem.

Der Hausmeister ein Ex-Knacki? Der Dude fragte nicht und

blieb maximal höflich. Er wollte solche Gespräche vermeiden, um selbst nicht zum Thema zu werden. Das war Wunsch der Heimleitung. Vielleicht ahnte Kleinhagen etwas, das wurde nie ganz klar.

«Komm mal nach vorne, da ist jemand für dich ...»

Der Dude stellte den Besen zur Seite. Niemand wusste, dass er hier arbeitete, außer Madame, die ihn niemals in einem Seniorenheim besucht hätte. Dafür hatte seine Madame keinen Kopf und keine Zeit mehr, seit sie an ihrem Immobilien-Imperium arbeiten musste. Ein wesentlicher Bestandteil ihrer Arbeit in diesen Tagen schien aus Essenseinladungen zu bestehen. Die Häufung ihrer Verabredungen mit Angebern der Reedersohn-Klasse ließ ihn an ihren einstigen Beteuerungen zweifeln, Geld bedeute ihr gar nicht sooo viel, sie könne auf jedem Einkommensniveau glücklich sein. Schon klar, aber nur solange das eben regelmäßige Lunch- und Dinnertermine in Restaurants wie Die Bank oder Doc Cheng's im Vier Jahreszeiten und anderen, möglichst exquisiten Lokalitäten einschloss, oder wie?

«Ich erwarte keinen Besuch.»

«Jetzt geh schon hin und finde raus, was er will.»

Der Dude zog seinen Kittel aus und ging Richtung Ausgang, Kleinhagen hinterher. Kurz vor der Empfangshalle stieß ihn der Hausmeister an.

«Dude? Ich will hier keinen Ärger.»

«Was?»

«Du hast schon richtig verstanden.»

Der Dude sah in der Lobby den Rücken eines Hünen, der das Treiben der Alten auf dem Vorplatz zu studieren schien. Als er näher kam, drehte sich der Anzugträger um. Der Dude stoppte. Das Gesicht. Die Figur. Kannte er alles irgendwoher. Der Mann hatte seine Ray Ban auf die mächtige Glatze geschoben, der schicke Dreiteiler saß wie eine Wurstpelle, die Füße steckten in riesigen Biker-Stiefeln, der Händedruck wollte nicht vergessen werden.

«Mein Name ist Arseni, ich soll dir schöne Grüße von Wladimir ausrichten.»

Arseni! Der legendäre Eisenbieger, die linke Hand von Wladimir. Der Dude hatte ihn einmal auf dem Gefängnishof gesehen. Eine furchteinflößende Gestalt, kurz nach seiner eigenen Einlieferung entlassen worden. Der Dude verstand nicht.

«Ich bin für dich da, mit meinem Wagen.»

Arseni zeigte auf eine schwarze Limousine, Mercedes S-Klasse, getönte Scheiben, tiefergelegt, ein Auspuffsystem, mit dem Panzer nach vorne katapultiert werden könnten, vergoldete Radkappen.

«Wir fahren, wohin du willst, den ganzen Tag.»

«Was?»

«Ich bin dein Fahrer, du kannst über mich verfügen. Wladimir will, dass es dir gutgeht.»

Arseni lächelte. Oder versuchte es zumindest, aber es ging mit den Zähnen nicht richtig. Waren mehr das Modell Aleppo nach ein paar Fassbomben. Vergoldete Radkappen, aber keine Kohle für einen ordentlichen Zahnarzt, dachte der Dude, das sind die Prioritäten dieser Einzeller. «Ich glaube, ich verstehe nicht ganz», antwortete er unsicher.

«Wladimir will dir einen Gefallen tun.» Arseni rülpste und zog die Nase hoch. Er wirkte ungeduldig.

Wladimir will mir zeigen, wo der Hammer hängt, dachte der Dude.

Wladimir will mir seine Macht zeigen.

Wladimir will mich einschüchtern.

«Das kann ich nicht annehmen.»

«Doch, Dude, das solltest du sogar annehmen.»

Der Ton änderte sich. Passte jetzt besser zu den Zähnen.

«Ich kann das nicht annehmen, weil ich hier arbeiten muss, weil ich sonst im Arsch bin und die mir in der Bude das Leben zur Hölle machen.»

Und weil Wladimir mich sonst noch mehr in der Hand hat. Gefallen gegen Gefallen, umsonst gab es von denen nichts. Wladimir wusste, dass er nicht wegkonnte. War dem natürlich völlig egal, logisch. Der wollte nur bisschen Eindruck hinterlassen. Funktionierte bereits.

Arseni sagte: «Man sieht sich», und ging.

Der Dude wollte in die Küche zurück. Der Hausmeister hielt ihn auf. «Ärger?»

«Blödsinn!» Der Dude versuchte, an dem alten Humpelfrosch vorbeizuziehen.

«Mit Arseni will man keinen Ärger.»

Der Dude zuckte. «Was?»

Kleinhagen verzog das Gesicht. Er stocherte mit einem Zeigefinger in der Luft herum. Diesmal sah der Dude die drei Knastpunkte zwischen Daumen und Zeigefinger sehr deutlich.

«Junge, halt mich bloß nicht für blöd!»

▬

Der Vorsitzende der Deutschen Cannabis Vereinigung fand sich ganz überzeugend. Er referierte sachlich, ruhig, vermied jede rhetorische Pointe oder Übertreibung. Bloß nicht triumphieren, bloß keine Witze oder Ironie, lieber den trockenen Buchhalter geben – er hatte seine Lektionen gelernt. Im Saal herrschte konzentrierte Aufmerksamkeit. Der Hanf-Cheflobbyist Kurz erläuterte seine Zahlenketten zum gefühlt tausendsten Mal, vergangene Woche bei 3nach9 und Markus Lanz, gestern in den Tagesthemen, heute in der ZEIT, dem Lieblingsblatt der Altkiffer. Selbst der Leitartikel der FAZ widmete sich heute dem Thema, und das bei allen argumentativen Schlingen, die dort geknüpft wurden, sogar positiv, wenn er den Text des Herausgebers richtig verstanden hatte.

Geschickt legte Kurz die ökonomischen Köder aus. Je nach Quelle variierten die Schätzungen von drei bis sieben Millionen Konsumenten in der Bundesrepublik, für seine Berechnungen ging er – wie die Drogenbeobachtungsstelle der EU – von knapp vier aus: Die Mehrheit waren demnach Gelegenheitskonsumenten (3,4 Gramm pro Monat), der Rest Freizeitkonsumenten (21 Gramm) und Dauerkonsumenten (35 Gramm). Kurz sagte nicht, dass er diese Schätzungen für Quatsch hielt. Die Hälfte seiner Bekannten käme mit 35 Gramm nur bis zur Wochenmitte. Er lachte innerlich, kleiner Scherz. Die verwendeten Zahlen waren offizielles Material, umso besser, wenn die Erwartungen später übertroffen und alle umso mehr durchdrehen würden. Er stand vor einer Collage aus Überschriften amerikanischer Zeitungen, die er extra hatte anfertigen lassen: «Colorados Arbeitsmarkt high dank Cannabis» – «Grüner Jobmotor rettet Kaliforniens Jugend» – «Zwanzig Bundesstaaten saniert dank Gras-Steuer» ... Das beeindruckte auch konservative Geister.

Ein Verbrauch von ein bis zwei Gramm pro Woche ergäbe bundesweit ein Jahresvolumen von 200 bis 400 Tonnen Cannabis, was bei rund sechs Euro pro Gramm einen Umsatz von 1,2 bis 2,4 Milliarden Euro bedeuten würde. Für bessere Qualität würden die Verbraucher auch zehn oder zwölf Euro zahlen. Im legalen Umfeld entfiele das eingepreiste Dealer-Risiko, sodass man mindestens die Hälfte des Umsatzes in die Steuerkassen lenken könnte. Das wäre im Vergleich zur Zigarettenbesteuerung noch freundlich.

Also würde sich das Volumen der Cannabis-Steuer zwischen 600 Millionen und 1,2 Milliarden Euro bewegen. Kurz bemerkte, dass trotz des Zahlenbombardements alle weiter gebannt zuhörten. Er setzte noch einen obendrauf: Ginge man aber, was er für viel realistischer halte, von sieben Millionen Konsumenten mit einem wöchentlichen Konsum von 3 Gramm aus, läge man bei gut 6,5 Milliarden Umsatz und 3,25 Milliarden Euro Steuern. Zudem würde der Verbrauch durch medizinische Anwendungen, bei denen man gerade erst am Anfang stehe, wie Kurz betonte, noch viel, viel größer. Auch in der Alltagskultur werde Cannabis eine ganz neue Rolle spielen. Er verwies auf die sensationellen Einzelerfolge von Produkten wie «Chrontella» aus Kanada, einer Art Nutella mit Cannabis-Extrakten, bald werde es Sprays, Salben, Bonbons, Parfüm und viele andere Sachen geben – alle mit dem natürlichen Wundermittel THC angereichert. Der Staat könne durch die Steuereinnahmen auf lange Sicht den Haushalt ausgleichen und erhebliche Mehrausgaben im Renten- und Sozialbereich finanzieren. Das war natürlich extrem spekulativ, aber ein bisschen Lust und Hysterie wollte er schon entfachen.

Alle schrieben eifrig in ihre Blöcke oder Notebooks, niemand hinterfragte das rosige Panorama, das er entwarf. Er hatte sie am Haken. Kurz lächelte.

«Haben Sie auf die Zahlen geachtet, die er zitiert hat?»

Böll, der Leiter des Pflanzenschutzzentrums von Meduk, gluckste durchs Telefon, das irritierte die Vorstandsvorsitzende.

«Nein, wieso, was war so komisch?»

Der sonst so trockene Böll lachte los. «Alles unser Material, die Daten haben wir alle selbst gefälscht und mit erfundenen Quellenangaben in Umlauf gebracht, erinnern Sie sich nicht mehr ...?»

Isabelle Frevert stutzte kurz, langsam dämmerte ihr, was Böll meinte. Ach, diese Nummer.

«Damals wollten wir doch Argumente für eine weitere Liberalisierung des Markts liefern, ohne aber genau das wahre Potenzial zu erkennen zu geben, um die Konkurrenz nicht zu früh auf den dicken Kuchen aufmerksam zu machen.»

Die Vorstandsvorsitzende erinnerte sich, ja, das war eine coole Sache von dieser geheimen Zelle ihrer PR-Abteilung gewesen, deren Tätigkeiten sie eine Zeitlang koordinierte – vor ihrem Sprung nach ganz oben. Es war sogar ein bisschen ihre Idee gewesen, manipulierte Nachrichten in Umlauf zu bringen.

«Stimmt, ja ... Komisch, dass er damit jetzt noch einmal kommt.»

«Weil es kein neueres Material gibt. Außer dem geheimen, das wir für unsere Bedürfnisse gesammelt haben.»

Der Forscher lachte so laut, das machte ihr richtig gute Laune. Richtig, die Geheimstudie über den erwarteten Absatz, seit zwei Tagen lag sie auf ihrem Tisch.

«6,5 Milliarden Euro Umsatz, meint der Kurz, und keiner sagt was!», prustete Böll los. «Ja, klar, 6,5 Milliarden, aber schon im ersten Quartal, mindestens, eher schon nach sechs Wochen. Bei 20 Millionen Konsumenten, die wir in Kürze haben werden, und einem Gramm pro Tag, was völlig moderat ist, sind wir bei 7300 Tonnen jährlich. Bei Preisen zwischen sechs und zehn Euro liegen wir locker bei gut 50 Milliarden Euro Umsatz im ersten Schritt, später deutlich drüber.»

Jetzt konnte auch Isabelle Frevert nicht mehr an sich halten. Böll hatte natürlich recht, niemand ahnte, um was es hier wirklich ging. Außer ihnen. Deswegen arbeitete ja Böll bereits seit Jahren sehr intensiv an den perfekten Cannabis-Sativa- und Cannabis-Indica-Hybriden und entwickelte die produktivsten Anbaumethoden, indoor und outdoor. Zuerst hatte er das vor allen verheimlicht, auch vor ihr, aber Schwamm drüber. Sie hatte seinen Instinkt sofort richtig zu deuten gewusst und entsprechend gehandelt. Seitdem kauften Strohfirmen bundesweit riesige Ackerflächen und Hallen auf und bereiteten sie für die zukünftigen Cannabisplantagen vor. Gleichzeitig fütterten diverse Schattenfirmen und Pressebüros, die auf ihrer Payroll standen, die Öffentlichkeit mit Zahlen und Argumenten für eine schnellere Öffnung des Marktes. Klappte wie am Schnürchen.

«Sind Sie mit Ihrer Spezialzüchtung weitergekommen?»

«Allerdings! Das wird ein Knaller.»

Wenn sich der eigentlich nüchterne und eher wortkarge Böll zu so einer Stimmung und Sprache hinreißen ließ, bedeutete das für Isabelle Frevert: Bingo. Ach was, Doppel- und Dreifachbingo. Kursfeuerwerke. Gewinnexplosionen. Front Page News weltweit. Millionen-Tantiemen. Und vor allem: Bye-bye, Konkurrenz! Auf Wiedersehen, ihr wisst ja, wer zu spät kommt und so weiter.

Die Konzernchefin verzog ihr Gesicht zu einem ironischen Lächeln und imitierte eine Art Boris-Becker-Faust mit diesen eigenartigen Sägebewegungen, die sie bei Fußballspielern ihres Werksclubs beobachtet hatte, die sich über Tore freuten. Ausflüge in diese Welt kamen ihr immer noch exotischer vor als die Forschungsreisen nach Papua-Neuguinea während ihres Studiums. Wenn sie einen fremden Stamm mit seltsamen Ritualen studieren wollte, brauchte sie samstags einfach nur in der firmeneigenen Ehrenloge Platz nehmen. Sie verzichtete meist gerne.

«Frau Frevert, mit dem Kraut geben wir unserem Slogan eine ganz neue Bedeutung – Meduk, Best Science Only For Me.»

Sie legten auf. Draußen schien das Werkslogo, das illuminierte, haushohe «M», noch stärker zu strahlen als sonst. Sie liebte dieses Markenzeichen. In ihrem Kopf drehte sie es aber gern um. Dann sah es aus wie ein «W», «W» für «World». Das gefiel ihr noch besser. Sie verachtete zu niedrige Ansprüche.

Die Kanzlerin warf einen flüchtigen Blick auf die Presseschau, ihr fehlte die nötige Ruhe. Zudem kam gleich ihr «sechzehnter Minister» zum Rapport, wie sie ihren übereifrigen Sprecher hinter seinem Rücken gern nannte, weil der aus jeder Pore seiner gepflegten Haut den Ehrgeiz und Anspruch herausschwitzte, ein echter Teil ihres Kabinetts zu sein. Aber die demütigende Tatsache, das als Einziger so zu sehen, hinterließ über die vielen, vielen Jahre seiner treuen und ergebenen Dienste eine tiefe Verletzung, die ihn zunehmend bissiger werden ließ. Da hatte sich viel angestaut.

Bei ein, zwei Pressekonferenzen war er kürzlich bei lapidarsten Fragen geradezu ausgerastet, ausgerechnet beim Thema Cannabis. Das waren keine kritischen Sachen gewesen, höchstens ein bisschen. Wie denn auch, die Kanzlerin konnte sich gar nicht erinnern, wann einer aus dem deutschen Hauptstadt-Tross das letzte Mal eine wirklich kritische Frage gestellt hatte, die sie in die Bredouille gebracht hätte. Die amerikanischen und englischen Journalisten schnappten bei jeder Gelegenheit wie Terrier zu, nur die verstand sie offiziell ja nicht richtig. Selbst die gefährlichsten Anwürfe ließ sie mit Hilfe umständlicher Übersetzungspausen einfach abprallen. Aber die deutschen Politikjournalisten? Die waren teilweise noch harmoniesüchtiger als sie selbst. Viele kamen sich auch erst schlauer vor als die von ihnen verlachten Normalbürger, wenn sie genau so dachten wie Partei- und Regierungsvertreter. Um die Sache ging es denen praktisch nie, fast immer nur um Namen und Köpfe, das war oft schlimmer als in der Fraktion und selbst unter ihren Ministern. Die Berichterstatter hatten dieses Verhalten einfach übernommen und hielten gerade das für sehr politisch. Ein seltsam eitler, zahmer Haufen. Dann noch «unter drei» den einen oder anderen harmlosen Scherz einstreuen, den alle wie hungrige Welpen dankbar aufschnappten, und schon war man die kühle Kanzlerin, die «aber im vertrauten Kreis sehr lustig sein kann». Gott, waren die einfach gestrickt. Hätte sie damals nach der Wende auch nicht gedacht, wie banal das werden würde. Oft lachte sie mit ihrem Mann darüber.

Umso beleidigter reagierten die Mimöschen aber, wenn sie von ihrem «sechzehnten Minister» unerwartet angeblökt wurden. Sie verstand seinen Impuls, so rein menschlich, mochte aber die damit einhergehende Irritation der Medienmeute nicht. Der musste sich mal wieder beruhigen, ihr flinker Superminister.

Ihr Mann fand das eher lustig. Gestern hatte er beim Abendessen gesagt: «Vielleicht braucht der mal einen Joint, das soll ja beruhigen.» Das war seine Art von Humor.

Sie hatte langsam die Nase voll von diesem Cannabis-Thema, das hörte gar nicht mehr auf, als ob es nichts Wichtigeres gäbe. Daran sind die Amerikaner schuld, dachte sie, erst die Welt in den «War on Drugs» jagen, ganze Länder wie Mexiko damit praktisch an den Abgrund führen, und plötzlich die härteste Legalisierungswelle seit Aufhebung der Alkohol-Prohibition anstoßen. Dieser Wandel hatte alle kalt erwischt. Eben noch das schlimmste Verbrechen der Menschheit, auf einmal Allheilmittel, Wirtschaftsmotor, Länderstabilisierer – wer sollte da mitkommen?

Die Kanzlerin blickte versonnen auf die Wiese vor dem Reichstag, überall saßen kleine Grüppchen junger Menschen auf dem Rasen, hier und da stiegen kleine Rauchwolken auf. Wahrscheinlich kiffen die alle, genau hier, unter meinen Augen, dachte die Regierungschefin, so eine Art Demo. Würde sie nicht wundern, wenn da schon die halbe Fraktion mitqualmte – auf nichts schien mehr Verlass zu sein.

Das ging ja schon länger so. Sie war aus allen Wolken gefallen, als der Pfeffer, ausgerechnet der wirtschaftspolitische Sprecher der eigenen Partei, mit seinem Vorstoß für eine Cannabis-Liberalisierung um die Ecke gekommen war, natürlich zusammen mit einem von den Grünen. Der Özdemir hatte anscheinend sogar eine Plantage auf dem Dach, sie hatte da irgendwas gelesen. Aber der eigene wirtschaftspolitische Sprecher?

Dessen Vorstoß konnten sie einfach ignorieren, aber da schrillten alle Alarmglocken. Der Pfeffer war vielleicht bisschen naiv, aber kein politischer Selbstmörder. Der wusste sehr genau, was er da scheinbar spontan in die Arena feuerte, hatte sich bestimmt vorher umgehört in Chefetagen, Verbänden, bei zentralen Figuren der Wirtschaft, die, das war raffiniert von dem Pfeffer, auch wichtige Geldgeber der Union waren. Das alles schien Jahre her zu sein. Schritt für Schritt hatte sie nachgegeben, ohne sich zu aktiv in die Diskussion einzumischen. Drogen, das war ein heikles Thema, davon hatte sie eigentlich genug. Bei der Homo-Ehe waren die ihren schon ausgeflippt, die Flüchtlingswelle hätte die Partei fast zerrissen, sie wollte keinen neuen Krisenherd. Beim Cannabis hätte sie erwartet, mit den paar genehmigten Lockerungen im medizinischen Bereich alle zu beruhigen. Nun ja.

Es klopfte. Ihr Superminister trat mit seinen jungenhaft rot glühenden Wangen ein und schritt betont dynamisch auf sie zu. Der trägt wirklich mehr Puder auf als ich, dachte sie mal wieder.

«Womit erfreuen Sie mich an diesem lauen Sommerabend?»

«Es gibt Neuigkeiten an der Cannabis-Front!»

«Gott, hört das denn nie auf?»

Irritiert horchte der Sprecher auf. Wenn die Kanzlerin «Gott» anrief, war höchste Wachsamkeit geboten.

«Die Verbände, die CSU und einige in der Fraktion werden unruhig, in den Medien schießen jetzt selbst ein paar Konservativere quer. Die Diskussion kippt langsam.»

«Na, dann lassen Sie mal hören.»

Der Dude schlief neuerdings im Knast wieder so schlecht wie am Anfang. Nacht für Nacht verfolgten ihn die lästigsten Träume. Erst waren es hyperrealistische, endlose Verfolgungsjagden mit Arseni und Wladimir, dann kam plötzlich sein Bruder ins Spiel. Michael, der Ältere. Der ihn früher beschützt hatte, als Kind in der Gang im Ruhgebiet. Der große Bruder,

der immer als Erster nachts vom betrunkenen Vater aus dem Kinderzimmer geholt wurde, um verprügelt zu werden. Zitternd warteten sie hinter der Tür, ob es wieder so weit war. Der Dude hatte oft Glück, der Vater verausgabte sich so sehr bei Michael, dass er vor Erschöpfung den kleinen Dude verschonte. Nie würde er die Blicke des Älteren vergessen, wenn der mit blutiger Unterhose weinend zurück in sein Bett humpelte, diese Ohnmacht, dieses Unverständnis, dieser Hass. Das sah er jetzt wieder jede Nacht vor sich. In Zeitlupe. Er konnte es nicht abstellen.

Zwischendurch Riesensprünge im Traumfilm. Sie haben eine gemeinsame erste Anlage, der Bruder weist ihn in die Cannabis-Kunst ein. Sie leben nach ihren eigenen Regeln und frei von jedem äußeren Zwang. Es geht um Rausch und Genuss, um das Fest der Freundschaft und die Leidenschaft der Lebenshungrigen. Der Erfolg lässt sie fliegen, das Glück währt kurz. Michael, der Grenzenlose, will immer mehr, er sucht eine Erlösung, die es nicht gibt. Der Dude hält diese Träume kaum aus, zu direkt, zu grell, zu echt, aber sie kommen wieder, als habe er sie Nacht für Nacht bestellt. Er sieht ein Gesicht, das zerfällt, er sieht einen Mund, in dem plötzlich Lücken klaffen, er riecht Schweiß, der nach Chemie stinkt. Ja, all die Chemie, die sich der Bruder immer schon mit unbändiger Freude und Lust an der Selbstzerstörung reingepfiffen hatte; Cannabis reichte ihm ja nie. Aber ohne Hilfsmittel war ihm die Welt zu kalt. Das verstand der Dude, schon als Kind. Deswegen trank er selbst bereits mit zwölf und kiffte wie ein Irrer mit vierzehn, das machte alles ein bisschen erträglicher. Und wahnsinniger. Zumindest den Bruder. Der ihn im Streit später fast erschlagen hätte – und dann irgendwann einfach verschwand, weg, vorbei.

Morgens lag der Dude auf dem Bett und wollte die Erinnerung abschütteln. Er hatte keinen Bruder mehr. Wollte er denken. Manchmal fühlte es sich trotzdem immer noch an wie eine Amputation.

▬

HAMBURG. Gut 47 Prozent der Deutschen sprechen sich laut einer Umfrage der Bild-Zeitung für eine umfassende Liberalisierung der Cannabis-Gesetze aus, so viele wie noch nie. Eine sehr deutliche Zwei-Drittel-Mehrheit wertet die jüngsten Novellen auf dem Gebiet des Medizinalhanfs und die Arbeit der 2017 neu eingerichteten staatlichen Cannabis-Agentur als «sehr positiv». Erstmals findet sich keine Mehrheit gegen die Legalisierung mehr. Lediglich 39 Prozent lehnen sie noch strikt ab, 11 Prozent sind unentschieden, 3 Prozent machen keine Angaben. Die Erfahrungen der medizinisch-therapeutischen Anwendungen haben vor allem die Älteren beeinflusst. Selbst bei den traditionellen Anhängern der Union, den über sechzigjährigen Senioren, gibt es jetzt eine klare Mehrheit für eine weitere Liberalisierung. «Schon einmal selbst Cannabis probiert» haben aus dieser Altersgruppe in den vergangenen zwölf Monaten erstaunliche 39 Prozent. Die beliebtesten Konsumformen der Alten waren THC-haltige Backwaren und Inhalation über Hightech-Vaporizer. Die meisten Deutschen würden laut Umfrage Cannabis am liebsten als Getränk zu sich nehmen.

▬

Madame zog die Halterlosen vor dem Spiegel an und beschloss, den Abend doch lieber ohne Slip zu beginnen. Das hochgeschlitzte Kleid war hauteng, tiefer Ausschnitt, die feuerroten langen Haare – sie gefiel sich. Sie sah fast aus wie damals, als sie den Dude kennengelernt hatte. Sie fühlte sich abenteuerlustig und erlebnishungrig und ein bisschen schlecht dabei. Denn sie zog sich ja nicht für den Dude so an. Andererseits gab es keinen Grund, präventiv ein schlechtes Gewissen zu entwickeln, wie eben unter der Dusche, als sie sich vielleicht doch übertrieben sorgfältig im Intimbereich rasiert hatte. Sie wollte sich eben mal wieder sexy fühlen – und begehrt. Der Dude behandelte sie ja selbst als Freigänger in letzter Zeit eher wie eine Mischung aus Sozialarbeiterin und Mama, schrecklich.

Schlimmer noch: Der Dude mit seinem Seniorenheim-Hungerlohn bettelte sie laufend an, ob er noch einen Zehner oder Zwanziger haben könnte. Zehner! Zwanziger! Sie konnte heulen, wenn sie daran nur dachte. Hatte der kein Ehrgefühl mehr? Sie wollte einen Mann, keinen Bettler. Dazu das Gerede über diese Schwerkriminellen. Früher hatte der Dude andere beeindruckt, jetzt brauchte es nur ein paar russische Asoziale, und er benahm sich wie ein kleiner Junge. Das deprimierte sie. Sie wollte mehr vom Leben, und sie hatte verdammt noch mal ein Recht auf mehr, auf viel mehr.

Sie sprühte etwas Gaultier unter das Kleid und zwischen die Beine. Ihr Date war ein hohes Tier bei dieser Brausefirma «Black Devil». Das klingt ganz vielversprechend, dachte Madame: Für ein Rendezvous mit dem Teufel war sie genau in der richtigen Stimmung.

BONN. Die staatliche Cannabis-Agentur, die seit Frühjahr 2017 existiert und dem Bundesinstitut für Arzneimittel und Medizinprodukte untergeordnet ist, hat heute ihre aktuellen Zahlen zu den bundesweit registrierten Cannabis-Patienten veröffentlicht. So seien 2017 mehr als 220 000 neue Anträge bearbeitet worden, wovon mehr als 132 000 bewilligt wurden. Heute sind etwa 175 000 Patienten berechtigt, Cannabis als Medikament einzusetzen – 2015 waren es noch deutlich unter 1000. Der Deutsche Bauernverband mahnte eine rasche Entscheidung darüber an, wie in Zukunft mit der Produktion dieses wertvollen Rohstoffs umgegangen werden soll. Man betrachte mit Sorge, wie vor allem Landwirte in europäischen Nachbarländern von dieser Entwicklung profitierten. Der Anbau THC-haltigen Hanfs ist grundsätzlich immer noch verboten, die Cannabis-Agentur hat nur wenige Ausnahmegenehmigungen im Bundesgebiet erteilt, weswegen die für die Kranken erforderlichen Mengen zum großen Teil aus den Niederlanden und verstärkt aus Tschechien importiert werden. Das stößt insbesondere den bayerischen Landwirten übel auf, da Bayern wegen seiner Hopfenproduktion sozusagen immer schon Hanfland gewesen sei. (Hopfen gehört zu der Familie der Hanfgewächse, Anm. d. Red.)

«Dreifelderwirtschaft?» No Brain und Eight Fingers glotzten ihn an. Sie erwarteten irgendetwas. Eine Erklärung vielleicht. Aber dem Dude war gerade nicht nach Reden. Dieser Berliner Anwalt Steintal hatte ihn ganz schön verunsichert. Haarsträubende Erzählungen aus der Hamburger und Berliner Halb-, Unter- oder Oberwelt waren sein bevorzugtes Entertainment, wobei unklar blieb, was faktisch wahr und was aus erzählerischen Gründen höhergelegt wurde. Der gefürchtete «scharfe Hund», wie ihn selbst Freunde nannten, hatte Klienten aus allen Gesellschaftsschichten. Konnte also eventuell alles wahr sein. Wie nebenbei hatte der Anwalt bei einem Kaffeekränzchen mit Madames Mutter dieses Dreifelder-Stichwort erwähnt, nicht ahnend, was für eine Bombe er da fallen ließ. Möglicherweise aber eben doch. Madame war sich zunächst gar nicht bewusst gewesen, was die Bemerkungen für Implikationen haben könnten, das waren für sie bloß Details, die sie ungefiltert weitergab, wenngleich mit diesem giftigen Unterton, der den Dude wütend und krank zugleich machte.

Am Vortag war es rausgekommen. Sie stritten sich wieder über Geld, ihren Stress und sein «mangelndes Engagement» für Jakob und Anton, wobei sie einfach ignorierte, dass er abends in den Knast musste. Einmal in Fahrt, bemitleidete sie sich in den erbarmungswürdigsten Tönen, um schließlich allen Frust in einen existenzzerstörenden Satz zu legen: «Tja, einige lassen sich erwischen, andere betreiben ihre hochprofessionelle Dreifelderwirtschaft in aller Ruhe weiter und haben nicht unsere Sorgen.»

Worte wie Eiswürfel, Madames Blick war pure Verachtung. Das saß. Wie benommen registrierte er die folgenden Informationsfetzen.

Der Markt wurde, so hatte Steintal ihr erzählt, ausgiebig mit Top-Ware aus dieser Dreifelderwirtschaft versorgt. Die Qualität erinnere stark an die Waren des vor Jahren hochgegangenen Züchters, wobei Madame ein paar Sekunden brauchte, bis ihr auffiel, dass Steintal sie dabei fixierte. Wusste er vom Dude? Niemand kannte die Wahrheit, zumindest nicht offiziell. Sie hatten allen erzählt, den Dude habe die Vergangenheit eingeholt: In seiner späten Jugend sei er sehr naiv in eine dumme Sache hineingeraten – ein komplizierter Mehrwertsteuerbetrug mit der Import-Export-Firma eines Freundes, wofür er leider in einer staatlichen Einrichtung ein wenig Buße tun müsse. Das schluckten alle. Man musste es in den

Elbchaussee-Kreisen nur wie eine Mischung aus Uli Hoeneß und Peter Graf klingen lassen, sofort hatten alle Mitleid. Nachfragen waren tabu.

Steintal hatte erklärt, man schließe in Polizeikreisen nicht aus, dass die Betreiber dieser geheimen Anlage den Beamten damals den Tipp gegeben hätten, um den marktbeherrschenden Grower aus dem Weg zu räumen.

«Das hat er wirklich gesagt?»

«Ja, hat er.»

Der Dude hatte zu zittern begonnen. Die Konkurrenz? Eines Tages hatten sie ihn festgenommen, kurz bevor er sowieso hatte aufhören wollen. Auch im Prozess wurde nie richtig klar, wie sie von seinen Aktivitäten erfahren haben konnten. Vielleicht war er jahrelang falschgelegen mit seiner Vermutung, der Bauer Petersen sei der Verräter. Das dunkle Gewitter in seinem Schädel wurde durch eine große Idee erhellt: Rache.

Der Dude blickte seine beiden Freunde No Brain und Eight Fingers an. Mit ihnen hatte er einst die Anlage bewirtschaftet. Sein Niedergang war auch ihrer, ihr Vertrauen zu ihm angeknackst. Siegern folgt man, Verlierern lieber nicht so. Er wägte die Dinge ab. Irgendwer hatte ihn also womöglich abserviert, um den Markt zu übernehmen. Der Dude hatte sich umgehört. Steintals Andeutungen wurden auf der Straße bestätigt.

Es ging um drei Hallen, direkt nebeneinander. Mindestens 5000 Pflanzen pro Feld, alle 21 Tage eine Ernte, bei der vermuteten Lampenzahl wahrscheinlich 100 Kilo pro Ernte, mindestens 150 Kilogramm pro Monat. Bei der kolportierten Spitzenqualität würde ein Großabnehmer gut 4000 bis 5000 Euro fürs Kilogramm zahlen, das ergab 600 000 bis 750 000 Euro Umsatz pro Monat. Respekt, dachte der Dude. Was ihn besonders irritierte: Die Hauptsorte der Superprofis erinnerte viele anscheinend an sein eigenes «Strongdude», sie hieß auch noch «Strongdove». So viele Zufälle, dachte der Dude, zu viele.

Er überlegte. Er war längst Teil der örtlichen Folklore, vergessen oder zur Anekdote geschrumpft. Er sollte nicht alten Zeiten hinterherjammern, sondern seine Zukunft planen. Eigentlich. Aber jetzt gab es eine wichtigere Aufgabe.

Der Dude sagte: «Okay, wir finden sie. Und dann machen wir sie platt.»

Heute hatte Rocko Fahrdienst, in zwei Stunden sollte er spätestens an den Hallen sein. Er setzte sich in seinen Golf, der vorne leicht zerbeult war. Zwei Hammerschläge, bisschen Lack abgekratzt, sah aus wie ein kleiner Unfallschaden, den man nicht repariert, weil einem das Geld zu schade ist. Er fluchte, als er die Geldtüten hinten auf den beiden Kindersitzen verstaute. Das ist die perfekte Tarnung, hatte der Boss ihm gesagt, das lässt die Reflexe bei den Bullen einschlafen, Kindersitze machen die alle intuitiv weicher, da werden die Hartmänner plötzlich schwach. Sobald es nach Kinderkacke riecht, schmilzt ihr ohnehin kleines Hirn. Also hatte der Chef ihm diese beiden Kindersitze in den Dienstgolf installieren lassen, mit dem er die Lieferanten abfuhr. Hin und wieder fuhr er damit auch raus zu den Hallen, meistens jedoch nahm er dafür den Transporter, da passte mehr rein.

Rocko war spät dran, er musste los, plötzlich schrillte der Alarm los. Genervt griff er hinter die Sonnenblende, schaltete den Krach aus und legte den kleinen silbernen Schalter neben dem Radio um. Eine blaue Signalbirne ging an. Er vergaß das immer wieder. Jetzt konnte es losgehen. Rocko grinste. Der

Boss war genial. Na logisch, sonst wäre der niemals so hoch aufgestiegen, da musste man schon einiges draufhaben. Schon wie der damals diesen naiven Grower ausgetrickst hatte, Hammer. Beinahe hätte der Strudel auch Rocko mitgerissen, aber zum Glück war er mit einem blauen Auge davongekommen und durfte seitdem für den neuen mächtigen Boss arbeiten. Der führte ein beeindruckendes Doppelleben und bekam in seiner aktuellen Funktion die neuesten technischen Errungenschaften vorgeführt, die er sinnvoll bei seinen kleinen Nebengeschäften einsetzen konnte. Etwa in diesem Dienstgolf. Rocko nannte die Vorrichtung nur «das Ding», weil er sich den englischen Namen nicht merken konnte und einen deutschen dafür nicht kannte. «Das Ding» war Tausende Euro wert und schirmte den Wagen gegen Ortungsversuche ab. Hieß es. Wenn das blaue Lämpchen blinkte, war Rocko für die Bullen nicht sichtbar und sein Handy nicht zu orten, egal, ob an oder aus, selbst einen möglichen Peilsender an der Karosse sollte man damit lahmlegen können. Bisher gab es keinen Anlass, daran zu zweifeln.

▬

Madame saß mit Onkel Herbert auf der Terrasse, nippte an ihrem Campari Orange und blickte auf die Elbe. Es war schon komisch, aber ihr kam es vor, als versöhne sie die Konfrontation mit dem dunklen Gefängnis-Kosmos des Dude auf seltsame Art wieder ein bisschen mit ihrer Herkunft. Wie bei vielen jüngeren Menschen aus ihren Kreisen gehörte das Kokettieren mit Attributen der Unterschicht- und Kriminellenwelten zur coolen Pose immer dazu, das war der Reiz des Archaischen, des Verruchten, der Grenzüberschreitung, der auf sie und ihre bürgerlichen Freunde so faszinierend und stimulierend wirkte wie sonst fast nichts. Aber eben nur so lange, wie das alles Teil eines Spiels war, ironisch gebrochen, schön ungefährlich distanziert. Eine angesagte Bar im kaputten Rotlichtviertel, mal eine kleine Line Koks auf einer schmutzigen Toilette ziehen, aufgeregt von einem Dealer auf der Straße was kaufen, das waren die harmlosen Kicks für den kleinen Erlebnishunger zwischendurch. Die ganze Cannabis-Unternehmung ihres Mannes früher gehörte auch in eine solch aufregende Zwischenwelt, weil sie etwas verrucht, aber am Ende doch auch angenehm bieder und normal war, zumindest für sie. Wurde es ernster, wurde es hässlicher. Bei jeder Fahrt zum Gefängnis hatte sie das bemerkt, bei jedem Telefonat mit ihrem Dude spürte sie das jetzt: Das war nicht ihre Welt. Diese Typen, diese Leben, diese Aura. Da war nichts distanziert oder ironisch gebrochen, das waren echter Schmutz, wahrer Dreck, reale Abgründe. Dann lieber hier auf dem Sofa sitzen und den Elbblick genießen.

Onkel Herbert prostete ihr freundlich zu. Als Teil eines alten Reederzweigs war er mit großen Containerschiffen reich und mächtig geworden, wie ihre Mutter nicht müde wurde zu betonen. Singapur, Hongkong, Rotterdam, die größten Häfen der Welt waren sein Zuhause. Was er da genau machte, verstand Madame nie, dass er immer wohlhabender wurde, war nicht zu übersehen. Die Kombination aus maritimer Familiengeschichte und wirtschaftlicher Potenz machte ihn zum beliebten Gast auf den sterbenslangweiligen Treffen der Elb-Elite, die von ihrem Onkel mit einer bewundernswerten Ruhe meist an der Seite der Mutter absolviert wurden, wobei er diese Stehempfänge und Partys wohl eher als Geschäfts- und Akquisetermine verstand denn als Entertainment.

Er war der Ex-Schwager, also der Exmann der früh verstorbenen Schwester der Mutter, aber darüber wurde nicht gesprochen, weil man in keinem Fall den Eindruck erwecken wollte, er gehöre bluttechnisch nicht mehr richtig dazu. Wobei Madame manchmal überlegte, ob die Verbindung zwischen ihrer Mutter und Onkel Herbert eventuell etwas intensiver als nur verwandtschaftlich sein könnte. Blut ist dicker als Wasser, aber Geld hilft mehr als gute Ratschläge, pflegte ihre Mutter gelegentlich zur Belustigung aller in die Runde zu schmeißen. Madame verstand langsam, was das eigentlich bedeutete. Der Dude im Gefängnis, die Perspektive danach: im besten Falle unklar, eher düster. Unschöne Situation. Kannte sie nicht, mochte sie nicht.

«Wie geht es dem Dude, wie hält er sich?»

«Was?»

«Wie geht es deinem Mann?»

Die Frage fuhr Madame wie ein Peitschenhieb ins Kreuz. Niemand fragte sie nach dem Dude, das war ein ungeschriebenes Gesetz.

«Ist wirklich dumm mit dem Gefängnis, so ein feiner Kerl.»

Onkel Herbert nippte an dem Cappuccino, den ihm das Hausmädchen gebracht hatte. Madames Herz raste. Der Dude war allen Verwandten als leitender Mitarbeiter eines Baumarkts im Ruhrgebiet vorgestellt worden, der sich von Hamburg aus so erfolgreich um Werbeprospekte, Kommunikation und vieles andere kümmerte, dass er in Geld schwamm. Wenn das einigen komisch vorkam, warum man damit so viel Geld verdienen konnte, ließen sie es sich nicht anmerken. Vor allem deshalb nicht, weil der Dude ihnen mal betrunken einen absurd hohen Rabatt auf Produkte aus diesem Baumarkt versprochen hatte, was einige der Millionäre intensiv ausnutzten – und was den Dude Zehntausende Euro kostete, weil er natürlich nirgends Rabatt bekam und alles aus eigener Tasche begleichen und irgendwo ganz regulär beim örtlichen Anbieter in Hamburg um die Ecke kaufen musste. Das war sein persönlicher Preis für einen pfleglichen Umgang miteinander.

«Sag schon, bleibt doch in der Familie ...»

Madame funkelte ihn an. «Ja, tja, ganz gut, er hält sich ordentlich.»

Was sollte sie denn sagen? Dass ihre Beziehung praktisch vorbei war, weil der Dude sich wie ein kleiner Junge von Schwerverbrechern beeindrucken ließ und zum Jammerlappen wurde, weshalb sie sich kürzlich mit größter Wonne von einem richtigen Mann hatte verführen lassen, der ihr das Gefühl geben konnte, eine attraktive Frau zu sein? Champagner ohne Ende, ein paar kleine Lines auf dem Klo der «Bank», später ein unverklemmter Zug durch die besten Läden der Stadt und endlich mal wieder ein paar Stunden guter Sex, sogar im Vier Jahreszeiten an der Alster. Sie seufzte, als sie daran dachte, wie sie sich morgens aus dem Zimmer des schlafenden Mannes geschlichen hatte, wie der dagelegen hatte, dieser Andy, Chef von Black Devil. Was für ein Körper, was für eine Ausstrahlung, ein echter Sieger. Toll.

Onkel Herbert verstand ihren unwillkürlichen Seufzer falsch. «Der schafft das schon. Seine Zeit wird bald kommen. Vielleicht schneller als gedacht.»

«Ja, ja», sagte Madame und hörte kaum hin. Die Andy-Erinnerung ließ ihr das Blut ins Becken schießen. Er gab ihr so etwas wie Hoffnung, seine SMS waren eindeutig.

«Ich glaube, einige Leute würden viel Geld zahlen, wenn sie das Wissen des Dude anzapfen könnten ...»

Von was, um Himmels willen, redete der nur?

«Ach, Onkel Herbert, niemand will etwas von ihm, und niemand will ihm etwas geben.»

«Madame», sagte Onkel Herbert jetzt etwas sanfter, «ich

weiß, wovon der Dude und eure Familie gelebt haben. Es hat ein bisschen gedauert, aber wir brauchen keine Spielchen mehr zu spielen.»

Madame vergaß fast, weiterzuatmen. Aus dem Flur rief ihre Mutter: «Komme gleich, bin sofort fertig!»

Ja, fertig, das bin ich allerdings auch, dachte Madame und wollte sofort wegrennen.

«Die Zeiten ändern sich schnell. Alle werden langsam nervös wegen der möglichen Legalisierung, die Wirtschaft ist alarmiert, der Handel will sich wappnen, internationale Implikationen werden bis in die höchsten Etagen besprochen, alle wittern das große Geschäft.»

Madame rauschte der Kopf, sie hielt ihren Campari Orange gegen das Licht der Außenbeleuchtung. Wahrscheinlich hatte sie nur zu viel getrunken, und auch den kleinen Auffrischer auf dem Klo hätte sie lieber nicht nehmen sollen. Von hinten trat ihre Mutter an sie heran. Die wusste ja auch nicht die ganze Wahrheit über den Dude. Madame flehte den Onkel stumm an. Umsonst.

«Gestern hat dein Dude etwas gemacht, das kriminell war, jetzt gilt er als Experte. Verstehst du, was ich dir sagen will?»

Madame schaute zur Mutter, die ihr aufmunternd zulächelte. «Guck mal nicht so verschreckt, ich habe immer schon geahnt, dass etwas nicht stimmen kann mit eurem komischen Baumarkt. Wichtiger ist, was dir Herbert gerade klarmachen will.»

Die Mutter fasste den Onkel von hinten an die Schulter, einen Tick zu zart vielleicht.

«Ja, die Karten werden neu gemischt, und ihr solltet alles daransetzen, dass der Dude beim großen Spiel dabei ist. Madame, es geht hier um sehr viel Geld und eure Zukunft, dein Dude ist der Schlüssel dafür!»

Großes Spiel, viel Geld, Schlüssel? Und war ihre Mutter nicht Vorsitzende dieser Anti-Drogen-Charity «Rauschfrei»? Die sind doch alle wahnsinnig geworden, dachte Madame erschöpft und leerte den Rest ihres Drinks in einem Zug.

▬

FRANKFURT. Eine ungewöhnlich hohe Nachfrage nach großen Hallen in Stadtnähe habe zu deutlich steigenden Preisen in diesem eher ungewöhnlichen Segment geführt, berichtete der Immobilienverband Deutschland (IVD) auf seiner halbjährlichen Pressekonferenz. Betroffen seien vor allem die Randgebiete von Hamburg, Bremen, Berlin, Köln, Stuttgart und München, aber auch größere Städte der zweiten Reihe wie Kiel, Düsseldorf, Hannover, Dresden, Leipzig, Magdeburg oder Nürnberg beobachten angeblich ähnliche Entwicklungen. In rund der Hälfte der Fälle komme es zu langfristigen Vermietungen, der Rest seien Verkäufe. Oftmals lägen die Hallen, vor allem im Osten, in eher abgelegenen und wirtschaftlich abgehängten Gegenden, was bei der Bevölkerung für vorsichtigen Optimismus und Hoffnung auf eine ökonomische Wende sorge. Über die Ursachen des Booms könne nur spekuliert werden.

▬

Der Dude zog die Tür hinter sich zu. Er setzte sich auf die Stufen vor dem Haus. Der Lärm, die Abgase, das unentwegte Tosen, der Bürgersteig, alles wirkte so fremd. Das war nur noch irgendeine Straße, irgendeine Wohnung, auf deren Klingelschild zufällig sein Name stand.

Die Frau ließ ihn fallen, die Dinge ließen ihn fallen, was

eben noch vertraut war, wirkte jetzt feindselig, was eben noch Halt gegeben hatte, stieß ihn jetzt weg. Alles hatten sie gemeinsam durchstehen wollen. Den Himmel zusammen erobert, da wird uns die Hölle doch nicht zerbrechen. Große Schwüre, große Gefühle. War wohl doch bisschen zu viel Hollywood im Kopf gewesen, dachte der Dude zerknirscht.

Ein Blick auf die Uhr, er stand rasch auf, bog zur S-Bahn ein, wo sein Auto stand. Erst jetzt, wenige Meter von der Haustür entfernt, fiel ihm ein anderer Wagen auf: schwarze Limousine, Mercedes S-Klasse, getönte Scheiben, tiefergelegt, ein gigantisches Auspuffsystem, vergoldete Radkappen. Arseni. Der Hüne im engen schwarzen Anzug lehnte lässig gegen die Karosse und kaute betont langsam ein Kaugummi, die Arme verschränkt, die Augen hinter einer vergoldeten Pilotensonnenbrille versteckt. Er grinste breit.

«Na, mal wieder die Kinder verpasst?»

Der Dude fröstelte. Madame hatte tatsächlich dafür gesorgt, dass die Zwillinge ausgerechnet während seines kurzen Besuchs bei Freunden waren und er sie deshalb nicht sehen konnte. Ein Fehler in der Planung, sagte Madame. Eine gemeine Hinterfotzigkeit, vermutete der Dude.

Aber niemand konnte das wissen. Schon gar nicht Arseni. Von der Adresse mal ganz abgesehen.

«Was machst du hier?»

«Ich wollte dir wieder mal schöne Grüße von Wladimir ausrichten und mich erneut als Fahrer zur Verfügung stellen.»

«Danke, ich bin motorisiert.»

«Schau dir diese Limousine an, betrachte sie als deine, heute und jederzeit, wann immer es dir gefällt.»

«Ich bin versorgt, danke.»

«Wir könnten schnell zu ein paar russischen Freundinnen fahren, die für Entspannung sorgen. Mal etwas Druck von der

Leitung nehmen, Dude. Muss man doch auch mal dran denken, wenn einen zu Hause niemand mehr ranlässt und einem die Suppe langsam den Blick vernebelt.»

Der Dude spürte das Verlangen, Arseni den Kehlkopf einzudrücken. «Arseni, das ist rührend, aber macht euch um mich nicht so viele Sorgen.»

«Dude, wir sind deine Freunde. Uns macht Sorgen, dass du das nicht erkennst.»

Arseni setzte seine Brille auf, spuckte das Kaugummi aus, schwang sich hinter das Lenkrad und fuhr davon.

Die Kanzlerin sah zum Reichstag und dachte nach. Schäuble dafür, Seehofer alarmiert, die Kirche nicht dagegen, viele in der Opposition durchaus positiv gestimmt, obwohl es die Sozialdemokraten mal wieder auf bemerkenswerte Art nicht schafften, ihre Vorteile bei einem Thema auszuspielen, überlegte sie geradezu gerührt. Als in Kreuzberg Anfang des Vorjahres tatsächlich nach mehreren Anläufen der erste Modellversuch zur kontrollierten Abgabe gestattet worden war und man dort in kürzester Zeit hatte feststellen können, wie hervorragend das funktionierte, hätte sich das SPD-regierte Berlin an die Spitze der Bewegung setzen können. Zum Glück kam es wie immer, die verzagten Roten verstanden weder Stimmung noch Perspektive richtig zu deuten, schon waren sie auch auf diesem Feld hoffnungslos zerstritten und abgemeldet wie fast überall sonst auch.

Die Regierungschefin malte ein paar Kreise aufs Papier: Polizei, Staatsanwälte, Gewerkschaften, Kirchen, Bauern, Unternehmen, IHK, CSU, FDP (dahinter ein Smiley mit der

Zahl «4–4,9 %?» in Klammern, sie konnte so witzig sein), Juristen, Grüne, Linke, SPD («15–20 %?», noch größeres Smiley), Schäuble (Ausrufezeichen) und CDU (zwei große Fragezeichen). Zu guter Letzt noch Bild-Zeitung (drei Fragezeichen). Das waren die wichtigsten Mitwirkenden. In großen Druckbuchstaben notierte sie über den Kreisen: «L E G A L I S I E R U N G?»

Sie ging die Positionen durch. Fast alle äußerten sich bereits positiv oder waren kurz davor, sich entsprechend festzulegen. Die Zeit war also bald reif. Sie würde das Land mal wieder mit einer scheinbar harten inhaltlichen Kehrtwende «überraschen» können. Sie müsste nur noch ein bisschen warten, bis die Mehrheitsverhältnisse in der Bevölkerung eindeutiger waren. Nächstes Jahr schien ein guter Zeitpunkt, mitten in der neuen Legislaturperiode.

Sie schrieb fett eine Zahl auf den Zettel: «2019!»

Bei deutlich mehr als fünfzig Prozent in mehreren aufeinanderfolgenden Meinungsumfragen würde sie zuschlagen. Diese Masche funktionierte praktisch seit Amtsbeginn. Da würden die Bäckchen von ihrem Superminister aber glühen, wenn er das vor der Bundespressekonferenz erläutern müsste. Zufrieden zerknüllte die Kanzlerin ihre Notizen und steckte sie in den Schredder neben ihrem Schreibtisch.

Homo-Ehe, Transferunion, Flüchtlingsrettung, Cannabis-Legalisierung – was würde sie als Nächstes angehen, die Verstaatlichung von BMW oder Daimler? Staatlich geförderte Polygamie? Eigentlich ein ganz guter Witz. Würde sie bei ihrem Mann ausprobieren und anschließend einem dieser braven Hauptstadtschreiberlinge stecken. Damit die beim nächsten Artikel-Recycling wenigstens einen frischen Anlass für die Standard-Offenbarung des Supergeheimnisses hätten: «Privat kann sie richtig witzig sein.»

Die Kanzlerin grinste. Ja, manchmal liebte sie ihren Job.

TEIL III
ANGRIFF

Der Dude war nicht übermäßig eitel, aber wohin er ging und was er dort machen wollte, waren genauso wichtige Kriterien für die Kleiderwahl wie das Wetter. Früher, vor dem Knast, war das sehr klar geordnet gewesen: Wollte er abends gepflegt abstürzen und mal wieder ordentlich einen wegstecken – unter dem Radar von Madame, logisch –, mochte er es gern etwas flashy. Lila oder kanariengelbe Hemden, nur im Notfall durfte es ein weißes sein, T-Shirts zum Anzug gingen gar nicht, das Gleiche galt für Sneakers, mit diesem Alte-Männer-Miami-Vice-Stil wollte er nichts zu tun haben, das war nur etwas für Provinzfuzzis, Mediendeppen, Kleinschwänzige. Er selbst würde das Haus nie ohne seine Schlangenlederstiefel verlassen, da war er konservativ. Wenn die Nacht rief, schmiss er sich in Schale, egal, was gerade als hip galt. Die wahren Kings of Cool setzten eigene Maßstäbe.

Manchmal verfluchte er sich auch dafür. Zum Beispiel: jetzt. Sein schmal geschnittener silberner Feincordanzug war eine Augenweide, klar, jedoch nicht für alle Zwecke praktisch.

Der Dude spürte, wie sich der raue Asphalt unter der rechten Gesäßhälfte durch den Stoff drückte. Dreck und Metall rieselten auf ihn nieder, er spuckte kleinste Teile aus, er ignorierte das pulsierende Jucken auf der Stirn und presste das kleine Gehäuse mit aller Gewalt so an die Innenseite der rechten hinteren Radverkleidung, dass man es selbst dann nicht sehen konnte, wenn man kniend unter den Wagen blickte. Er schob sich rücklings unter dem Golf hervor, den dieser Typ, den sie als Rocko identifiziert hatten, offenbar auf banalste Art als Familienkutsche tarnen wollte.

Ausgerechnet der. Das war natürlich höchst interessant. Der sogenannte Rocko hatte damals seine florierende Anlage übernehmen wollen, das war der Deal gewesen, als der Dude aussteigen wollte. Eine sehr großzügige Abschlagssumme, der konkrete Zeitpunkt, alle Konditionen waren bereits geregelt – als die Polizei plötzlich auftauchte und ihn aus dem Verkehr zog. Er hatte nie wieder etwas von Rocko gehört. Bis jetzt.

Der Dude entfernte sich zügig vom Golf. In einschlägigen Kreisen hieß es, den könne selbst die Polizei nicht orten, aber das wollten sie doch mal sehen, ob ihr Spezial-Peilsender nicht bessere Ergebnisse liefern würde. An der Ecke warteten Eight Fingers und No Brain. Er klopfte sich die Hose ab, spürte einen Riss im Stoff und beschloss, trotzdem an seinen Abendplänen festzuhalten. Er fuhr sofort auf den Kiez, es war schließlich sein freier Sozialtag.

-

In der größten Suite des Hotel Adlon schräg gegenüber dem Brandenburger Tor war Katz in bester Stimmung, als er spürte, wie er langsam anfing zu schwitzen. Eigentlich war es bislang ein guter Tag gewesen, ein sehr effektives Treffen, nette Leute, nette Gespräche, hervorragende Aussichten für die Zukunft, wenn er das alles richtig verstand. Deswegen war er ja hier, der Arbeitgeberpräsident, um alles richtig zu verstehen. Er öffnete ein Fenster, die Balkontür lehnte er an, das Muster auf dem sehr flauschigen Teppichboden fand er kurz irritierend. Zu Hause wollte er auch so weiches Material unter den nackten Füßen spüren, das fühlte sich sehr gut an, wenn man mit den Zehen beim Gehen langsam durch die langen Borsten fuhr. Sein Jackett hing über dem Stuhl, die Budapester darunter, perfekt parallel ausgerichtet, die Socken lagen daneben, ein Feierabend nach seinem Geschmack.

Er hörte Gemurmel, einen vielschichtigen Chor aus beruhigend dunklen Stimmen, alles sehr vertraut. Der Wetterbericht hat gar nicht so hohe Temperaturen vorhergesagt, dachte Katz, als er die Vorhänge des zweiten Fensters zurückzog und es weit öffnete. Vor dem Spiegel lockerte er die Krawatte und öffnete sein Hemd, natürlich ein blaues Button-Down-Hemd von Brooks Brothers in New York, er besaß nur diese eine Sorte, worauf er ein bisschen stolz war. Er hatte die Schränke voll damit, das fand er sehr befriedigend, gerade allerdings nicht so, eher ein wenig zu warm.

Katz nahm die Manschettenknöpfe heraus und zog das Hemd mit einer, wie er selbst fand, lustigen Stripperbewegung aus. Er sah sich von der Seite im Spiegel, der nackte Oberkörper wirkte straff, die regelmäßigen Gym-Besuche machen sich bezahlt, dachte Katz, viele ab fünfundvierzig bekamen kleine Männertittchen, Hängeschultern und Buckelansatz, aber nicht er. Er stand aufrecht wie eine Eins, Schulter und Brust erfreulich klar definiert. Er streckte den rechten Arm, um seinen beeindruckenden Trizeps im Spiegel ausgiebig zu würdigen, auch der Latissimus dorsi, tipptopp. Wie kleine Flügelchen spannte sich der breiteste Rückenmuskel von der Hüfte hoch zu den Achseln, die Haut ganz weich und rein, tadellos. Er mochte das Gefühl, mit seinen kräftigen, aber durchaus sanften Händen von den klar erkennbaren Bauchmuskelsträngen langsam über den Solarplexus und die Brustwarzen bis hin zum Bizeps zu fahren, das fühlte sich sehr angenehm an, irgendwie auch lustig, wahnsinnig lustig sogar, Katz konnte sich plötzlich gar nicht mehr halten vor Lachen, wie er sich da selbst im Spiegel beim Streicheln sah; das war ja der absolute Oberbrüller. Es platzte regelrecht aus ihm heraus, in einer bombastischen Heiterkeitsgeste, die auch die anderen im Zimmer lustig fanden.

Das fröhliche Gelächter der anderen Männer hatte zwei gute Gründe: zunächst mal der Anblick des sich kichernd und halbnackt vor dem Spiegel sehr zärtlich und ausgiebig befühlenden Präsidenten der Bundesvereinigung der Arbeitgeberverbände, der gerade umständlich versuchte, auch noch die Anzughose loszuwerden. Der zweite und tiefere Grund waren diese seltsamen Geräte, von denen mehrere wuchtige Exemplare im Zimmer verteilt waren: Vaporizer, neueste Generation, wie es hieß, Topqualität, auf dem neuesten Stand und so weiter. Aus denen verdampfte unentwegt und seit vielen Stunden bei zuvor geschlossenen Fenstern der allerfeinste Cannabisstoff einer ganz besonderen Sorte, deren Name Hunkel, der die Szene amüsiert beobachtete, gerade nicht einfiel.

Das Geheimtreffen des halben Dutzend Männer in der Adlon-Suite entwickelte sich aus seiner Perspektive prächtig. *Wir müssen bei unserer Konferenz immer Deutschland im Blick haben*, hatte es in den verschlüsselten Rundmails geheißen, daher die Raumwahl mit Blick auf Brandenburger Tor und Reichstag.

Bevor wir die Kanzlerin richtig überzeugen, sollten wir selbst genau wissen, worüber wir überhaupt reden, hatte er selbst, Hunkel, wenn er sich richtig erinnerte, alle ermahnt. Da war schnell Konsens hergestellt.

Weil das Rauchen in ihren Kreisen als asozial und unmodern galt, kamen die Vaporizer zum Einsatz, die den Cannabiskonsum ohne Tabak erlaubten, sozusagen «gesünder». Purer konnte man Gras kaum genießen.

Das Experiment ist ein voller Erfolg, dachte Hunkel zwischen zwei Lachflashs, während Katz in der Suite wie ein fröhlicher Dreijähriger in Unterhose überraschend ausdauernd eine Runde nach der anderen um den langen Tisch lief. Von gegenüber registrierte das der Chef der mittlerweile größten deutschen Drogeriemarktkette wohlwollend, während er glückselig den Bauernverbandsvorsitzenden angrinste und dessen Hand streichelte. Der DGB-Vorsitzende baute derweil hinten in der Ecke mit dem Präsidenten des Verbands der Chemischen Industrie eine große Tüte, so gut das bei anschwellenden Kicherwellen eben ging. Das hatte so ein Gewerkschafter natürlich noch drauf, der drehte ganz flink einen Joint, alte Arbeiterschule, dachte Hunkel anerkennend und genoss die Szenerie. Er knöpfte sich langsam das Hemd auf, sah dem glücklich laufenden Katz hinterher und platzierte seine Nase noch einmal direkt über dem Dampfausstoß eines Vaporizers. Das waren wirklich herrliche Zukunftsaussichten.

Andy lauschte seinem Marketing- und Entwicklungschef Rudolf. Diese Jungs waren einfach gut, praktisch unschlagbar. Seine Schule, wie er in aller Bescheidenheit hinzufügen konnte. Rudolf sah relativ normal aus, kaum Bart, paar kleinere Tattoos, Poloshirt, Jeans, Lederschuhe, fertig. Viele, die sich bei Black Devil bewarben, liefen auf wie zu einem Hipster-Kongress, so tief waren sie anscheinend von ihren simplen, aber sehr effektiven Markenbotschaften beeinflusst. Scharf gestutzte oder verwilderte Bärte waren seit Jahren Pflicht, so eine Art Taliban-Look meets IS-Appearance, der moderne Stadtkrieger oder der postmoderne Autonome, Andy wusste nicht genau, was ihm das alles sagen sollte. Er wollte es auch gar nicht wissen. Er fand diese affirmative Geste im Geiste der repressiven Toleranz angesichts der kulturellen Umwälzungen in der Welt einfach besonders dumm. Andere probierten das Modell «alter englischer Landadel», wobei das Ergebnis wie der hilflose Ausdruck einer sehr albernen deutschen Phantasie des Originals aussah.

Viele Bewerber dachten offensichtlich wirklich, die Arbeitsrealität bei Black Devil entspreche exakt der Atmosphäre, die sie in den Firmen-Blogs und YouTube-Channels verbreiteten. Oder gar der Welt, die sie auf ihren bis ins letzte «spontane Detail» (was für ein Witz) durchgeplanten Live-Events präsentierten. Diese Low-Brainer wurden gleich ausgesiebt und mit dem größten Bedauern wieder nach Hause geschickt. Nur ein paar von ihnen behielten sie an Bord, weil sie echte Exemplare der wahren Zielgruppe gern um sich herum hatten. Deren oft sehr, na ja, subkomplexen Gedankengänge konnte man sich nicht ausdenken, die musste man schon live hören oder miterleben.

Von denen hatte Rudolf erfahren, dass sie mit dem Begriff «Kiffer» nicht in Verbindung gebracht werden wollten, selbst wenn sie welche waren. Kiffer, das waren die rotäugigen, bleichgesichtigen, ungesund aussehenden Druffis, wie man sie bei der alljährlichen Hanfparade sah, diesem öffentlichen Trauerspiel, von dem Andy ohnehin seit vielen Jahren glaubte, es sei Teil einer von der Drogenbeauftragten persönlich finanzierten

Anti-Legalisierungskampagne. So viele Kaputtniks schleppten sich sonst nie durch die Hauptstadt, ausgezehrte Gestalten, viel zu jung, viel zu zerschossen, der ganze Anblick eine einzige Aufforderung, das ganze Zeug noch strenger zu reglementieren und alle in die nächste Klinik zu stecken. Mehr Abschreckung ging nicht.

Rudolfs These war so einfach wie überzeugend. Man könne die meisten heutigen Konsumenten ignorieren, die seien schon versorgt und als Zielgruppe zu unattraktiv, zu klein oder ohnehin verloren. Aufgabe müsse vielmehr sein, Cannabis als etwas völlig Neues, Modernes zu verkaufen, als etwas Hippes, bei dem die Early Adopters dabei sein wollen, die alles mitbringen, was das Herstellerherz schneller schlagen lässt: höheren Status, höhere Bildung, höhere soziale Mobilität.

Rudolf: «Wir können hier schon notieren: ‹Höher› ist ein Schlüsselbegriff. High sein. Higher sein. Hier weiterdenken!»

Sie sollten undogmatisch sein, emphatischer als der tumbe Rest, und sich mit Vergnügen in Risiko und Wandel stürzen. Von diesen Speerspitzen neuer Trends gab es überraschend viele, die selbst vor höchsten Einsätzen nicht zurückschreckten, wie Andy immer wieder mit Erstaunen feststellte. Die meisten Base-Jumper und Wingsuit-Addicts, die sich mit Black Devil vollgepumpt und in einer pathologischen Todessehnsucht von Hochhäusern und Steilwänden stürzten, würden das ja am liebsten gleich ganz ohne Zubehör machen, die konnten gar nicht genug davon kriegen. Das waren alles Typen, die 1914 im Zweifelsfall mit dem eigenen Fahrrad schnellstmöglich zur Front gefahren wären. Zivilisationsmüde Gefahrensucher, bei denen manchmal nur der Zufall entschied, ob sie mit ihren Fusselbärten in halbcoolen Klamotten für den Islamischen Staat kämpften oder mit Fusselbärten in coolen Klamotten für eine Limonade (!) freiwillig in die Tiefe sprangen. Das waren hochmotivierte und zu allem entschlossene Kräfte, die schnell Rudel- oder Meinungsführer wurden und andere mitzogen, weil sie schon handelten, während der Rest noch gar nicht verstanden hatte, worum es überhaupt ging. Die stumpfe Masse folgte denen als Late Adopters sowieso – mit einer gewissen Verzögerung.

Rudolfs Message war klar: «Wir zielen mittelfristig auf die vielen Millionen, die gern mal Gras probiert hätten, sich aber wegen der Illegalität nicht getraut haben. Vor allem aber zielen wir auf die Abermillionen, die noch nie daran gedacht haben, Cannabis zu konsumieren. Weil sie grundsätzlich etwas gegen ‹Drogen› haben, weil sie nicht rauchen, weil sie gesundheitsbewusst sind. Wir zielen zusätzlich auf die kreativen und unkonventionellen Meinungsführer der digitalen Revolution, die Pioniere an der Spitze der Tech-Firmen und Agenturen. Die wollen auch alle mit ruhigem Gewissen entspannen, ohne Nebenwirkungen, mit tollem Sex und in heiterer Stimmung. Klar. Oder sie wollen auf den Punkt fit sein, wach und extrem leistungsfähig, ohne Nebenwirkungen und ohne wie eine ausgeleierte Puddingbrumsel breit durch die Gesellschaft zu rollen. Produktbezogen heißt das: Sie brauchen einmal eine relativ hohe Konzentration Tetrahydrocannabinol, kurz THC, die sie aktiv und geistig rege macht, und sie brauchen zu anderen Gelegenheiten eine relativ hohe Konzentration Cannabidiol, kurz CBD, die sie runterholt und entspannt. Unsere Kunden streben zwei unterschiedliche Effekte an – und wollen immer ein Konsumerlebnis, das sie nicht abstößt. Also: kein ungesunder Qualm aus womöglich selbstgedrehten Tüten, das ist unhygienisch, altbacken, eklig.»

Rudolf drehte sich zu Andy, der gebannt auf seinen besten Mann starrte, so wie alle im Raum jetzt zu Dr. Andreas Drumbach blickten, um seine Reaktion auf den nahenden Vorschlag mitzubekommen. Ein Moment historischer Größe, gleich würde Geschichte geschrieben, möglicherweise auch eine steile Karriere beendet. Dazwischen gab es im Black-Devil-Reich keine Schattierungen. Das machte die Atmosphäre hier ja erst so geil. Zumindest für Andy.

Rudolf holte noch mal Luft: «Unsere Kunden wollen also einerseits Action, in ihrem Job, in ihrer Freizeit, in ihrem Leben, und sie wollen andererseits Peace, in ihrem Leben, in ihrer Freizeit, auf der Welt. Und wir, die wir bereits der Welt die Kugel geben, geben ihnen jetzt beides. Wir geben ihnen ein Getränk, das alle ihre Bedürfnisse befriedigt.»

Der Marketingleiter machte eine Pause. Dröhnende Stille, maximale Spannung.

«Wir geben ihnen die Action-Bullet, kurz A-Bullet genannt, und wir geben ihnen die Peace-Bullet, kurz P-Bullet genannt, und wenn sie beides wollen, greifen sie eben zur AP-Bullet.»

Der Entwicklungsleiter griff in eine Kiste und holte eine Dose in Patronenform heraus, deren eine Hälfte grün und die andere rot glänzte. Mit einem kaum hörbaren Klicken trennte er die beiden Farbseiten und stellte die zwei Patronenteile vor sich.

«Grün ist unsere Peace-Bullet. Rot ist unsere Action-Bullet. Darin der ökologisch reinste und stärkste Cannabistrunk, den der Markt je gesehen hat. Bundesweit regional hergestellt, später weltweit. Bei Bedarf können wir jederzeit im gleichen Stil unsere Produktpalette auf Körperpflege, Lebensmittel und Sex-Stimulanzien ausweiten. Die Idee für Millionen erlebnishungriger Leistungsträger da draußen: Wir holen das Beste aus dir raus. Und das ist unser Claim dazu: ‹AP-Bullet – für jeden das richtige Kaliber›.»

Alle starrten auf Andy, der regungslos Rudolf fixierte. Zwei Dutzend Augenpaare registrierten in höchster stummer Aufgeregtheit, wie sich die Hände des Chefs langsam aufeinander zubewegten und zu einem ersten matten Klatschen trafen, das sich dann in Sekundenschnelle zu einem kräftigen Applaus verwandelte, in den der Rest erleichtert und umso heftiger einfiel. Andy war wie berauscht. Rudolfs Idee raubte ihm den Atem. Das war genial, das war, das spürte er sofort, vielleicht sein Ticket zur Weltherrschaft, zumindest auf sehr, sehr vielen Märkten. Wow. Was war grandioser Erfolg angesichts der Aussicht, dass es immer noch eine Stufe besserging, größer, mächtiger, allmächtiger? Seine Sekretärin sollte gleich morgen möglichst unauffällig alle Verbindungen zu diesen Anti-Drogen-Charitys kappen, die er in den vergangenen Jahren unterstützt hatte. Diese Tugendwächter nervten ohnehin kolossal.

Der Golf mit den zwei Kindersitzen und dem leicht zerfledderten «Baby an Bord»-Aufkleber bog von der Landstraße auf einen kaum befestigten Weg Richtung Deich ab. Grobe Profile von Treckerreifen und Zugfahrzeugen hatten tiefe Rillen im Boden hinterlassen. Langsam schaukelte der Wagen über die Furchen und hielt vor der ersten von drei identisch aussehenden Hallen gleich am großen Fluss. Mehrzweckhallen von vierzig mal dreißig Metern wie diese standen hier überall, flaches Giebeldach, grausilberne Außenwände, ein großes Tor, ein paar Oberlichter, ein oder zwei normale Türen an den schmalen Seiten, daneben ein unauffälliges Wohnhaus. Der Hallentyp war bei Bauern beliebt, die darin Maschinen und Fahrzeuge parkten, andere lagerten dort Futter, Heu oder Düngemittel, manchmal dienten sie als Ställe. Viele Landwirte vermieteten solche Hallen an Bootsbesitzer, als Winterlager oder als Stellplatz für Trailer und reparaturbedürftige Schiffe. Der Dude hatte sein Imperium einst in so einem Gebäude gegründet.

Die Hallen lagen direkt am Fluss. Das war ein großer Standortvorteil. Betreiber von illegalen Anlagen bemühten sich, Auffälligkeiten zu vermeiden, besonders beim extremen Strom- und Wasserverbrauch. Deswegen manipulierten sie die entsprechenden Zähler oder tarnten Starkstromanschlüsse mit vorgegaukelten Gewerbeaktivitäten, bei denen ein hoher Energieverbrauch normal wirkte. Der offizielle Wasserverbrauch wurde durch natürliche Quellen wie Bäche, Flüsse, Zuleitungen des Nachbarn oder auch durch Zählermanipulation gedrückt. Man brauchte einen grünen Daumen, aber auch ein Händchen fürs Technische.

Rocko stieg mit zwei großen Sporttaschen und einem blauen Müllsack aus dem Wagen, stellte alles auf den Boden, lehnte sich gegen die Karosse und zündete sich eine Zigarette an. Er sah sich um. Ein Sportboot fuhr im Hintergrund vorbei, ein, zwei Möwen drehten krächzend ihre Runden, so malerisch, als hätte der örtliche Fremdenverkehrsverband sie bestellt. Den gab es allerdings nicht, zu öde die Gegend, zu still das Dorf, zu unspektakulär für Touristen. Auch deswegen ideal für ambitionierte Unternehmer.

Nach zwei, drei Zügen schlenderte Rocko einmal um den Golf, rüttelte an den Türen, als wollte er prüfen, ob sie wirklich geschlossen waren, hörte dabei aber nicht auf, mit tief ins Gesicht geschobener Kappe die Umgebung zu scannen. Auf der kleinen Anhöhe spielten Kinder neben der Ruine einer Windmühle, sonst war niemand zu sehen, außer einer alten Frau in blauem Kittel, die ihr Rad Richtung Dorfmitte schob. Er gab sich keine Mühe, seinen Argwohn zu verbergen.

Der suchte etwas, der traute der Stille nicht. Das war nicht ganz unbegründet, wie Eight Fingers beim Blick durch sein Hochleistungsfernglas dachte. Er wünschte sich, Rocko würde endlich in eine der Hallen gehen, denn lange wollte er nicht mehr in dieser feuchten Mulde liegen. Fette Insekten brummten um seinen Schädel herum, wahrscheinlich Monsterbremsen oder mutierte Fliegen mit unerhörten Krankheitserregern an ihren Beinchen. Das Gras pikte überall, es roch seltsam, das Surren hatte viele Quellen. Eight Fingers hielt diesen ganzen Naturquatsch für einen großen und vor allem überflüssigen Scheiß, auf den er gern verzichtet hätte. Schon in den goldenen Tagen der Dude'schen Plantage hatte er nie gewusst, warum ihn eingeweihte Freunde so um den Job am Deich beneideten. Er fand das furchtbar. Wochenlang in der Einöde, gerettet nur durch Hunderte von DVDs und viel Gras. Aber die Natur, schwärmten sie, das Wasser, der Geruch – ein Traum. Solche Dinge faselten selbst die daher, deren Naturbegriff sonst eher in der Kategorie Natursekt lag, er verstand das alles nicht.

«Geht er endlich rein, der Penner?»

«Nein, er glotzt immer noch doof in der Gegend rum.»

«So ein Idiot! Ich habe keine Lust, den ganzen Tag im nassen Gras zu liegen.»

«Schnauze, Mann, sonst hört er uns noch – runter!»

Leise fluchend duckte sich Eight Fingers hinter der Grasnarbe. Mit einer Hand drückte er No Brains Kopf auf den Boden. Der lamentierte bisschen viel herum. Rocko wirkte tatsächlich aufgeschreckt und starrte in ihre Richtung, sah aber nichts außer drei, vier friedlich grasenden Kühen und sehr viel saftigem Grün. Eight Fingers war froh, dass ihr Wagen gut zwei Kilometer weiter in einem kleinen Hain parkte. Rocko würde die andere Route nach Hamburg zurück nehmen. Ihre zwei Klappräder lagen wenige Meter entfernt. No Brains Ungeduld war verständlich, Eight Fingers ging es nicht anders, dem Dude erst recht nicht. Ihr Peilsender hatte nicht gleich perfekt funktioniert, aber gut genug, um sie hierherzuführen. Beim letzten Mal waren sie Rocko bis kurz vor den Ort gefolgt, hatten sich aber nicht hineingetraut. Als er weg war, suchten sie alles ab und stießen auf die Hallen. Das mussten sie sein, zu sehen war allerdings nichts. Als der Golf heute losfuhr, waren sie an ihm vorbeigerast, um sich in Ruhe auf die Lauer legen zu können. Sie brauchten Beweise.

Rocko nahm die beiden Taschen und den blauen Müllsack und ging zu einer der kleinen Türen der ersten Halle. Er klopfte rhythmisch. Nichts passierte.

Eight Fingers sah, wie er sich anscheinend aufregte und zum Handy griff, weswegen er Taschen und Sack abstellen musste. Rocko ohne Schlüssel, das war interessant, da nahm jemand den Security-Aspekt sehr ernst. Der Beobachtete telefonierte, gestikulierte, hämmerte wieder gegen die Tür. Ein paar Sekunden später wurde geöffnet, Rocko verschwand im Dunkeln der Halle.

Ihre Theorie: Rocko brachte in Säcken und Taschen Teile der aktuellen Einnahmen bar hierher, dazu Nachschub für die Wächter. Auf dem Rückweg nahm er volle Säcke mit, das hatten sie in Hamburg beobachtet, als er einmal vom Deich zurückgekommen war. Wahrscheinlich waren das kleinere Teile einer Lieferung. Für die größeren kam der Kastenwagen. Doch das waren alles lediglich Spekulationen. Sie mussten rein in die Halle.

Nach knapp zwanzig Minuten öffnete sich das große Tor, der lachende Rocko kam heraus. Hinter ihm ging ein Mann in einer Art weißem Anzug, beide tief gebeugt und je mit einem prall gefüllten schwarzen Plastiksack auf dem Rücken. Die zwei rempelten sich spielerisch an und stolperten um die Wette zum Heck des Wagens. Die Säcke legten sie in den Kofferraum, Rocko und sein Helfer huschten wieder in die Halle und kamen mit neuen Säcken zurück. Die verstauten sie vor und zwischen den Kindersitzen. Rocko schwang sich hinter das Lenkrad und ruckelte mit dem Auto über den Feldweg auf die Landstraße, der Anzugmann verschwand, die Hallentür blieb offen. Eight Fingers stellte mit seinem Fernglas den Eingangsbereich scharf, konnte aber nicht wirklich etwas erkennen.

«Wer war der Kauz im Anzug?», wollte No Brain wissen.

«Keine Ahnung.»

«Wie sah er aus?»

«Hab ich nicht wirklich drauf geachtet.»

«Trottel.»

«Schnauze.»

Eight Fingers war sauer. No Brain hatte recht. Er hätte besser aufpassen sollen. Noch war die Tür offen. Vielleicht sollten sie es wagen? In dem Moment huschte die Gestalt wieder ins Freie, zu schnell allerdings, um das Gesicht zu erkennen. Der Mann blieb mit dem Rücken zu ihnen stehen und pinkelte direkt neben die Halle.

«Haben die da kein Klo, oder was?», murmelte Eight Fingers, als sich der Fremde umdrehte und langsam die Leinenhose wieder zumachte, wobei sich Eight Fingers vor Schreck fast verschluckte. Das Japsen alarmierte den wegdösenden No Brain.

«Was ist los, alles okay?»

«Ich hab sein Gesicht gesehen!»

«Ja, super, und wer ist es? Der Heilige Geist?»

«Das wirst du nicht glauben! Ruf sofort den Dude an.»

HAMBURG. Der erweiterte Hamburger Modellversuch zur lizenzierten Abgabe von Cannabis ist nach Aussagen von Justizsenator Motev ein voller Erfolg. Alle erhofften Ziele seien übererfüllt worden, erklärte ein bestens gelaunter Senator vor der versammelten Presse. Hamburg ist eine von mittlerweile zwölf Städten, die nach Berliner Vorbild mit einer Sondergenehmigung des Bundesinstituts für Arzneimittel und Medizinprodukte unter strengen Vorgaben des Jugendschutzes offiziell Gras und Haschisch verkaufen dürfen. Die Konsumenten müssen volljährig und in der Hansestadt gemeldet sein und sich registrieren lassen. Über eine weitergehende Legalisierung von Cannabis wollte der Senator, der lange als entschiedener Drogengegner galt, nicht spekulieren: «Das sind Aufgaben und Kompetenzen des Bundes.»

Unruhe kam auf, als Motev nach den Cannabisquellen für die Lizenzgeschäfte gefragt wurde. Ein Journalist des Hamburger Abendblatts sagte, zwischen der offiziell verkauften Menge und den offiziell über die Cannabis-Agentur aus den Niederlanden und Tschechien legal importierten Mengen klaffe eine Lücke von mehreren hundert Kilogramm. Auf diese Vorhaltungen reagierte der Innensenator gereizt. Er kenne diese Zahlen nicht, das sei pure Spekulation und von ihm jetzt nicht überprüfbar. Auf die Frage, ob er in dieser Sache ermitteln lassen werde, antwortete Motev: «Sie brauchen uns nicht zu belehren, wann wir wie unsere Arbeit zu machen haben.» Danach wurde die Fragerunde abgebrochen. Ein Sprecher entschuldigte das mit «wichtigen Terminen des Senators außerhalb Hamburgs».

Der Dude war spät dran, er rannte nach der Arbeit zum Parkplatz vor dem Seniorenheim, wo er zu seiner Überraschung Eight Fingers und No Brain vor seinem Wagen stehen sah.

«Jungs, Mensch, schön, euch zu sehen, aber ich muss sofort weiter, sonst machen sie mir in der Bude wieder das Leben zur Hölle.»

Er schloss die Fahrertür auf. Der Dude registrierte seltsame Schwingungen, einen eisigen Hauch vielleicht, den er an diesem schönen Spätsommertag nicht deuten konnte. No Brain wirkte fahl, Eight Fingers' Gesicht war eigenartig verzerrt, als ob er von einem Schmerz gepeinigt würde.

«Wollt ihr mir noch was sagen, bevor ich losmuss, oder wollen wir uns schweigend trennen?»

Das dröhnende Lachen des aufgekratzten, weil durch die absehbare Verspätung schon leicht hektischen Dude animierte die beiden Freunde vor ihm zu – nichts. Langsam nervte ihn die Situation ein bisschen.

«Was soll das Pantomimentheater? Sind wir hier bei der versteckten Kamera, oder was?»

Als er sich auf den Fahrersitz fallen lassen wollte, packte ihn No Brain am Arm.

«Jetzt gib mal für eine Sekunde Ruhe.»

«Wir müssen dir etwas sehr Ernstes sagen», schaltete sich Eight Fingers ein. «Das wird dir nicht gefallen.»

«Muss aber sein.»

Der Dude spürte, wie sein Magen anfing zu rumoren.

«Ja, was denn?»

«Wir waren am Deich und haben unsere Vermutung über die drei Hallen dort bestätigen können.»

«Ja, aber das sind doch super News, ich weiß gar nicht, warum ihr ...»

«Das ist noch nicht alles, Dude.»

«Wir haben ein paar der Leute gesehen, die dort arbeiten.»
«Ja?»
«Einer davon ist dein Bruder.»
«Wir haben Michael eindeutig erkannt, tut uns leid.»
«Michael?»
«Ja, leider, wir haben ...»
«Echt?»
«Kein Zweifel!»

Sie dachten kurz, der Dude würde umfallen, so blutleer und weiß, wie er auf einmal vor ihnen stand, leicht schwankend, wie sie registrierten. Aber er drehte sich nur um, ließ sich hinter das Steuer fallen und fuhr los, ohne ein Wort zu sagen. Sie machten sich große Sorgen.

In der Zelle legte sich der Dude sofort aufs Bett. Schnell einschlafen, nicht darüber nachdenken. Er starrte auf die Unterseite der Matratze über ihm. Schloss die Augen und presste sie so lange fest zu, bis das funkelnde Blitzgewitter unter den Lidern fast schmerzte. Die Bilder stoppte das nicht. Schatten, die über den Wagen hechten, ein kalter Pistolenlauf am Schädel, nach hinten verdrehte Arme, feixende Gesichter um ihn herum, wie sie ihn nach oben in seine Wohnung führen, alles durchwühlen, ganze Horden von Bullen ackern sich durch seine privatesten Sachen, er kann nichts dagegen machen. Sie lachen über Madames Unterwäsche und halten sich grölend ihre Spitzen-BHs vor die Jacken, sie werfen sich Kondompackungen zu und reißen Witze über seine Anzüge und Schlangenlederstiefel. Er sitzt in der Küche, die Uhr klackert. Jede Minute rückt die Katastrophe näher, seine Jungs aus der Schule, der Vater mit Handschellen hilflos in der eigenen Wohnung, er würde sterben, nur deshalb sagt er den Bullen irgendwann, wo das Geld ist, wo der Stoff ist. Sie finden fast alles, aber wenigstens sind sie schnell fertig und rauschen mit ihm zur Wache. Jakob und Anton sehen ihn nicht in dieser Situation, das war es ihm wert.

Der Dude wälzte sich hin und her.

Bauer Petersen von nebenan rutschte ihm wieder ins Bild. Dieses Gesicht, das die Abscheu kaum verbergen konnte. Diese Blicke, wenn auf seinem Gelände Kiezfreunde und halbnackte Mädchen feierten. Ganz nah sah der Dude das alte, rote Petersengesicht, die gelben Zähne, den getrockneten Speichel in den Mundwinkeln, eine Forke in der Hand und Hass im Blick, der ganze Lebensekel, der ihm wie ein grauer Schleier vor den Pupillen hing und ihn nur noch Geifer versprühen ließ. Petersen, der ihn verraten hatte. Oder dessen nutzlose Söhne. Hatte der Dude jedenfalls lange gedacht und sich nächtelang neue Foltern und Rachepläne für die Zeit nach dem Gefängnis ausgedacht. Eine MDMA-Bowle wollte er dem Alten einflößen und ihn nackt über den Deich tanzen lassen, alles dokumentiert für das Internet und die Aushänge im Dorf. Aber das war nicht mehr nötig. Der eigene Bruder. Sein großer Bruder Michael.

Der Dude wollte sich an das Gesicht erinnern, es gewann keine Konturen, da waren nur Schemen, es hätte jeder sein können. Vielleicht zu viele Schlieren vor der Linse.

Der Dude weinte.

▬

Madame verabschiedete das Kindermädchen, schlich sich in das Schlafzimmer der Jungen und gab ihren schlafenden Söhnen einen Kuss auf die Stirn. Am Küchentisch öffnete sie noch einmal den Umschlag, den ihr der örtliche Chef von

Grund & Grund heute persönlich in die Hand gedrückt hatte. Es tue ihm leid, aber er könne nicht anders, sie solle das nicht persönlich nehmen, die Zentrale bestehe auf solche Schritte, gar nicht mehr zugehört hatte sie nach drei Sätzen, so hatte sie das Wort «Abmahnung» erschüttert. Man sei ja mit ihrer Arbeit grundsätzlich zufrieden, aber ihr Zeitmanagement, so hatten sie es tatsächlich genannt, also ihr Zeitmanagement sei auf Dauer mit dem regulären Betrieb und den Anforderungen eines exquisiten Immobilienmaklers leider nicht kompatibel, woran sie mit dieser Abmahnung erinnert werden solle. Na vielen Dank, ihr Verbrecher, hatte Madame nur gedacht und die Tränen im Büro kaum unterdrücken können.

Sie schob das Papier zur Seite und starrte auf den Rechnungsstapel. Sachlich waren die Vorwürfe korrekt, wie sie einräumen musste, sie nahm sich schon sehr große Freiheiten heraus, aber nur so schaffte sie es, die Bedürfnisse von Jakob und Anton und die des Jobs irgendwie unter einen Hut zu kriegen. Sie konnte die Jungen einfach nicht so lange allein lassen. Und wenn sie das doch recht teure Kindermädchen noch häufiger engagieren würde, käme sie mit ihrem Verdienst überhaupt nicht mehr hin, schon so reichte es hinten und vorne nicht. Da war der teure Kredit für die Wohnung, den sie jetzt allein abbezahlen musste, was praktisch alles Geld verschlang. Der Kauf damals war angesichts sprudelnder Cannabis-Einnahmen natürlich auf ganz anderer Grundlage erfolgt. Aber in diesen unruhigen Zeiten den Kindern das Zuhause nehmen und alles einfach verkaufen? Undenkbar. Dazu kamen die laufenden Kosten, die Ausgaben für die Jungen, die jeden Tag zu wachsen schienen, Reparaturen an der Wohnung, der Unterhalt fürs Auto, sie stand hüfthoch im Dispo, ohne Aussicht auf Linderung. Ihre Mutter steckte ihr ab und zu ein paar hundert Euro zu, sie ließ es geschehen, es war nicht die Zeit für falschen Stolz. Ihre Söhne guckten manchmal schon mitleidig, wenn sie ihre Mutter dabei ertappten, wie sie zum x-ten Male Ausgaben und Einnahmen neu berechnete. Das Gefühl der Scham, das sie dabei empfand, ließ Madame einen Schwur leisten. Niemals, so sagte sie sich, niemals würde sie es zulassen, dass ihre Kinder noch stärker unter der Situation leiden müssten als jetzt.

Und dann das, Abmahnung. Die Dreißig-Stunden-Stelle war ihr letzter Anker. Wenn der gekappt wird, dachte sie trotzig, überfalle ich eine Bank. Oder suche mir einen neuen Dude.

FRANKFURT. Der Hallen-Boom in stadtnahen Regionen erreicht einen neuen, unerwarteten Höhepunkt, wie der Immobilienverband Deutschland (IVD) verkündete. Die Zahl der Neuvermietungen und Neuverkäufe habe sich noch einmal fast verdoppelt. «Wir stehen vor einem sehr erfreulichen Rätsel», betonte der Verband. Mittlerweile gebe es regelrechte Bieterwettbewerbe um einzelne Objekte, die oft von Rechtsanwaltskanzleien ausgetragen würden, die ihre Auftraggeber nicht erkennen ließen. Die scharf anziehende Nachfrage führe bereits zu einer Ausweitung der Bauaktivitäten in den betroffenen Gebieten, da auch Anwohner und Landwirte davon profitieren wollen. «In einigen Landesteilen werden Anbietern die Hallen förmlich aus der Hand gerissen», erzählte ein Regionalmanager. Gerüchte, wonach hinter diesen Aufkäufen größere Konzerne stehen, wollte der Verband nicht kommentieren.

Der Dude brauchte ab und zu vollkommene Stille, etwa nachts. Im Knast nicht so leicht. Zuerst rollte der Abdullah seinen Teppich aus, um zu unmöglichen Zeiten seine Lobpreisungen gen Mekka loszuwerden. Dann röhrte der Rumäne pünktlich los. Hasserfüllt wartete der Dude auf den nächsten sekundenlangen Atemaussetzer, dem stets ein gurgelndes Geräusch folgte, das in ein Rasseln überging, das auf gefühlte hundertfünfundzwanzig Dezibel anschwoll, wie ein startender Düsenjet. Die anderen ignorierten den Krach, er schaffte das nicht. Er hielt dem Rumänen die Nase zu, er rüttelte ihn – vergeblich. Er versuchte es sogar mit Gesprächen tagsüber.

«Willst du nicht mal ein neues Kissen ausprobieren?»

«Leck mich.»

«Mal auf die Seite legen?»

«Verpiss dich.»

«Bauchlage ausprobiert?»

«Mach's dir doch selbst.»

«Wie wäre es mit einem Facharzt?»

«Ich ficke deine Mutter.»

«Stehen alle Rumänen auf alte Frauen?»

Die anderen verhinderten gerade noch eine Schlägerei.

Manchmal dachte der Dude: Keine Gewalt ist eben auch keine Lösung. Er sprang aus dem Bett, griff sich sein Kissen, schlich zum Schnarchenden, übergab sich fast ob des Verwesungsgeruchs aus dessen geöffnetem Mund, passte einen erneuten Atemaussetzer ab, drückte die Füllung tief in den Schlund, presste mit der anderen Hand die Nase zu und legte sich so auf ihn, dass er ihm den Ellbogen auf den Kehlkopf rammte und der Liegende sich nicht mehr bewegen konnte. Er ignorierte das Beben und Röcheln unter ihm, er wollte es nur hinter sich bringen und empfand erschöpfte Dankbarkeit, als die Spannung nach einer Ewigkeit aus dem zuckenden Körper entwich.

Das war ein harter, schmutziger, kräftezehrender Job, bis man das letzte Leben aus einem Körper herausgepresst hatte, der sich trotz Bewusstlosigkeit immer wieder ganz plötzlich spastisch aufbäumte. Ein, zwei Minuten kräftig drücken, und dann ist Ruhe? Tatort-Legenden. Tausendmal spielte er das jede Nacht durch. Die Vorstellung half.

So viel zu meiner Resozialisierung, dachte der Dude, vielen Dank auch dafür.

▬

«Kann es vielleicht einmal auch nicht um dich gehen, ja? Der Dude hat Problemchen hier, der Dude hat Problemchen da, weißt du was, Dude, ich kann es einfach nicht mehr hören. Ich muss hier allein eine Familie durchbringen, nur deswegen arbeite ich Tag und Nacht in der Immobilienagentur, weil der Herr leider im Gefängnis sitzt, und wie der Herr eventuell bemerkt haben könnte, muss der Wohnungskredit trotz deiner Haft weiter abbezahlt werden, und deine Jungs brauchen trotzdem morgens noch Sachen zum Anziehen und Geld für die Schulausflüge. Aber der Herr hat für diese Überlegungen ja leider keine Zeit, weil er andere Sachen bewältigen muss: ‹Du, das ist total schlimm, da schnarcht so ein Kerl nachts ein bisschen zu laut.› Was ist nur aus dir geworden? Hör endlich auf mit dieser Heulsusen-Nummer und benimm dich wie ein Mann!»

Madames Mund beendete die Ansprache, eine höchst ungewöhnliche Zitterwelle bewegte sich von ihrem linken Mundwinkel im Uhrzeigersinn über die Oberlippe. Er konnte den Anblick kaum ertragen. Am letzten Abend vor seinem Haftantritt hatte sie doch gesagt: «No regrets!» Das hatte so stark und unbeirrt geklungen, so zuversichtlich und warm.

Lange her.

Jetzt fühlte er sich wie auf einem hohen Turm in tosender See, ihm war heiß, der Turm dünn wie ein Fahnenmast, der Wind ließ die Spitze immer heftiger schwanken, die Böen wurden stärker, alles fühlte sich noch haltloser an auf dieser Stange, die so dünn war wie ein Bleistift, auf dem er balancieren musste, während sich die Spitze tiefer und tiefer in seine Fußsohle bohrte. Ganz unten sah er Madame, sie schrie in die Gischt hinein, er konnte nichts verstehen, ihre Lippen bewegten sich seltsam, er wollte ihr etwas zurufen, es machte keinen Sinn, sie holte mit der Axt aus. Ein Schlag reichte.

-

BONN. Nach der jüngsten Novelle des Betäubungsmittelgesetzes, die mit großer Bundestagsmehrheit in Rekordzeit verabschiedet wurde, ist die Zahl der genehmigten Anträge weiter dramatisch in die Höhe geschnellt und hat erstmals die 300 000er-Grenze überschritten. Das berichtete heute die staatliche Cannabis-Agentur. Demnach dürfen sich derzeit rund 339 000 Patienten per Rezept mit Cannabis oder Cannabis-Ersatzstoffen versorgen. Dieser Ansturm hat nach Angaben des Deutschen Apothekerverbands zu dramatischen Lieferengpässen geführt. Offiziell gibt es nur wenige Ausnahmegenehmigungen zur heimischen Produktion, den großen Rest des Bedarfs importiert die Cannabis-Agentur. Die Lieferländer jedoch, so die Apotheker, kämen mit der Produktion nicht mehr nach. Es entstünden Schwarzmärkte, auf denen unkontrolliert oftmals verunreinigte Substanzen für Schwerkranke angeboten würden. Hunderte Patienten berichteten bereits von erheblichen Nebenwirkungen. Der Apothekerverband unterstütze «zu 100 Prozent» die Forderungen der Bauern auf der Großdemo in Berlin am kommenden Wochenende. Das Motto der Veranstaltung, zu der die Polizei weit über 80000 Teilnehmer erwartet, lautet: «Lasst uns endlich alle Hanf anbauen!» Die gesetzlichen Krankenkassen appellierten unterdessen «eindringlichst» an die Kanzlerin, «schnellstmöglich eine umfassende Cannabis-Produktionsfreigabe» anzustreben, weil die teuren Importe den Krankenkassen «mittelfristig das Genick brechen werden».

-

Die besorgten Spitzenmanager trafen sich sehr diskret in einem Frankfurter Verbandsgebäude. Die Stimmung war gereizt, die jüngsten Entwicklungen verunsicherten die gesamte chemische und pharmazeutische Branche. Ohne auf ihre Bedürfnisse einzugehen, liberalisierte die Bundesregierung laufend die Vorschriften zum Medizinalhanf. Das nahm langsam besorgniserregende Ausmaße an. Es drohten noch höhere Umsatzeinbußen. Je häufiger Patienten zum Hanf griffen statt zu ihren Pillen, desto weniger würden sie verdienen. Und je mehr das machten, desto schlimmer wurde die Situation. Zu allem Übel kippte die Stimmung in der Bevölkerung. Eine Mehrheit für eine komplette Legalisierung schien nicht mehr undenkbar. Das wäre für alle Anwesenden die Apokalypse. Ein Firmenchef nach dem anderen ergriff das Wort, praktisch jeder forderte «Solidarität» von den anderen ein, ja, die Branche müsse jetzt fest zusammenstehen. Die Männer nickten ernst. Es ging um alles. Nur die Vorstandsvorsitzende von Meduk musste sich schwer beherrschen, um nicht einfach loszulachen.

Ihre sogenannten Kollegen waren geradezu panisch. Und nun forderten diese Piranhas, die sich viel auf ihre rücksichtslose Kaltblütigkeit einbildeten, plötzlich «Solidarität». Das war für Isabelle Frevert der beste Witz seit langem, denn der Geist, der ihre sogenannten Kollegen normalerweise zusammenbrachte, war genau das Gegenteil von dem, was normale Menschen unter Solidarität verstanden. Aber hier saßen keine normalen Menschen, hier tagten die Gralshüter des globalen Fortschritts, die Wachstumsmotoren und Leistungsbilanzvergrößerer, die Wohlstandsvermehrer und Menschheitsbeglücker – so oder so ähnlich verkauften sie sich ja immer gerne.

Isabelle Frevert schaute sich um. Einige der Männer in den sogenannten besten Jahren hatten keine Krawatten um, was früher unmöglich gewesen wäre, aber mittlerweile – unter dem Eindruck der digitalen Transformation und dem Siegeszug der Pioniere aus der Welt der Algorithmen – auch in diesen Kreisen traditioneller Unternehmer zum guten Ton gehörte. Davon abgesehen hatte sich aus ihrer Perspektive nicht viel geändert. Erster Punkt: alles Männer. Immer noch. Zweiter Punkt: Sie praktizierten weiterhin diese alten Jungencliquenspielchen, dieselben Imponier- und Balzrituale wie jeher, so viel zum gesellschaftlichen Fortschritt in dieser Kaste, deren Vertreter sich so gerne als «Macher» sahen und meist doch auch nur ängstliche Angestelltenseelen in besseren Anzügen waren.

Sie dachte in solchen Runden manchmal amüsiert an ihre frühe Jugend, wie sie mit einer Sturmhaube über dem Kopf nachts an einer viel befahrenen Straße ihre Freunde im Glanz der vorbeiziehenden Scheinwerferkegel an die alte Fabrikmauer dirigiert hatte, wo die anderen dann nach ihren Anweisungen mit bis zum Hals schlagenden Herzen in weißer Sprühschrift aus den klackenden Dosen «Sprengt Meduk!» an die alte Mauer sprayten, direkt neben das «Wo Recht zu Unrecht wird, wird Widerstand zur Pflicht» aus der Nacht vorher.

Die Meduk-Chefin zupfte ihr weißes Bolerojäckchen zurecht, das einen sehr harten und beabsichtigten Kontrast zum dunklen Blau und Schwarz der übrigen Anzugrunde darstellte. Lustig, dachte sie, und jetzt bin ich die Vorstandsvorsitzende, und vor mir hocken diese ganzen Typen, die teilweise noch arroganter und armseliger wirken und aussehen, als ich mir das vor Jahrzehnten ausgemalt habe. Die geradezu hysterische Angst der Köpfe von BASF, Beiersdorf, Hoechst, Henkel und Bayer vor der Legalisierung von Cannabis erheiterte sie doch erheblich.

«Wenn sie jetzt einknickt, war es das mit den Spenden.»

«Ganz genau.»

«Wird ihr egal sein, schaut euch die Umfragen an.»

«Wir hätten früher gegensteuern müssen.»

«Ja, wofür haben wir die Agentur denn?»

«Man hätte sich bei den Aufklärungskampagnen stärker reinhängen sollen.»

«Richtig, aber anscheinend zu spät.»

«Wie schnell könnte es realistischerweise passieren?»

«Innerhalb von einem Jahr?»

«Zwei?»

«Das müssen wir auf jeden Fall mindestens auf drei oder vier Jahre strecken.»

«Also volles Programm: Drohung mit Spendeneinstellung einerseits, andererseits Mobilisierung der Betriebsräte in allen Produktionsstätten, die sollen alle ihre Direktkandidaten bombardieren, auf Landes- und Bundesebene. Meinetwegen auch die in den Kreistagen schon, am besten gleich ab nächster Woche.»

«Betriebsräte sind gut, Gewerkschaft nicht vergessen.»

«Unsere haben wir ja eh im Sack!»

«Aber bei dem Thema? Bin ich mir nicht sicher, habt ihr die Stellungnahme des DGB vor drei Tagen gesehen? Ob da unsere ausscheren, bei den Argumenten, ob die sich das leisten können ... Puh, schwierig.»

«Das müssen wir aber hinkriegen. Wir müssen denen das Gefühl geben, sie ehrlich und schonungslos offen zu informieren.»

«So wie immer?»

Für ein paar Sekunden war nichts mehr zu verstehen, so laut dröhnte das Gelächter der Manager, sie mochten diese Art von Scherzen, gerade wenn es brenzlig war. Isabelle Frevert stimmte ein, das war aber auch einfach zu komisch, wie überlegen sich diese Dinosaurier noch fanden. Ihr Lachen wirkte sehr echt, von außen betrachtet. Sie war eine von ihnen. Dachten die Männer.

«Die Argumentationslinie ist eindeutig und sehr logisch: Durch den Medizinalhanf, wie er heute verschrieben wird, verlieren wir bereits Millionen. Sollten diese Regeln weiter gelockert werden, oder sollte es gar zu einer umfassenden Legalisierung kommen, reden wir über Milliarden Umsatzverluste, weil dann natürlich alle nur noch dieses angeblich so natürliche und wirksame Gestrüpp haben wollen, das im Grunde jeder Idiot herstellen kann.»

«Und dann war es das mit unserer Erfolgsstory.»

«Und unseren Arbeitsplätzen.»

«Und den Boni für unsere Mitarbeiter.»

«Von unseren eigenen mal ganz zu schweigen.»

Gelächter.

«Bye-bye, chemische Industrie.»

«Bye-bye, Zehntausende Arbeitsplätze.»

«Genau, das behaupten wir einfach in dieser Klarheit gegenüber unseren Abgeordneten, den Betriebsräten, Gewerkschaften, den anderen Verbänden und vor allem gegenüber der Kanzlerin. Einverstanden?»

«Und wir müssen viel stärker die Studien verbreiten, die zeigen, wie unsicher die Wirkung von Cannabis ist, wie schädlich, wie abhängig es macht, wie es die Jugendlichen zerstört etc. pp. All das, was wir seit Jahren erklären, aber jetzt müssen wir es noch mal mit Power in die Öffentlichkeit drücken.»

«Die Drogenbeauftragte muss stärker ran, die ist mir zu passiv!»

«Ja, genau, wieso lässt die sich so in die Ecke drängen?»

«Das geht nicht, das muss der klargemacht werden.»

Alle nickten. Es war geradezu rührend, wie sie ihre Felle davonschwimmen sahen. Ihre Ignoranz über die Jahre war erstaunlich gewesen, ihre Nervosität deswegen verständlich. Nach allen Informationen, die der Frevert'sche Sicherheitsdienst sammeln konnte, war tatsächlich keiner der Konkurrenten auf diese Situation vorbereitet. Schade auch.

Auf dem Rückweg rief sie noch einmal Böll im Pflanzenschutzzentrum an.

«Frau Dr. Frevert?»

«Frevert, Böll, Frevert.»

«Sorry, ich vergesse es einfach immer wieder.»

«Liegen wir im Plan?»

«Machen Sie sich keine Sorgen, alles läuft bestens.»

Isabelle Frevert beendete die Verbindung und lehnte sich zurück, während sich ihr Fahrer durch den Stadtverkehr kämpfte. Wenn Böll recht hatte, könnten sie praktisch sofort liefern – und die anderen wären geliefert. Genial. Jetzt müsste sie nur noch ihre alte Freundin in Berlin rasch überzeugen.

BERLIN. Der Bundesverband der Pharmazeutischen Industrie hat heute in einer von Beobachtern als ungewöhnlich scharf bezeichneten Stellungnahme zur gegenwärtigen Rezeptepraxis vor einem Missbrauch der gelockerten gesetzlichen Regeln zum Umgang mit Medizinalhanf als Therapeutikum durch «gewisse Teile der Ärzteschaft» gewarnt. «Mit großer Sorge» betrachte man die «allzu leichtfertige und oftmals gewissenlose» Handhabung der Verschreibungspflicht. Es gebe erste Studien, die belegten, dass die jüngsten Gesetzesnovellen zu einem regelrechten «Dammbruch in praktischer und moralischer Hinsicht» geführt hätten. Vielerorts hätten Patienten den Eindruck, dieses therapeutische Mittel gebe es für «jedes Wehwehchen und ohne jede Prüfung der genauen Umstände». Ein Sprecher forderte im Namen des Bundesverbands der Pharmazeutischen Industrie die Bundesregierung und die Krankenkassen auf, diesem «offensichtlichen Missbrauch schnellstens einen Riegel vorzuschieben». Das sei im Interesse der Patienten und des Chemiestandorts Deutschland eine vordringliche Aufgabe. Auf Seiten der Ärzte verwahrte sich der Hartmannbund gegen die, wie es hieß, «ungeheuerlichen Unterstellungen und die unverschämte Pauschalverurteilung».

—

Die Kanzlerin blätterte genervt durch ihren Kalender. Sie kam sich mittlerweile vor wie eine Außenstelle der Deutschen Cannabis Vereinigung. Fast täglich wollte sie deswegen jemand sprechen. Gewerkschafter, Ärzteverbände, Journalisten, Kirchenmänner, Apothekervereinigungen, Landwirte, Wissenschaftler, vor allem aber die Wirtschaftsvertreter. Die erschienen in besonders aufgeregten Rudeln.

Der Nahe Osten brannte lichterloh, in Nordafrika herrschte

Anarchie, die Zahl der Flüchtlinge ging erneut nach oben, die geburtenstarken Jahrgänge plünderten die Rentenkasse, die Niedrigzinspolitik ließ einen Versicherer nach dem anderen straucheln und weite Bevölkerungsteile ohne ausreichende Altersversorgung zurück, aber mit ihr wollten alle dringend über Cannabis reden? Verkehrte Welt, dachte die Regierungschefin und sah draußen auf der Wiese vor dem Reichstag Menschen Fußball spielen, ein paar lagen auch nur herum. Man muss doch nicht immer diese Sachen nehmen, um fröhlich zu sein, dachte sie, ihr reichten doch auch mal ein paar Gläschen Wein oder schlechte Umfragewerte für ihren Vizekanzler, um bestens gelaunt in den Abend zu starten.

Genervt schaute sie wieder zum Fernseher, wo die Aufzeichnung dieser Talkshow von gestern Abend lief. Müsse sie sich unbedingt ansehen, hatte ihr die stets bestens informierte Büroleiterin noch zugerufen, nur ganz kurz, das ersetze die Lektüre aller Artikel in der neuen Pressemappe. Gerade führte ein leicht rotgesichtiger Kerl das Wort, ganz große Gesten, eigentlich vom ersten Satz an unsympathisch. Ein Professor, Leiter irgendeiner Drogenambulanz, sein Name wurde eingeblendet. Ach der schon wieder, dachte die Kanzlerin, der erzählte immer dieselben Sachen, das fiel selbst ihr auf, die sich nur widerwillig mit der Materie auseinandersetzte. Klar, Schutz der Jugendlichen, Psychosen und so weiter, als ob das jemand bezweifeln beziehungsweise gutheißen würde – wie konnte ein Wissenschaftler bloß so unanalytisch argumentieren?

Zu Psychosen könnte sie auch viel sagen, in der Politik gehörte so eine ordentliche Psychose für viele zur Grundausstattung, wie ihr Gatte erst gestern Abend wieder geflachst hatte. Der Professor ereiferte sich jetzt. Sie fand es rührend, wie unbeholfen aggressiv der auftrat, das mochten die deutschen

Zuschauer doch gar nicht, wie jeder wusste, da hörte nach dem ersten Satz niemand mehr zu, Besserwisserei war eine echte Verliererstrategie. Sie horchte nur auf, als er sagte: «Das führt bei einigen zwangsläufig zu Sucht und damit zum Elend. Wir wollen in dieser Gesellschaft keine Abhängigkeiten, weil das die Individuen lebensuntüchtig macht. Die Sucht versaut Leben, auch und vor allem von Jugendlichen, ich hoffe, zumindest darin gibt es Konsens.»

Tja, die Kanzlerin hielt inne, das klang durchaus vernünftig. Ihr fiel ein altes Spiegel-Interview mit einem bayerischen Kollegen ein, dem Huber, in dem der, als er schon nichts mehr zu melden hatte, tatsächlich von der «Sucht» der Politiker gesprochen hatte. Damit hatte er keine verbotenen Substanzen gemeint, sondern die Politik an sich. Jeder in dem Betrieb brauche eine Art Stoff, das Gefühl, am Puls der Zeit zu sein, wichtig zu sein, Teil der Zeitgeschichte. Denn, so führte er aus, man treffe ja Entscheidungen, die möglicherweise über die eigene Lebenszeit hinaus bedeutsam sind. Da war sich die Kanzlerin nicht ganz sicher, sie war ja immer schon froh, wenn sie die nächsten zwei Wochen einigermaßen überblicken konnte, wer dachte da an Zeitgeschichte, aber da hatte wohl jeder seine ganz eigenen Vorstellungen.

Der Bayer sprach allerdings auch davon, dass es «verschiedene Suchtmittel» gebe, «die da fast täglich injiziert werden» und die es Politikern in der Regel «nahezu unmöglich machen, selbst auszusteigen». Und dass diese Sucht – wie jede Sucht – negative Auswirkungen habe, man Freunde verliere und einsam werde, ohne es zunächst zu merken. Das kannte die Regierungschefin, obwohl sie es nicht unbedingt als große Qual empfand. So gesehen waren sie wirklich alle Süchtige. Und deswegen war das Verdikt dieses Rechthabers im Fernsehen einfach falsch, denn so betrachtet war sie immerzu von Süchtigen umgeben, die gerade nicht lebens*un*tüchtig waren oder im Elend versanken – höchstens im intellektuellen –, sondern die tagein, tagaus die Republik irgendwie steuerten, auch wenn ihr diese Kollegen, ob mit oder ohne Zusatzstoffen, alle oft genug vorkamen wie von einem anderen Planeten. Die Handlungen dieser schwerst Politikabhängigen hatten gesellschaftlich wirklich gravierende Auswirkungen. Was wog dagegen das Treiben von so ein paar Kiffern, warum verbreitete der sogenannte Wissenschaftler da so eine Hysterie, fragte sich die Kanzlerin und schaltete den Fernseher aus. Jugendliche müssten selbstredend geschützt werden, aber wer ihr Lehrstunden zum Thema Sucht geben wollte, den würde sie zur nächsten Fraktionssitzung einladen. Danach könnte man ja darüber reden, wer der wahre Experte ist.

Die Kanzlerin lächelte.

Sie war aber auch wirklich witzig.

BERLIN. In Deutschland haben im laufenden Jahr weitere 2000 neue Cannabisausrüstungsläden ihre Pforten geöffnet. Das hat die Bundesvereinigung der Growshops und Headshops (BudGroH) bekanntgegeben. Ein Sprecher erklärte den Gründungsschub mit den jüngsten Novellen des Betäubungsmittelgesetzes, die es der Cannabis-Agentur ermöglichen, einem kleinen Personenkreis den eingeschränkten Heimanbau zu medizinischen Zwecken unter strengsten Auflagen zu erlauben. Mit einer Gesamtzahl von knapp über 7000 gibt es in der Bundesrepublik ungefähr genauso viele Growshops wie Fitnessstudios. «Diese Entwicklung wird einen größeren Beitrag zur Steigerung der Volksgesundheit leisten als die oft verletzungsintensiven Massensportarten», hieß es in der Stellungnahme. Growshops bieten Zubehör für Aufzucht und Anbau von Cannabispflanzen. In Headshops können Kunden vor allem Utensilien für den Konsum von Marihuana und Haschisch erwerben.

Der Dude erkannte Frau Knoll, seine Lieblingsalte im Heim, kaum wieder. Ihre großen wässrigen Augen, die ihn durch die dicken Brillengläser oftmals so traurig anschauten, dass er jedes Mal neu ergriffen war, schienen mit frischem Glanz überzogen zu sein. Sie hatte heute sogar ihre Zähne drin und blieb ruhig und friedlich; ihm kam das fast seltsam vor, sosehr er sich auch darüber freute. Ihre durch fortschreitende Demenz bedingten Stimmungsschwankungen waren extrem und bei allen im Haus gefürchtet. Sie wollte dauernd nach Hause, obwohl es gar kein Zuhause mehr gab, nachts musste sie mehrmals zurück ins Zimmer gebracht werden, weil sie auf den Fluren umherirrte. Sie gab an, unter Schmerzen zu leiden, aber niemand wusste, ob die eingebildet waren oder real. Der Arzt fand bei seinen Untersuchungen nichts, mehr Gewissheit würden nur aufwendige Aufnahmen in einer Röhre bringen, die sie ablehnte. Sie klagte ständig, ließ aber keine Behandlung zu. Da sie trotz ihres augenscheinlichen Verfalls offiziell weiterhin voll zurechnungsfähig war und es keine Angehörigen gab, die mit entsprechenden Vollmachten Schritte hätten einleiten können, gewöhnten sich alle an ihre ewige Grummelei.

Den Dude rührte ihr Anblick, vielleicht weil sie seiner verstorbenen Großmutter ähnlich sah. Obwohl er als Mitarbeiter in der Küche keinen regelmäßigen Kontakt zu den Insassen pflegen musste, besuchte er Frau Knoll gern, selbst wenn sie ihn anschrie oder ihn falscher Sachen beschuldigte: Er habe ihren Rollator versteckt, ihr Geld genommen, ihre Zähne verlegt, er führe Böses im Schilde. Das sagte sie mit verstörender Regelmäßigkeit: «Du führst doch Böses im Schilde, Dieter!» Am Anfang irritierte ihn das ungemein – wer war Dieter? –, aber Pfleger und Schwestern schoben alles auf ihre rapide fortschreitende Umnachtung und winkten lächelnd ab: Er solle sich keine Sorgen machen. Das war leicht gesagt, denn als Freigänger des Diebstahls beschuldigt zu werden konnte ihn zurück in den geschlossenen Vollzug katapultieren.

In seinen Pausen setzte er sich manchmal einfach neben sie und rauchte eine Zigarette mit ihr. Trotz ihrer zweiundneunzig Jahre und den undefinierbaren Schmerzen, die ihren ausgemergelten Körper quälten, der von durchsichtigem Hautpergament zusammengehalten wurde, steckte sie sich zwei-, dreimal am Tag eine lange «Damenzigarette» an, wie sie die Stäbchen nannte. Es dauerte meist nur wenige Züge, bis sie einschlief und er ihr behutsam die glühende Zigarette aus den Fingern nehmen musste, um Verbrennungen zu verhindern. Wachte sie just in dem Moment auf, in dem er ihre Hand leicht bewegte, um ihren Griff um den Filter zu lockern, sagte sie mit kaum geöffneten Augen: «Du führst schon wieder Böses im Schilde, Dieter!», und sackte erneut weg.

Oft überlegte er, was ihr wohl widerfahren war und wer dieser Dieter sein könnte, der sie auf ihrer Reise in den ewigen Nebel so beharrlich begleitete. Die Schwestern wussten nicht viel über sie, als Jugendliche vor den Russen geflohen, Mann früh verstorben, alleinerziehende Mutter von zwei Söhnen, über die niemand etwas wusste, sie selbst auch nicht mehr. Frau Knoll umwehte jenseits aller Alltagsäußerungen ein Schleier unversöhnlicher Trauer, der nichts mit ihrem Alter zu tun hatte. Deswegen verzieh der Dude ihr alle Ausfälle. Er war auch immer ein bisschen nachsichtig, weil sie, die sich gern mit ihren etwas vergilbten, hochgeschlossenen Blusen feinmachte, ungewöhnlich derbe Sprüche parat hatte, die wie ein Echo aus einer anderen Zeit klangen und auf eine Frau verwiesen, die dem Dude Spaß gemacht hätte.

Ging ihr liebster Heimbewohner, der vierundachtzigjährige Herr Euler, mit seinem Rollator vor ihnen, sagte sie unvermittelt: «Der Euler hat auch keinen Arsch mehr in der Hose!» Schmeckte ihr das Essen mal nicht, pflaumte sie den Dude an: «Mein lieber Scholli, dafür sollte man dir die Knochen brechen!» Rückte er ihr beim Feuergeben zu sehr auf die Pelle, knurrte sie: «Noch zwei Zentimeter, dann verpasse ich dir eine Kopfnuss!»

Das war seine Frau Knoll. Umso erstaunter bemerkte er die kontinuierliche Verbesserung ihres Gemütszustands.

«Was machen Ihre Schmerzen heute?»

«Was für Schmerzen?»

«Na ja, Ihre normalen Schmerzen halt, die Sie immer haben.»

«Weiß nicht, wovon du redest.»

«Das ist ja toll.»

«Was ist toll?»

«Dass Sie keine Schmerzen mehr haben.»

«Was für Schmerzen?»

«Frau Knoll, die Schmerzen, über die Sie sonst immer klagen.»

«Warum willst du, dass ich Schmerzen habe?»

«Schon gut, ist ja schön, wenn Sie keine haben.»

«Du führst Böses im Schilde, Dieter.»

Sie hatte eine überraschende Leidenschaft für die nachmittäglichen Bastel- und Kuchenrunden entwickelt, die bislang nicht für sie in Frage gekommen waren («So alt kann ich gar nicht werden, dass ich mir das antue!»). Neuerdings schwärmte sie davon und war glücklich über die Aussicht, mit Herrn Euler und anderen in einer nicht besonders heimeligen Ecke des zweiten Stocks beieinanderzusitzen.

Ihr Gehirn musste aussehen wie ein leerer Bahnhof, durch den ein heftiger Sturm wehte, Gedanken und Erinnerungen wurden hinweggerissen im großen Durchzug, aber ausgerechnet auf der «Fröhliche Runden»-Station war seit ein paar Wochen alles in Ordnung. Ob die Ärzte ihre Medikamente umgestellt hatten? Der Dude hatte Frau Knoll in der letzten Zeit mehrmals während dieser Nachmittage gesehen, wie sie sich kieksend wie ein junges Mädchen kokett bei Herrn Euler anlehnte. Das machte dem Dude gute Laune.

«Und, Frau Knoll, gehen Sie heute wieder zur Bastelstunde?»

«Natürlich, ich freue mich schon.»

«Da haben Sie ja immer mächtig Spaß, wie ich höre.»

«Ja, ja, das ist toll, wir haben immer viel Spaß, der Kleinhagen ist ein Gentleman.»

«Der Hausmeister?»

«Was für ein Hausmeister, ich kenne keinen Hausmeister. Ich rede über unseren Bäcker, den mit den Plätzchen.»

«Er bringt Plätzchen mit? Wieso bringt der Hausmeister Plätzchen mit?»

«Was für ein Hausmeister?» Sie kicherte in sich hinein. «Das ist doch unser Geheimnis.»

«Frau Knoll, was meinen Sie?»

Sie gluckste fröhlich und winkte ab.

BERLIN. «Cannabis für alle» haben heute mehr als 100 Prominente aus Kultur, Wirtschaft, Wissenschaft und Politik in der Bild-Zeitung gefordert. Darunter waren neben Prominenten aus der Musik- und Kunstszene auch ranghohe Vertreter von DAX-Unternehmen, die sich vor allem aus «wirtschaftlicher und gesellschaftlicher Vernunft» für eine Politikwende aussprachen. Ungewohnt offen positionierten sich die Spitzen der Arbeitgeber- und Industrieverbände, die davon sprachen, dass es «nur noch einen kleinen Zeitkorridor gibt, den wir unbedingt nutzen sollten, bevor wir alle zu spät kommen». Überraschendster Befürworter war Kardinal Reinhard Marx, Vorsitzender der Deutschen Bischofskonferenz, der zu Protokoll gab: «Nach den angenehmen Cannabiserfahrungen, gerade von älteren und kranken Gläubigen, sollten wir diese Pflanze endlich als das annehmen, was sie ist: ein Geschenk der Schöpfung unseres barmherzigen Gottes!»

Andy war bestens vorbereitet, denn dieses Date war möglicherweise ein zentraler Baustein für die goldene Zukunft von Black Devil. In seiner Geldbörse steckte zwischen den Geldscheinen je eine Viagra und eine Cialis, beide noch in der Verpackung. Hier war das Timing wichtig. Was würde er einwerfen – und wann? Am besten intuitiv entscheiden. Nicht zu früh, nicht zu spät. Oder jetzt sofort? Andererseits, wenn es später nicht klappte, würde er morgen den ganzen Tag mit einer unnützen und unmotivierten Latte herumrennen. Also ließ er beide Pillen unangetastet. Vielleicht sollte er die gelbe Cialis hierlassen, eine Viagra würde völlig reichen, er wollte ja nicht das ganze Wochenende bleiben.

Andy lachte. Dagegen waren strategische Managemententscheidungen für Black Devil ein Kinderspiel. Früher wäre er einfach losgegangen und hätte später sein Date völlig breit in einem beliebigen Hotel schön durchgevögelt. Darauf standen sie doch alle. Heute musste er so eine Nummer wie einen Feldzug planen. Was genau waren noch einmal die Vorteile des Älterwerdens? Oder lag es an den gewachsenen Ansprüchen der jüngeren Damen? Deren oft bemerkenswertes Selbstbewusstsein fand er meist so belastend wie erregend, so geil wie ihre blitzeblank rasierten Muschis, obwohl er bei den letzten Praktikantinnen einen gewissen Hang zur minimalistischen Landebahn zu erkennen glaubte, eventuell gab es da einen Trendwechsel, das verunsicherte ihn. Er mochte das nicht, dieses Gefühl, nicht auf der Höhe der Zeit zu sein. Deswegen war die Vorbereitung so wichtig für ihn.

In dem kleinen Fach mit dem Reißverschluss im Portemonnaie bewahrte er zwei Papierbriefchen auf, das eine mit Speed, das andere mit ein bisschen Koks. Das Speed sollte ihn wach halten und im Falle eines sexuellen Happenings zu Höchstleistungen antreiben. Das Koks war für den Fall, dass jemand danach verlangte und er damit punkten konnte. Andy schmunzelte; eigentlich hatte sich seit seiner Jugend nichts geändert. Wer die besten Drogen dabeihatte, bekam die schärfsten Frauen. Punkt.

Kurz dachte er an das erste Treffen. Da hatte es gleich zwischen ihm und dieser höchst attraktiven Madame gefunkt. Er hatte ihr, wie er fand, eine charmante Mischung aus leicht anzüglichen Komplimenten und einer Portion unverschämter Frotzeleien geboten, begleitet von einem unauffälligen, aber wirksamen Rundum-sorglos-Abendpaket. Madame und ihre rattenscharfe Freundin waren bestem Essen und Champagner durchaus zugeneigt, also sorgte er für einen steten Strom an Alkohol und exquisiten Häppchen, um die Frauen später auf eine lustige Clubtour mitzunehmen, die ein paar halblegale, dafür umso wildere Partys einschloss. Ein eigens zusammengestelltes Event-Team von Black Devil hatte eine Woche lang nichts anderes machen müssen, als die Hamburger Szene zu scannen und ihm überall problemlosen Eintritt zu garantieren, und zwar so, dass es seiner Begleitung nicht auffallen würde, wie arrangiert alles war. Klappte hervorragend.

Der Kontakt zu den Frauen war über eine Mitarbeiterin zustande gekommen, die früher mit Madames Freundin in einer Hamburger Bar gejobbt hatte. Andy unterhielt normalerweise ein kühles bis eiskaltes Verhältnis zu seinen Angestellten und konnte seine Verachtung für sie kaum unterdrücken, weswegen er kein beliebter Arbeitgeber war, was er mit abstrus hohen Gehältern und Vergünstigungen so zu kompensieren wusste, dass er ein begehrter Arbeitgeber war. Aus taktischen Gründen spielte er bei dieser Mitarbeiterin so penetrant seine «Ich bin für euch der Andy»-Rolle, nachdem die von ihrer Heimat Hamburg und ihren tollen Freundinnen dort geschwärmt hatte, dass sie gar nicht anders konnte, als sich mit ihm bei seinem Besuch der Hansestadt zu verabreden, wo sie ihren Urlaub verbrachte. Ihre Freundinnen sollte sie bitte doch gleich mitbringen. Sie hatte keine Wahl, denn sie wusste, dass Andy Zurückweisungen mit schärfstem Liebesentzug bestrafte.

Der Abend lief so gut für Andy, der bald spürte, wie er bei Madame ankam, dass es ihn überhaupt nicht störte, wie schnell sich seine Mitarbeiterin zurückzog, um ihn mit den beiden Frauen alleine zu lassen.

Andy musterte ein letztes Mal sein Spiegelbild. Er fand sich lässig, cool, gut gebaut und nicht zu berufsjugendlich, trotz der Converse, die er seit einer Woche nicht putzte, damit sie getragen aussahen. So ein Poloshirt ging ja irgendwie immer, dachte er, wobei es ihm vor allem darauf ankam, dass man seinen wohlgeformten Bizeps sah, ohne den Eindruck zu erwecken, er wolle unbedingt seinen wohlgeformten Bizeps vorführen. Kurz zweifelte er doch an dem schwarzen Polohemd. Eigentlich liefen damit nur noch Langeweiler herum, es gehörte geradezu zu der Uniform gewisser Ü40er. Alles an dem Hemd schrie: Ich will auch anders und jünger sein. Furchtbar. Während der Black-Devil-Chef das Fred-Perry-Teil in hohem Bogen durch seine Suite schmiss, bemerkte er nicht ohne Wohlwollen, wie deutlich sich selbst bei leichtesten Armbewegungen die Muskeln zeigten. Das würde Madame gefallen. Zufrieden knöpfte er sein schwarzes Seidenhemd zu und rollte die Ärmel bis zum Ellbogen hoch. Er steckte die Geldbörse in die Gesäßtasche und grinste seinem Spiegelbild vielsagend zu: «Hallo, Dude, hier komme ich – wenn auch über Umwege.»

▬

Sie hatten eine Stunde, wenn alles gutging, mehr nicht, zu viele Termine, Sie verstehen?

BDI-Präsident Hunkel verstand vor allem, dass sie bereits seit fünfundvierzig Minuten auf die Kanzlerin warteten, obwohl dieses Treffen seit Wochen verabredet war. So konnte man eigentlich nicht mit ihm umgehen, was glaubte die eigentlich, wer sie ist? Das Geld nahm sie gern, natürlich nicht sie selbst, sondern ihre gierige, immer am Rande des Ruins entlangschliddernde Partei und die Funktionäre um sie herum. Die konnten den Hals alle nicht voll genug bekommen, bei denen war es einfacher, auf der üblichen Klaviatur zu spielen, wenn es um die Feinabstimmung bestimmter Gesetzesvorhaben ging. Bei ihr brauchte man das gar nicht erst zu versuchen, da biss man auf Granit, die wollte nix, die brauchte nix, es war geradezu zum Heulen. Das war früher auch alles irgendwie mal einfacher, bedauerte sich Hunkel ein bisschen selbst, weil es sonst niemand machte, alle erwarteten von ihm Meisterleistungen der Lobbyarbeit, und warum? Wegen früher. Tja, das waren noch Zeiten, als die Spenden in großen Koffern quer durchs Land und über die Grenzen gebracht werden konnten.

Nach Kohl begann eher die Zeit der perspektivischen Pöstchenversprechen, das lief auch sehr geschmeidig. Schröder oder Fischer etwa, kaum aus dem Amt, zack, schon auf dem Gehaltszettel, gab hier und da einen Miniaufschrei, aber das konnte man aussitzen, ganz nach Kanzlerart, denn in der Öffentlichkeit war das insgesamt kein großes Thema. Die paar Spinner von Transparency International meckerten, doch die hatten ja immer was zu meckern und wurden kaum beachtet.

Auf die naiven und obrigkeitshörigen Deutschen ist eben Verlass, dachte Hunkel, den es eigentlich anekelte, wie einfach das alles ging und wie offensichtlich das war. Weil die braven Bundesbürger ihr Land grundsätzlich für besser und aufrichtiger und ehrlicher als alle anderen Länder hielten, insbesondere als die im Süden Europas oder doch eher: im ganzen Rest der Welt, kam es ihnen gar nicht in den Sinn, echte Korruption als solche zu erkennen, weil es die ja ex definitione hier nicht geben durfte. Insgesamt ein Riesenwitz und ein weiterer Beweis, wie verlottert und unerwachsen die Verhältnisse in der Republik tatsächlich waren. Es war wie in seinem Lieblingsfilm «Die üblichen Verdächtigen», wo es einmal hieß: «Der größte Trick des Teufels ist es, alle von seiner Nichtexistenz zu überzeugen!» Genial. Half bei der Kanzlerin aber auch nicht. Die galt zum großen Bedauern aller als durch und durch unkorrumpierbar.

War ja auch irgendwie rührend, fand Hunkel, der erneut auf seinem Handy die Uhrzeit kontrollierte. Eine Stunde über der Zeit.

Er wusste, dass Treffen mit ihr auch in letzter Sekunde abgesagt werden konnten, davor hatte er mehr Angst als vor der Aussicht, noch länger zu warten. Sie brauchten diese Aussprache, sie mussten mit ihr reden, weil sie jede noch so kleine Chance nutzen mussten, die Weichen in die richtige, also ihre Richtung zu stellen. Viel stand auf dem Spiel. Zumindest für ihn und Katz.

Jetzt redeten alle über Cannabis. Aber was für ein Timing war konkret zu erwarten? Worauf mussten sie sich einstellen? Das wollten alle wissen. Hunkel dachte noch weiter: Was wäre, wenn die Rechnungen aufgingen? Würde man nicht bald die alten Thesen von good old Milton Friedman völlig neu bewerten? Beendigung aller Drogenkriege und damit Beendigung des zehntausendfachen Mordens überall in der Welt durch radikale Legalisierung selbst härtester Substanzen wie Heroin und Kokain bei gleichzeitiger konsequenter Durchsetzung eines harten und umfassenden Jugendschutzes, ähnlich wie beim Alkohol? Mit dieser Idee hatte der Ökonom und Nobelpreisträger einst alle geschockt. Sein Argument: Das würde unterm Strich zu geringeren sozialen Kosten führen als die komplett fehlgeschlagene aktuelle Politik. Damals klang das irre. Aber heute? Selbst in der UNO wurde mittlerweile offen über eine radikale Abkehr von der strikten Prohibitionspolitik diskutiert, sogar Honoratioren wie der frühere Generalsekretär Kofi Annan traten vehement für eine Legalisierung ein.

Hunkel wollte gewappnet sein, logisch, und mitverdienen, wenn es so weit war. Aber zuerst müssten sie diese erste schwere Hürde nehmen, auch wegen seines neuen beruflichen Ziels, von dem noch niemand etwas wusste. Die Kanzlerin war der Schlüssel. Machte ihn alles bisschen nervös. Den Kollegen Katz übrigens auch, der im schnellen Schritt vor der Fensterfront auf und ab ging und in immer kürzeren Abständen auf seine Rolex schaute. Hunkel sah einen Schweißfilm auf Katz' Stirn, die Wangen durchzog ein feines, rötliches Ädergeäst, das nicht mehr als verblassender Hinweis auf rote Wangen, sondern sofort als Bestandsaufnahme des regelmäßigen Alkoholkonsums erkennbar war. Die übrige Gesichtshaut des Kollegen war von jener braunledrigen Konsistenz, die erbarmungslos auf das letzte Lebensdrittel verwies. Kein schöner Anblick, unwürdiges Bild, fand Hunkel und bemühte sich darum, besonders entspannt auszusehen. Klappte fast, aber nur bis Katz herumfuhr und sagte: «Ich glaube, ich habe eben die Frevert unten rausgehen sehen!»

BERLIN. Nach neuen Schätzungen ist die Zahl der registrierten Cannabis-Patienten auf mehr als 520 000 angestiegen. Der Spitzenverband der Krankenkassen zeigte sich «äußerst zufrieden». Man rechne langfristig mit Einsparungen in Milliardenhöhe, da Cannabis oftmals teurere chemische Produkte ersetze – aber nur, wenn es kostengünstig in Deutschland hergestellt oder von den Patienten selbst angebaut werden könnte. Deshalb müsse dringend eine gesetzliche Liberalisierung der Produktionsbestimmungen vorangetrieben werden, um das «gravierende Back-Door-Problem» zu lösen: Damit wird der Umstand beschrieben, dass «vorn» am Tresen die Abgabe auf Rezept legal ist, der Stoff aber durch die «Hintertür» oft aus undurchsichtigen Quellen angeliefert wird. Nach offiziellen Angaben wurden von der Cannabis-Agentur bislang lediglich zwei Lizenzen für deutsche Unternehmen vergeben. Mit den Produzenten sei strengste Vertraulichkeit vereinbart worden. Der Großteil des verschriebenen Cannabis kommt Experten zufolge immer noch aus unklaren Quellen jenseits der deutschen Grenzen.

▬

Der Dude schaute auf die Uhr, fast schon fünf. Er ließ das Messer fallen, schaufelte mit beiden Händen die Kartoffelberge vor sich in den riesigen Topf auf dem Gasherd und löste die Schürze.

«Ich bin dann mal weg, ja?»

«Es ist noch nicht fünf, mein lieber Dude!» Drohend schwang die Chefköchin eine große Kelle.

«Dafür mache ich morgen länger, versprochen, okay?»

«Wehe, wenn nicht.»

Er lief in den zweiten Stock zur täglichen «Fröhlichen Runde», die in wenigen Augenblicken zu Ende gehen sollte. Der Dude kannte ein paar Heime, in denen die Alten des Landes entsorgt wurden, und in allen kam ihm die Atmosphäre gedrückt vor; es herrschte oftmals eine lähmende Zeitabsitzstimmung wie in einem Trakt für Todeskandidaten. Mochte sein, dass es in Luxusherbergen für alte Reiche anders zuging, die Zustände in normalen Häusern ließen ihn frösteln. Die Helfer bemühten sich nach Kräften, diese Death-Row-Anmutung zu zerstreuen, unter anderem durch «Fröhliche Runden», die oft so lustig waren wie eine Beerdigung. Aber im zweiten Stock hörte der Dude schon von weitem lautstarkes Gekicher und Gegröle, im Flur hallten die Lachsalven der bunt gemischten Truppe bis in die anderen Etagen wider, von denen sich kleine Rollatorentrupps aufmachten, um nach der Quelle des überbordenden Frohsinns zu forschen.

Es war siebzehn Uhr, offiziell also Schluss, aber das interessierte niemanden. Eine ausgelassene Unbeschwertheit brachte die Verhältnisse in der sonst eigentlich trüben Ecke zum Tanzen. Von allen Seiten hatten die fidelen Alten Stühle herangeschoben, das Geschnatter und Gejohle war ohrenbetäubend, die weißhaarigen Damen, es waren kaum Männer im Heim, reichten sich Taschentücher, um der Tränen Herr zu werden, die während ihrer Lachkrämpfe aus den Augen kullerten. Es war überwältigend – und ansteckend. Frau Knoll boxte vergnügt dem vor Freude schnappatmenden Herrn Euler gegen den Oberarm, die beiden Parkinsonkranken aus dem dritten und die Schmerzpatientin aus dem ersten Stock schnatterten aufeinander ein, als hätten sie sich seit Jahren nicht gesehen, unterbrochen nur von urgewaltigen Humorbeben in ihren knochigen Körpern. Der Tumult hatte keine erkennbare Ursache, es war einfach ein erregtes Gewusel, ein Aufstand des Lebens gegen die Tristesse. Die ganze Truppe, die sonst kaum gehen konnte vor Schmerzen und Gram, war außer Rand und Band. Ein schöner Anblick. Normal war das nicht.

Auf dem Tisch standen Tassen, Gläser, Besteck, Frankfurter Kranz, Marmorkuchen, Schwarzwälder-Kirsch, da kannten die Damen ja nichts, Low-Carb war hier kein Trend. Die Torten wurden allerdings kaum angerührt. Dem Dude fiel eine größere Tupperdose auf, die zwischen den Alten hin und her gereicht wurde. Als sie vor ihm vorbeiwanderte, griff er über die Schultern von Frau Knoll blind hinein und krallte sich, was sich beim ersten Hautkontakt wie Backwaren anfühlte. Da spürte er einen eisernen Griff an seiner Schulter.

«Was machst du hier?»

Der Hausmeister starrte ihn feindselig an. Die gute Laune der Alten hatte Kleinhagen nicht angesteckt.

«Ich wollte Frau Knoll sehen.»

«Du hast hier nichts zu suchen, Dude!»

Er war kurz davor, etwas zu erwidern, aber sein Gegenüber sah nicht so aus, als habe es Interesse an einer Plauderei.

«Schon gut, hat sich auch schon erledigt.»

Als er Richtung Treppenhaus schritt, spürte er den stechenden Blick des Hausmeisters in seinem Rücken. Seine Schulter schmerzte. In seiner Faust fühlte er die Plätzchen.

Gott, war die Frau hart. Hunkel kam sich nach knapp einer halben Stunde bereits vor wie ein kleiner Junge, so geschickt trieb sie ihn mit ihren Wissensfragen vor sich her, ohne dass er seine eigene Agenda hätte ausbreiten können. Kaum setzte er zu einem neuen Satz an, grätschte sie höflich, aber bestimmt mit einer Anmerkung in seinen Gedanken hinein, sodass er nicht umhinkam, seinerseits zunächst wieder die Aspekte ausführlich zu erläutern, nach denen sie sich erkundigte. Sein Bombardement mit Zahlen hinterließ keinen spürbaren Eindruck. Wie vorbeifliegende Wolken wechselte ihr Gesichtsausdruck in hohem Tempo von professioneller Freundlichkeit zu aufrichtig empfundener Langeweile oder gar Genervtheit, vielleicht deutete er die Züge auch falsch, er konnte es nicht mehr sagen.

Riesenumsätze, Riesenwachstum, Beschäftigungsschübe, Milliardengewinne und Steuereinnahmen einerseits, massive Einsparungen durch den Staat andererseits, das Bild war doch so klar und schön, das er ihr in möglichst nüchternen Worten malte. Nur keine euphorischen Übertreibungen, er war gewarnt, immer hübsch sachlich bleiben. Blieb er, wenn auch widerwillig, denn er sah keine Reaktion, was ihn zunehmend irritierte. Ich bin doch vom Bundesverband der Deutschen

Industrie, dachte Hunkel, ich stehe hier für was und für viele, ich bin ein wichtiger Unternehmer und nicht irgendein Depp, wobei er sich darüber nicht mehr sicher war, wie sie ihn da so ansah und ganz unverhohlen ab und zu auf die Uhr und zu ihrem Sprecher mit den roten Bäckchen schaute, der da ein bisschen saß wie bestellt und nicht abgeholt, top gekleidet und so steif, als habe man ihn an einen Stock gebunden.

Hunkel fühlte sich deplatziert wie zuletzt während der Abiturprüfung in Mathe, als er nach fünfundvierzig hektischen Anfangsminuten sehr ruhig wurde, weil er mit großer Klarheit sah: Das wird hier heute nichts mehr, forget it. Zum Glück war jetzt auf Katz Verlass. Der Arbeitgeberpräsident zückte in der kühlen Atmosphäre eine letzte Trumpfkarte.

«Vor allem würde ein solcher Schritt nicht nur der deutschen Wirtschaft Milliardenumsätze bringen, sondern mit hoher Wahrscheinlichkeit auch Milliarden Euro einsparen helfen und die Volksgesundheit stärken.»

Die Kanzlerin schaute zum ersten Mal ansatzweise interessiert.

«Wieso?»

«Nach den aktuellen Zahlen kosten uns die Folgen von Alkohol- und Tabaksucht jährlich etwa fünfundsechzig Milliarden Euro, unter anderem wegen der fast zweieinhalb Millionen Fehltage der Arbeitnehmer, die durch ihre Süchte verursacht werden.»

«So viele?»

«Ja, erschutternd, aber wahr, es wird im wahrsten Sinne getrunken, bis der Arzt kommt, auf allen gesellschaftlichen Ebenen, in allen Berufen. Keiner unternimmt wirklich was, das gehört ja irgendwie dazu, und die Konsequenzen tragen wir alle.»

«Und ausgerechnet durch die Freigabe einer neuen Droge

erhoffen Sie sich eine Verbesserung dieser Bilanz? Das klingt mir etwas abenteuerlich ...»

Die Kanzlerin schaute skeptisch zu Hunkel und Katz, dann zu ihrem Sprecher, der sich durch seine Chefin ermuntert fühlte, demonstrativ belustigt zu lächeln.

«Viele Menschen wollen abends nur etwas entspannen, finden aber nicht das richtige Maß, weil gerade der Alkohol ein tückischer Stoff ist, der sie schnell im Griff hat. Mit Cannabis erzielen Erwachsene die gleiche Entspannungswirkung, ohne den ganzen Wust an negativen Folgeeffekten.»

«Ist das belegt?»

«Allein schon die Zehntausende durch Alkohol befeuerten Gewaltexzesse, die gibt es mit Cannabis nicht. Häusliche Gewalt, Gewalt auf öffentlichen Plätzen, Gewalt unter Jugendlichen, fast immer ist Alkohol im Spiel. Das könnte man alles drastisch eindämmen.»

«Indem man alle zu einer anderen Droge lockt?»

«Wir haben hier ein erstklassiges Genussmittel, made in Germany, das deutlich weniger gefährlich ist für unsere Gesellschaft, hergestellt nach den strengsten Vorgaben, ein neues Reinheitsgebot vielleicht, das uns eine weltweite Vormachtstellung gibt.»

«Mh.»

«Wenn sich der Konsum flächendeckend durchgesetzt hat und diese sanftere Variante der Entspannung gesellschaftlich das Maß aller Dinge wird, hört die maßlose Trinkerei auf: Tausende weniger direkte Opfer, die sich jedes Jahr in der Bundesrepublik totsaufen, Zehntausende weniger Opfer durch die Folgeschäden, Millionen Menschen, die morgens zur Arbeit gehen können und nicht zum Arzt müssen.»

«Aber die jungen ...»

«... das alles immer unter der Vorgabe eines strengen

Jugendschutzes, den wir besser und konsequenter kontrollieren werden, als wir es bei Alkohol jemals versucht haben.»

Katz blickte jetzt berauscht von seiner eigenen Energie triumphierend die Kanzlerin an.

«So werden wir in wenigen Jahren eine gesündere Jugend, eine deutlich produktivere Arbeitnehmerschaft, eine florierende Wirtschaft und last but not least das friedlichste Deutschland haben, das es je auf diesem Boden gegeben hat.»

Hunkel hätte bei den letzten Worten beinahe reflexartig geklatscht. Er erkannte den Katz, den alten Säufer, nicht mehr wieder. Das klang alles wie spontan ausgedacht, bis auf die Fehlzeiten und Kosten vielleicht, dachte er anerkennend, aber natürlich kam das irre gut.

Der Dude spürte die Leere schon an der Haustür. Sie hatte sich tatsächlich die beiden Jungs gepackt und war mit ihren Goldknopf-Blazer-Freunden wieder nach Sylt gefahren. «Lieber mit meinen von dir so verachteten Schnöseln ein schönes Wochenende verbringen, als dein Gejammer ertragen zu müssen.» Gegen Madame waren Eiszapfen echte Heizstäbe.

Er hatte zwei Tage Sonderurlaub genehmigt bekommen, er wollte Menschen sehen, blieben die Freunde. Er telefonierte ein paar Nummern durch. Niemand war da, niemand hob ab, und wenn doch, hatten sie gerade leider keine Zeit, sorry. Die Stille, die sich nach den ersten Sätzen («Dude?! Toll, dass du dich mal meldest!») einstellte, war grau und betonschwer. Nach einem halben Dutzend Versuche gab er es auf. Aber warum sollten die mich auch anders behandeln als meine eigene Frau, dachte der Dude.

Er schaute sich im Wohnzimmer um, stand auf, öffnete ein paar Schubladen, Schränke, Kommoden, er sah Strümpfe, Tassen, Anzüge, Unterhosen, Bücher. Seit der Durchsuchung bei seiner Festnahme gab es keine Geldverstecke mehr und kein Dope, logisch. Der Dude griff sich gedankenlos den Siebziger-Jahre-Designerstuhl, dessen Lehne hohl und von unten zugänglich war, damals ein beliebtes Versteck für Kohle und Stoff, er ließ den Plastiksessel hart auf den Boden aufschlagen. Seltsames Geräusch. Eigentlich unmöglich. Er traute seinen Augen nicht. Da lag tatsächlich ein kleines Päckchen Gras, fünf Gramm vielleicht, hart gepresst in einer Plastiktüte, wie er es vor Jahren tief in den äußersten Rand der Lehne gestopft haben musste. Er nahm den Fund und legte ihn vor sich auf den Tisch. Sein Produkt, sein Leben. Das wäre es jetzt, eine schöne Jolle, um wenigstens ein bisschen entspannter in das Wochenende zu rauschen.

Er öffnete den Beutel. Strongdude von bester Qualität, ein Gedicht für jeden Liebhaber, er schloss die Augen. Überlegte. Bis Montag waren es mehr als achtundvierzig Stunden. Er dachte an den letzten Monat. Gleich zweimal waren sie nachts um drei angerückt und hatten ihn unter Aufsicht pinkeln lassen, Urinprobe. Wenn sie etwas finden würden, könnte er sich eine vorzeitige Entlassung abschminken. Er stopfte alles wieder in die Tüte, verschloss sie und pfefferte sie in eine Ecke.

Er hatte nicht gerade einen Lauf. Die Grünen brachten erneut den Entwurf eines umfassenden Cannabiskontrollgesetzes in den Bundestag ein, lustigerweise offensichtlich mit Steuersätzen, die sie aufgrund seiner Angaben im Gespräch mit diesem Zwillinger berechnet hatten – eine radikale Weiterentwicklung ihres ersten Ansatzes von 2015, der diesmal nicht sofort abgeschmettert wurde. Erwachsene sollten bis zu fünfzig Gramm Cannabis erwerben oder besitzen dürfen, dazu ein Dutzend Pflanzen zum Eigenbedarf. Ergänzt wurde der Vorstoß durch scharfe Bestimmungen zum Schutz von Minderjährigen. In immer mehr Fraktionen sei wachsende Zustimmung spürbar, hieß es. Irre, wenn das klappen würde, dachte der Dude, um sofort schreckensbleich hochzufahren: Katastrophe, wenn das ohne ihn passieren würde. Riesenkatastrophe.

Er griff sich die halb leere Flasche Brandy und nahm einen tiefen Schluck. Würde er sich eben volllaufen lassen, das war denen im Knast ja egal, saufen durfte er, solange er nüchtern wieder antanzen würde. Na dann, prost.

Der Dude lag auf dem Sofa. Frau weg. Kinder weg. Freunde weg, Cannabis-Revolution ohne ihn. Super. Ohne Geld verlassen dich alle, so sah das aus. Mann, was hatte er es krachen lassen. Er schloss die Augen. Sein unbeschwertes Leben, damals, als alles wie am Schnürchen lief und ihm die Sonne aus jeder Pore brannte. Er war so eine heiße Nummer gewesen, dass sich alle an ihm wärmen wollten, das war das Gesetz der Nacht, das war das Gesetz des Lebens. Er ließ den Rest des Brandys in seinen Hals laufen.

Als der Dude Erfolg gehabt hatte, freuten sich alle, wenn der Dude Geld hatte, tanzten alle. Wenn der Dude lachte, lachten alle mit. Die Mäuse flogen nur so, da war es auch egal, wenn er mal so ein paar Penner beleidigte, nachts irgendwo am Hamburger Berg. Entweder kaufte er ihnen ein paar Drinks, oder er schlug sich mit ihnen, das waren intensive Momente, das war sein Leben, und er liebte es. Er begehrte die Frauen, die Frauen begehrten ihn oder das, wofür er stand – vielleicht auch nur das. Er dachte darüber nie nach, er lud sie einfach alle ein: Champagner bis zum Abwinken, Drogen in rauen Mengen, egal, was sie wollten, er konnte im Zweifelsfall alles besorgen. Und weil die Frauen das wussten oder rochen, kamen sie alle und pressten ihre Brüste gegen ihn und fassten ihn einfach an, wogegen er nie etwas hatte, denn die Summe aller Glücksgefühle um ihn herum war das Brett, auf dem er am liebsten surfte, und wenn er in dieser gewissen Stimmung war, gab es überhaupt keine Grenzen mehr. Der Dude liebte diese Bereitschaft zu vollkommener Haltlosigkeit, danach strebte er, weil sich darin die Sehnsucht nach einer großen Freiheit ausdrückte. Und wenn er sie dann alle vögeln wollte, dann wurden sie halt alle gevögelt, weil das dazugehörte und auch die Frauen das wollten, manche, weil sie ihn toll fanden, andere vielleicht als Gegenleistung für den geilen Trip, auf den er sie mitnahm. Der Dude wurde geradezu wehmütig, wenn er an die Unbeschwertheit jener Tage dachte. Mann, was waren das für Abfahrten gewesen. Sie hatten sich die Weiber geteilt und gedrittelt, geviertelt und gefünftelt, ach, dachte der Dude, und dann heißt es immer, Geld mache nicht glücklich? So ein Quatsch.

▬

Wladimir hörte nicht auf, ihm Arseni auf den Hals zu schicken. Der Dude sah ihn vor dem Seniorenheim herumlungern, er sah ihn im Auto hinter ihm herfahren. Sie ließen ihn wissen, dass sie ihn kontrollierten. Wladimir wollte Geschäfte mit ihm machen. Abends im Gefängnis verschwand der Dude immer rasch auf seinem Zimmer, um den Russen zu umgehen.

Eines Tages war Wladimir plötzlich weg. Sein Adjutant Alexej auch. Entlassen, wie es hieß. Der Dude war sehr erleichtert. Dann fingen diese Anrufe an. Immer anonym, immer wenn er gerade auf Freigang war. Als er bei einem der Anrufe Wladimirs Stimme hörte, legte er sofort auf. Und ging anschließend nicht mehr ran, wenn er die Nummer nicht kannte. Der Dude wusste, dass er damit nicht ewig durchkommen würde.

▬

Eight Fingers war völlig breit, als er dem Dude die Tür öffnete. Nach dem ersten Plätzchen aus dem Seniorenheim sei zunächst gar nichts passiert, aber schon eine halbe Stunde nach dem Verzehr des zweiten habe er stärkste Veränderungen gespürt, berichtete der Getreue, soweit er überhaupt reden konnte. Eight Fingers hatte dann auch die restlichen Cookies aus dem Seniorenheim aufgegessen. Froschäugig lag er in seiner halbdunklen und vermüllten Fünfunddreißig-Quadratmeter-Wohnung in einer Seitenstraße der Reeperbahn. Gutes Zeug sei das, versuchte er zu sagen, beste Mischung, da verstehe jemand etwas von seinem Geschäft.

Der Dude betrachtete die entspannte Hülle von Eight Fingers. Die Alten im Heim waren also alle druff, die stopften sich mit großer Begeisterung Haschkekse rein, die ihnen jemand mitbrachte. Aber wer? Der Hausmeister? Wenn ja, mit wem arbeitete er zusammen, warum riskierte er seinen Job? Und wieso kannte er Arseni?

Cannabisdrinks bei Managertreffen. Grasextrakte für den kleinen Studentenhunger zwischendurch. Haschkekse im Altenheim. Jetzt brachen wohl alle Dämme. Was kam als Nächstes? Der Dude versuchte, sich zu konzentrieren. Die kleinen Rinnsale der Veränderung vereinten sich zu einem reißenden Strom. Alles ging so schnell, da entglitt ihm sein großer Traum, sein Leben im Grunde. Anschwellende Erkenntnispanik. Er musste an die Berufsschule denken, kurz bevor er die Lehre endgültig hingeworfen hatte.

Der Lehrer bat ihn nach vorne, um ihn zu komplizierten Details der Metallkunde zu befragen. Nach ein paar Minuten forderte er ihn auf, eine Lokomotive an die Tafel zu malen.

«Eine was?»

«Eine Lokomotive.»

«Warum?»

«Mal einfach.»

Also zeichnete er eine klassische Lok, mit Schornstein, Rauch und allem Drum und Dran.

«Sehr schön, jetzt noch zwei, drei Anhänger.»

Der Dude malte drei Anhänger, so gut er konnte. Ein paar im Klassenzimmer kicherten.

«So, was hast du mir auf die Tafel gemalt, was siehst du dort?»

«Eine Lok mir drei Anhängern.»

«Ja, aber wie nennt man das Ganze zusammengenommen?»

«Das ist ein Zug.»

«Sehr richtig, und der, mein lieber Dude, ist gerade für dich abgefahren. Durchgefallen, setzen bitte.»

Jetzt sah er anscheinend wieder einer Lokomotive hinterher, aber diesmal würde er kämpfen.

▬

Die Küchenchefin im Seniorenheim war nicht gut auf ihn zu sprechen. Irgendjemand hatte ihr gesteckt, dass er im zweiten Stock bei den Alten aufgetaucht war, obwohl er ihr dringende Gründe für sein vorzeitiges Verschwinden vorgegaukelt hatte.

«Letzte Verwarnung. Beim nächsten Mal melde ich das

schriftlich bei deinen Aufpassern, verstanden? Du hast da oben nichts zu suchen, kapiert?»

Der Dude vermied fortan Besuche bei Frau Knoll im zweiten Stock, traf sie aber durch Zufall gelegentlich auf dem Weg zum Speisesaal. Auf Fragen nach der «Fröhlichen Runde» reagierte sie kaum noch, sie lächelte bloß, manchmal wiederholte sie ihren Lieblingssatz: «Du führst Böses im Schilde, Dieter.» Es war hoffnungslos.

An einem späten Donnerstagnachmittag brachte der Dude den Müll raus. Der Bereich mit den Tonnen war von einer brusthohen Mauer umgeben und mit ein paar stark belaubten Büschen eingefasst. Direkt daneben war einer der Lieferanteneingänge, wo die Lieferungen für die Küche und den Rest des Hauses eintrafen.

Der Dude musste mehrfach gehen. Beim letzten Mal vernahm er jenseits der Mauer und Büsche gedämpfte Stimmen. Er schob ein paar Äste beiseite und sah dort die Küchenchefin und den Hausmeister miteinander reden. Das tiefe Brummen der Lüftungsanlage machte es dem Dude unmöglich, die Unterhaltung mitzubekommen. Als er sich schon zurückziehen wollte, bog ein VW-Transporter um die Ecke, an der Seite sah er flüchtig einen Hinweis auf «Eilige Medikamente» und ein Firmenlogo, das ihm bekannt vorkam.

Das ist für die natürlich ein Riesengeschäft, so ein Seniorenheim, dachte der Dude. Allerdings war ihm neu, dass die Medikamentenlieferungen direkt vom Werk gebracht wurden. Der Fahrer war ein großer, kräftiger Kerl, die Küchenchefin und der Hausmeister begrüßten ihn kurz, dann öffnete er die Schiebetür. Schließlich drehte er sich zu den Wartenden, in der Hand zwei große durchsichtige Plastiktüten. Der Dude traute seinen Augen nicht. In einem der beiden Säcke war eindeutig ein massiver Batzen Gras, im anderen ebenso eindeutig Plätzchen, die aus der Entfernung genauso aussahen wie die Haschkekse von der «Fröhlichen Runde». Die Küchenchefin nahm den Grassack, der Hausmeister den Keksbeutel. Sie gaben dem Fahrer die Hand, der stieg ein. Die Sonne blendete den Dude, erst in letzter Sekunde erkannte er den Meduk-Schriftzug auf dem Transporter.

Am Morgen saß Isabelle Frevert ausnahmsweise mit ihren beiden Jungs am Frühstückstisch. Meist verließ sie viel früher das Haus als ihre Kinder und sah ihre Söhne höchstens kurz am Abend, wenn sie gerade ins Bett gingen – und natürlich am Wochenende, wenn sie Geld brauchten oder sich bereitwillig zu einem teuren Essen einladen ließen. Sie hielt die Unabhängigkeit ihrer Kinder für eine durchaus erstrebenswerte und löbliche Entwicklung im unausweichlichen Abnabelungsprozess. Ihr Mann, der eigentlich noch seinen eigenen Nachnamen hatte, Wichert, aber von allen, auch von ihr, nur Thomas Frevert genannt wurde, bedauerte diesen Zustand und ihre Einstellung zutiefst, wie er ihr viel zu oft darlegte. Aber das lag vermutlich vor allem daran, dass er den Launen und Abgründen ihrer Söhne in dieser schwierigen Phase der Adoleszenz deutlich intensiver ausgesetzt war als sie selbst. Das hatte sich einfach so ergeben. Thomas hatte einst sein Architektur- und Kunststudium in Rekordzeit absolviert und sie mit dieser ungeheuren Energie, seinem Aussehen und seinem sportlichen Wagemut als Fallschirmspringer becirct und so schnell ins Bett bekommen wie kein Mann jemals vor ihm – oder auch nach ihm. Dieser Freigeist war so ganz anders als ihr gewohntes Umfeld, der kannte keine Konventionen, keine Grenzen, keinen Zwang. Diese Experimentierfreude, diese Daseinslust, diese hochnervöse Neugier auf alles und alle, die er ausstrahlte, erregte sie mehr als alles bisher Erlebte. Der dachte und machte, was er wollte, das imponierte ihr sehr. Das kannte sie damals aus ihren Fachbereichen gar nicht.

Bald stellte sich allerdings heraus, dass sein beruflicher Ehrgeiz so begrenzt war wie seine Verdienst- und Aufstiegsmöglichkeiten als selbständiger Architekt, der sich sowieso eher als Künstler sah, der sich nicht verbiegen lassen wollte, weswegen sie recht zügig die Aufgaben für die Zukunft klar verteilten. Er kümmerte sich vor allem um die beiden Jungen und schränkte seine eigentliche Arbeit so weit ein, wie das möglich war, was wiederum keinen großen Verzicht bedeutete, da er kaum Aufträge erhielt. Sie arbeitete dafür umso konsequenter an ihrem Aufstieg, der, wie sie beide fanden, auch dem Familienwohl diente. Das wirkte sehr modern, und sie liebte ihren Mann dafür, dass er damit keinerlei Probleme hatte. Allerdings fühlte sich Thomas mit der Zeit nach ihrem Geschmack ein bisschen zu wohl mit seinem Status und fand sich zu schnell ab mit seiner ökonomischen Situation. Dafür verachtete sie ihn schon etwas. Dieser Mangel an Biss, wie sie es sah, machte ihn nicht gerade sexyer, das war ihr in schwachen Momenten doch ein Tick zu unambitioniert und erinnerte sie zu sehr an das Verhalten vieler Frauen, die sich für ihr Empfinden generell zu schnell mit ökonomischer Zweitklassigkeit zufriedengaben, selbst wenn sie sich für solche Gedanken schämte.

Es gab ja auch andere Aspekte, so beneidete sie ihren Thomas manchmal, zum Beispiel weil er viel mehr über diese beiden Jungen wusste, die sie manchmal morgens so leer anstarrten. Sie verstand nicht viel von ihren Söhnen, wenn sie ehrlich war, eigentlich fast nichts. Das beunruhigte sie nicht sonderlich, vielen Kollegen im Unternehmen schien das mit ihren Kindern nicht viel anders zu gehen. Wobei sie solche Themen nie anschnitt, niemals. Die beiden Jungs wirkten wie alle in dem Alter, zumindest in dieser Generation: sehr pragmatisch, unpolitisch sowieso, bedingt ehrgeizig, extrem vernetzt und latent gelangweilt, was sie durch abstruse Aktivitäten wettzumachen versuchten, wie sie gerade wieder feststellen konnte. Statt sich mit ihr zu unterhalten oder ihr vom Schulalltag zu berichten, steckten sie die Köpfe über dem iPad zusammen, das ihnen zu gleichen Teilen gehörte, was Isabelle Frevert für eine pädagogisch raffinierte Tat hielt, weil sie so lernen mussten, Kompromisse einzugehen oder den anderen auszustechen. Beides wichtig fürs Leben, fand sie. Die Kommentare zu den Filmchen, die gerade ihre komplette Aufmerksamkeit zu erfordern schienen, waren in ihrem restringierten Code offensichtlich direkt dem aktuellen Kinohit «Fack ju Göhte IV» entnommen.

«Krass.»

«Endgeil.»

«Boah, voll das Opfer.»

«Die Muschi.»

Ihre Kinder. Aus ihrem Körper in die Welt geglitten. Eigentlich nicht wirklich mehr nachvollziehbar. Sie sah zwei völlig unproportioniert in die Länge gezogene Gestalten mit seltsamen Gliedmaßen und einer Haut, gegen die selbst das Arsenal ihrer geheimen Meduk-Giftküchen nichts ausrichten könnte. Es gab keinen Grund, den deprimierenden Zustand der inneren Verlorenheit und Hilflosigkeit, den man Adoleszenz nannte, zu verklären. Vor allem nicht bei Jungen. Sie rochen komisch, und man konnte förmlich spüren, wie sie den Dauersturm im unfertigen Schädel kaum aushielten. Niemand auf der Welt war in der Lage, die Botschaften, die von dort aus gesendet wurden, auch nur im Ansatz zu verstehen. Am wenigsten die Inhaber der Köpfe selbst.

«Geil, ey, da müssen wir auch mal mitmachen.»

«Scheiße, ja.»

«Auf jeden Fall mal anschauen.»

«Die kommt bald nach Köln, oder?»

«Krass, echt!»

«Darf ich fragen, wer krass nach Köln kommt?», versuchte sie, wie eine interessierte Mutter zu klingen.

«Mann, Mama, wer wohl?»

«Natürlich die Black Devil Challenge.»

Die beiden jungen Freverts stöhnten, als müssten sie ihr gerade erklären, wie man ein Stück Brot abbeißt.

«*Gib dir die Kugel*, kennste nicht?»

«*Das mag dein Dealer gar nicht*», machte der Jüngere jetzt eine unbekannte Stimme nach, der Ältere wusste sofort Bescheid und gab ihm High Five.

Als sie merkten, wie ahnungslos die Vorsitzende, die behauptete, ihre Mutter zu sein, sie anschaute, hatten sie Mitleid.

«Das ist der geilste Zaubertrank von allen.»

«Besser als jede Droge.»

«Die machen alles, Base-Jumping, Parcours-Rennen, Waterboarding-Competition, Torture-Challenge ...»

«Waterboarding-Competition? Das klingt abartig.»

«Nee, voll lustig.»

«Ja, da kommen so Typen auf die Bühne, die sich als CIA-Agenten maskieren oder als Dschihadisten, und am Boden liegt das freiwillige Opfer mit einem nassen Tuch auf Mund und Nase, über das die Foltertypen dann massenhaft Black Devil kippen. Wer am längsten aushält, bekommt ein Jahr Getränke frei, total krass.»

«Ja, der Death-or-Alive-Run oder die Sieben-Tage-Wach-Competition sind auch abgefahren, oder die Kugelungen – alles deren Dinger, super.»

«Musste auch mal trinken, Mama, kommste gleich besser drauf.»

Lachend liefen sie zur Tür, an der soeben der Fahrdienst geklingelt hatte. Dass ihre Söhne von einem Fahrer zum Privatgymnasium gebracht wurden, fand Isabelle Frevert nicht wirklich optimal, ließ es aber geschehen, um so ein paar Sympathiepunkte bei den Jungs sammeln zu können.

Ein Motor heulte auf, doch das hörte sie kaum noch, weil sie ihrer Vorzimmerdame eine Nachricht schrieb: «Brauche Black-Devil-Dossier und Analyse bis elf Uhr.»

▬

Onkel Herbert lächelte dem Dude zu und zeigte vielsagend auf seine Uhr und die Leute neben ihm. Noch ein paar Minuten, dann wäre er so weit.

Der Dude nickte verständnisvoll – und wäre am liebsten gleich wieder gegangen. Das Sommerfest von Madames Mutter wollte er auf jeden Fall meiden. Er hatte nur so wenige Tage Urlaub, die wollte er nicht an Orten und mit Leuten verschwenden, mit denen er nichts anfangen konnte – und diese nichts mit ihm. Das ging neuerdings schon bei seiner Frau los. Wenn er kam, war sie nicht da. Wenn er anrief, hatte sie keine Zeit. Die wenigen Aussprachen waren an feindseliger Eindeutigkeit nicht zu überbieten. Er wollte gar nicht daran denken, was sie in ihrer Freizeit trieb, wenn die Söhne bei der Nanny oder ihrer Mutter waren. Eight Fingers hatte einmal etwas angedeutet, ein Mann, Typ Manager. Er wollte es nicht hören, es würde auch nicht viel ändern. Ehe wegen überfrierender Liebe geschlossen.

Aber dann hatte ihn Madame plötzlich an das Sommerfest erinnert. Flötend stand sie vor ihm, freundlich lächelnd wie schon lange nicht mehr. Er wurde sofort argwöhnisch. Er müsse unbedingt kommen, die ganze Verwandtschaft frage nach ihm, insbesondere der Onkel, der wolle dringend mit ihm reden.

Sie konnte unmöglich die gleichen Leute meinen, die normalerweise niemals nach ihm fragten und denen er tendenziell immer ein wenig peinlich war. Jahrelang hatte er ihnen wegen des Alibis absurdeste Gerätschaften aus Baumärkten besorgen müssen. Aufsitzmäher, Carports, Fischteiche, Swimmingpools in jeder Größe, damit die Millionäre alle ein bisschen von dem Geld sparen konnten, das sie an der Steuer vorbeibugsiert hatten. Als er einfuhr, liefen die Bestellungen zunächst weiter, bis klarwurde, er konnte nichts mehr besorgen. Damit brach jeglicher Kontakt ab. So viel zur Herzensgüte und Bindungskraft verwandtschaftlicher Beziehungen, die nicht als klassenkonform galten.

Onkel Herbert war eine kleine Ausnahme, der war trotz seiner Kohle und seines nervenden hanseatischen Gehabes ein echter Kerl, dem der Goldstaub seiner feinen Existenz zwar ein wenig die Sicht vernebelte, aber nicht so stark, wie das bei den anderen Dünkel-Baronen der Fall war. Das hatte der Dude einmal auf Sylt herausgefunden, sehr zum Leidwesen von Madame.

Sie hatten in großer Runde auf der Terrasse einer Reetdachvilla gefeiert, lange Tische, ein Traum aus weißem Tuch und silbernen Leuchtern. Es wurde sehr viel getrunken. Der Dude ging austreten, Onkel Herbert folgte wenig später, ein verhängnisvoller Zufall. Das Dinner nahm seinen Lauf, Gang um Gang wurde gebracht, nur der Dude kam nicht von der Toilette zurück. Madame ahnte Böses, als sie feststellte, dass auch Onkel Herbert fehlte. Als er am Tisch auftauchte, wankte der Ex-Ehemann ihrer verstorbenen Tante, seine Füße suchten Halt in einem Untergrund, den nur er selbst spürte, etwas Wolkengleiches vielleicht, anders war sein Schlingern nicht zu erklären. Es war nicht klar, wo sich der Onkel gerade vermutete, wahrscheinlich waren ihm Umgebung und Gesichter ein einziges großes Rätsel. So viele Leute auch, komische Sache, was machten die hier, das war doch hochgradig albern und unbedingt erheiternd. Der Onkel stützte sich schwer und mit hochrotem Kopf auf eine Stuhllehne, weil er in seinem Inneren etwas heranrollen spürte, das sich gleich als befreiender Lachrülpser, wie er annahm, entladen würde. Just in diesem Moment fiel er um. Selig grunzend, etwas bleich und grün im Gesicht, lag er im Maßanzug vor seinem Stuhl. Die Mutter schrie kurz auf und warf Madame einen giftigen Blick zu. Die winkte einen Hausangestellten heran. Der Halbtote roch wie eine ausgewachsene Cannabisplantage, seine Lungen entließen weitere Geruchspartikel. Da wusste Madame: Das war der Dude.

Sie brachten Onkel Herbert in ein Schlafzimmer der Villa und ließen ihn friedlich schnarchend allein. An der Tafel prostete ihr der Dude bestens gelaunt zu. Sie hasste ihn dafür. Später erklärte er, der volltrunkene Onkel habe ihn geradezu angebettelt, ihn einmal ziehen zu lassen, nur um dann das halbe Ding wegzusaugen.

Sie glaubte ihm kein Wort.

«Na, hat der Strafvollzug wieder ein vollwertiges Mitglied dieser Gesellschaft aus dir gemacht?» Der Onkel zeigte auf die Spitzen der hanseatischen Society, die sich zum Sommerfest der Mutter um sie herum versammelte. Innensenator Dr. Motev, der Bürgermeister, Mitglieder aller großen Fraktionen und Verbände, dazu die vielen informellen Zirkel, die eigentlich die Geschicke Hamburgs bestimmten. «Wobei die meisten hier es mehr verdient hätten, da zu sein, wo du gerade bist, glaubst du nicht?» Der Onkel hob demonstrativ seinen Gin Tonic mit der Gurke und lachte stumm Motev zu, der sie vom Buffet aus eigentümlich fixierte, die manikürte Hand zu einem schlaffen Gruß erhoben.

«Ich liebe dieses Theater, Dude, weil es so leicht durchschaubar ist, auch wenn es dich vielleicht anwidert. Aber am Ende ist es angenehmer, diese Leute und ihre Heuchelei zu ertragen als viele andere, die ebenso verdorben sind, dafür aber schlechter angezogen und ärmer.»

Der Dude starrte den Onkel mit offenem Mund an. Was war mit dem los, was wollte der?

«Der Vorteil auf diesem Einkommensniveau ist einfach», und jetzt schlug er sich vor Vergnügen auf die Schenkel, «dass hier noch jeder pathologische Befund in eine Tugend verklärt wird, der es nachzueifern gilt. Habgier, Hinterhältigkeit, Böswilligkeit und asoziales Verhalten macht sie alle stark und wichtig. Kommt dir bekannt vor? Ja, aber der entscheidende Unterschied ist: Deine Knastkumpel sind für solche Haltungen ins Gefängnis gekommen, die Typen hier dagegen in den nächsten Aufsichtsrat. Brauchst du gar nicht so zu gucken, ich weiß, wovon ich rede.»

Er strahlte den irritierten Dude an, hocherfreut von seinem eigenen Scharfsinn und der eigenen Lustigkeit. Ein paar Sekunden saßen sie stumm nebeneinander, der Onkel fischte mit den Fingern die Gurkenscheibe aus dem Glas und kaute intensiv darauf herum.

«Dude, lass uns nicht lange um den heißen Brei herumreden, ich weiß, wofür du gesessen hast, und ich weiß mittlerweile auch, was für eine Produktqualität du damals hergestellt hast. Sehr beeindruckend, muss ich sagen, Respekt.»

«Das überrascht mich alles ein bisschen, Onkel Herbert.»

«Verstehe ich, aber das wirst du überleben. Es geht mir um etwas sehr Wichtiges. Du weißt selbst, was bald passieren wird. Alle bringen sich bereits in Stellung. Da darf man jetzt keine Fehler machen.»

Der Dude sah den Onkel an. Er sah ein entschlossenes Gesicht, er sah einen unbändigen Willen und die absolute Bereitschaft, diesem Willen Geltung zu verschaffen. Hinter der glatten Fassade des weltläufigen, feinen Hamburger Pfeffersacks erkannte der Dude zum ersten Mal Spuren des Straßenköters, des giftigen Terriers, der Onkel Herbert auch sein konnte und der ihn wahrscheinlich so groß gemacht hatte.

«Wenn es richtig losgeht, werden alle durchdrehen. Es wird nicht lange dauern, dann werden die Märkte überschwemmt mit Massen von Material. Der Blick in die Vereinigten Staaten zeigt uns ja: The sky is the limit.»

«Und was habe ich damit zu tun?»

«Dude, wenn die Lawine auf uns zurollt, wird sie alle kleinen putzigen Hobbygärtner unter sich begraben, ist der Markt offen, werden die Idealisten zerdrückt!»

Der Onkel beugte sich jetzt weit zum Dude auf dem Sofa hinüber. «Die werden platt sein, bevor sie überhaupt verstanden haben, wer auf sie drauftritt. Die Preise werden purzeln, die großen Player werden alles niederwalzen.»

Dem Dude schwindelte, einige Gäste schauten irritiert zu ihnen rüber, Motev war viel näher gerückt, ohne dass klar war, warum er da stand, so allein und verloren, der gepflegte Herr Innensenator mit dem angespannten Gesicht. Die Worte des Onkels tackerten wie ein aggressiver Bienenschwarm auf den Dude ein. Er wollte keine weiteren Analysen hören, er wollte mit dem Onkel überhaupt nicht über diese Dinge reden, weil er gar nicht wusste, wie er damit umgehen sollte.

«Es gibt nur einen Weg, dieser absehbaren Entwicklung zu entkommen: Du musst dir deinen Markt selbst schaffen, du musst in das Luxussegment, du musst die Leute bedienen, die gern viel Geld für die bestmögliche Qualität ausgeben, weil sie es toll finden, wenn die anderen sich das nicht leisten können. Erst das macht es überhaupt interessant für diese Klientel.» Jetzt zeigte der Onkel auf die Sommerfestgäste um sie herum, wobei auch er selbst leicht irritiert bemerkte, wie nah Motev mittlerweile gekommen war. «Wenn du die erreichst, scheißen sie dich zu mit ihrem Geld!» Erschöpft lehnte er sich zurück und leerte den Rest Gin Tonic in einem Zug. «So ticken die, und dafür muss man sie lieben.»

Der Dude schaute ihn an, ihm brummte der Schädel.

«Das wollte ich dir nur sagen, weil ich dich mag und weil ich will, dass es Madame gutgeht. Du hast das Wissen, du kennst die richtigen Leute, mach was draus, okay? Wenn du das nächste Mal ein Problem hast, sag mir Bescheid, ich bin mir sicher, meine Anwälte finden eine Lösung.» Der Onkel fixierte ihn. «Du kannst mich jederzeit anrufen. Und wenn du einen Investor oder logistische Hilfe brauchst, melde dich einfach.»

Der Dude dachte nur: Diese Elbchaussee-Possy darf man nie unterschätzen, niemals. Der Onkel stemmte sich hoch und rempelte dabei aus Versehen Motev an. Für eine Sekunde musterten sich beide Männer mit einem Gesichtsausdruck, den der Dude nicht deuten konnte, der Blick Motevs in seine Richtung war allerdings eindeutig. In den Augen des Senators glaubte der Dude ein Gefühl zu erkennen, das mit Abneigung nicht völlig falsch beschrieben war.

■

Der Weckton riss Michael mit schriller Gewalt aus dem Schlafparadies, im Haus neben den drei Hallen direkt am Deich. Guten Morgen und willkommen im Terror der Wirklichkeit. Das war für ihn: dröhnende Stille. Na ja, fast, wenn es das mal wäre. Kam ja noch schlimmer: das Krächzen der Möwen (Scheißviecher!), das gelegentliche Tuten der vorbeiziehenden Kutter (Scheißpötte!), das Plätschern der Wellen am Flussufer vor dem Fenster (Scheißbrühe!), das Prasseln des Regens auf die Hallendächer (Scheißwetter!). Es war kurz nach sieben, er musste gleich rüber in die erste Halle, die verdammten Cannabispflänzchen waren ja ultrasensibel und bestraften jede Nachlässigkeit (Scheißarbeit!).

Er griff sich zwischen die Beine, wunderte sich mal wieder, wie klein, hart und taub sich seine Eier anfühlten, aber kein Wunder, kamen ja gar nicht mehr zum Einsatz. Dieses ewige Onanieren machte ihn mittlerweile depressiv. Ging auch kaum noch. Höchstens ein-, zweimal am Tag. Kein Wunder. Hier gab es nichts, was seine Phantasie anregen könnte. Die ewig gleichen Clips auf YouPorn hätte er quasi schon mitsprechen können, wenn da jemals jemand was sagen würde. Oder nachspielen, haha, das wäre vielleicht was, YouPorn live, so als Wohnzimmershow, geile Idee eigentlich. Aber so blieben nur die üblichen Sequenzen, die nichts mehr in ihm bewegten. Er hatte schon Oberarme wie ein Gym-Süchtiger, spitzenmäßig trainiert, aber selbst die härtesten Szenen im Netz brachten keine Erlösung mehr. Er bräuchte mal wieder echtes Fleisch in den Händen. Aber hier, in dieser Einöde? Hoffnungslos.

Gestern Abend war er kurz davor gewesen, das absolute Telefonierverbot zu ignorieren, aber dann hatte es natürlich kein Netz gegeben (Scheißtelekom!). Hätte wahrscheinlich ohnehin nichts gebracht. In den Minuten, in denen das Surfen im Web mal einigermaßen ordentlich ging (Scheißinternet!), war er nur auf Kontakte gestoßen, die mindestens eine Stunde Anfahrt hatten. Vor zwei Wochen hatte er es schon einmal versucht. Als er endlich die «geile Stute Susi» am Ohr hatte und ihr sagte, wo sie hinkommen müsste, sagte sie: «Und das nachts um halb vier, bist du besoffen, oder was?», und legte auf.

Zehn Tage noch, dann hätte er endlich ein bisschen frei. Wurde auch Zeit, die Vorräte gingen zu Ende. Michael zog sich den dreckigen Schutzanzug über die Bundeswehrhose und das T-Shirt und fummelte einen kleinen weißgelblichen Klumpen aus dem Beutel, den er auf den Tisch legte. Die letzten Reste. Er zermahlte den harten Brocken mit seiner Koksmühle und schaute nach draußen auf das graue Wasser, das sehr träge vorbeizog, zerschossen von Tausenden Regentropfen. Am anderen Ufer sammelten sich drei, vier Kühe unter dem einzigen Baum. Die Viecher taten ihm leid, was für ein elendes Leben. Aber ihm ging es nicht viel besser, und die waren wenigstens eine Gruppe. Wahrscheinlich hatten die verdammten Kühe mehr Sex und Spaß als er. Jeder Mensch auf dem verschissenen Globus hatte mehr Spaß und Sex als er.

Er formierte das fein gemahlene Pulver zu zwei sehr ordentlichen Bahnen. Das würde bis Mittag reichen ... vielleicht. Er nahm sein silbernes Röhrchen, das an einer Kette um seinen Hals baumelte, und sog beide Lines mit Macht ein, eine links, eine rechts. Sein Hals fühlte sich augenblicklich taub und metallen an, in entlegenen Hirnregionen gingen ein paar Lampen an. Michael wischte die Reste mit dem feuchten Zeigefinger auf, leckte sie ab und ging zur Tür. Motev hatte ihm bei Androhung der Todesstrafe verboten, bei der Arbeit was zu nehmen. Also nicht direkt Motev, aber einer seiner Orang-Utans, genau der, der gleich wieder vorbeischauen wollte. Die konnten ihn alle mal.

Michael stapfte durch den Matsch zur ersten Halle. Lange

würde er denen hier nicht mehr den Arbeitssklaven machen. Seit viel zu vielen Monaten nötigten sie ihn schon, hier draußen Woche um Woche zu verbringen. Meistens allein, in Stoßzeiten mit eingeschüchterten Asylbewerbern, die er nicht verstand, die aber schufteten wie die Irren. Sie kamen nachts in kleinen Bussen, blieben tagsüber für die anderen Dorfbewohner praktisch unsichtbar, weil sie im Haus schliefen oder in der Halle arbeiteten, und verschwanden dann wieder so unauffällig, wie sie gekommen waren. Gut organisiert ist die Motev-Truppe schon, dachte Michael, das muss man denen lassen. Als er die Seitentür öffnete, schlug ihm eine feuchtwarme Cannabiswolke entgegen. Just in dem Moment erreichten die letzten Kokskristalle ihr Ziel. Michael fühlte sich sehr geil. *Ich lasse mir doch nicht alles gefallen,* dachte der Bruder des Dude, als er zufrieden den Stapel mit den heimlich abgezweigten Graspacken in seiner kleinen Geheimkammer kontrollierte. *Die werden noch merken, dass sie mit mir nicht so umspringen können, das werden die lernen, wie der Dude das auch lernen musste.*

Michael setzte sich auf einen Plastikschemel in einem der langen Gänge zwischen den hochwachsenden Pflanzen und dachte mal wieder an den Tag, an dem alles auseinandergebrochen war. Sein kleiner Bruder wollte ihm, dem Älteren, tatsächlich sagen, was er zu tun hatte. Der Dude quatschte in einem fort auf ihn ein, von wegen Polizei und so, Plantage sofort räumen, der Schisser, das war er ja immer schon: ein Schisser, für den andere die Rübe hinhalten sollten. Das war damals beim sogenannten Vater schon so gewesen, wenn der besoffen nach Hause kam, es wiederholte sich in der Schule und vor allem in ihrer Gang. Der Kurze riss das Maul auf, und er musste es geradebügeln. Noch mal zuschlagen, drohen, Exempel statuieren. Zu Hause bekam stets er die Prügel vom besoffenen Alten, obwohl der Kleinere es genauso verdient hätte. Das Kiffen, das

Saufen, das Anbauen, von wem wusste der Dude denn alles, wem hatte er das zu verdanken, wer hatte sich nach seiner Ausbildung zum Zweiradmechaniker richtig in die Cannabismaterie reingekniet? Na also, aber nein, hielt sich für was Besseres, der Oberschlaue. Rümpfte die Nase, nur weil er sich später ab und zu mal eine kleine Line zog, na gut, manchmal auch zwei oder drei, was soll's, hatte niemanden zu interessieren. Fand er eben ganz geil, das Gefühl, kam er gut drauf bei, zumindest am Anfang, machte ihn auch immer rasend geil, was er noch besser fand, da brauchte er sich nichts von seinem bescheuerten Moralbruder sagen zu lassen. Vor allem, weil der gar nicht kapierte, wie ernst er, Michael, es mit dem reinen Stoff wirklich meinte, dem ultimativen Kick aus den ultimativ reinen Pflanzen. Nein, das ging dem Herrn Bruder alles nicht schnell genug, war nicht effizient genug, als ob diese Nazi-Kategorie überhaupt ihre sein sollte. Der rastete plötzlich richtig aus, die kleine Kröte, teilte einfach in einer Nacht-und-Nebel-Aktion die Anlage, zack, vollendete Tatsachen, so einer war das. Kam wahrscheinlich von diesem Elbchaussee-Geschoss, das er Madame nannte, auch so eine bescheuerte Angewohnheit, aber das sollte wohl gleich zeigen: andere Klasse, andere Rasse. Von wegen, für ihn waren die alle kaputt im Kopf, speckige Seelen, fettglänzend, aber menschlich entkernt. Das hatte er dem Bruder die ganze Zeit sagen wollen, kam er gar nicht mehr zu, die Alte kochte ihn auf mittelgroßer Flamme weich, die Habgier drang ihr aus jeder Pore, das sah man doch. Michael sah das auf jeden Fall, er konnte die überhaupt nur ein bisschen breit ertragen, ein-, zweimal gezogen, dann roch er ihren Elbschwalbenmuff nicht mehr so. Wahrscheinlich duftete die noch aus der Muschi nach Geld. Und wenn er daran dachte, während er ein paar von den neuen knallharten Kristallen in seiner Minimühle klein mahlte, um daraus fein säuberlich den Verlauf der A1 nachzubauen und sich daran hochzuschnüffeln, bekam er in seinem Kopf einen Riesenständer, der ihn ganz kirre machte und so hart war und so eisern stand, dass er immer etwas überrascht war, das echte Teil als enttäuschende Schrumpfversion in der Hand zu halten. Wobei er sich gern einen runtergeholt hätte bei dem Gedanken, es seiner Schwägerin richtig von hinten zu besorgen, aber so war das leider hoffnungslos. Und dann saß sein eierloser kleiner Bruder vor ihm und gab ihm Befehle und drohte, er solle sofort seine Sachen und seinen Teil der Anlage räumen, sonst gäbe es echt Ärger. Ja, der drohte ihm ernsthaft, der sogenannte kleine Bruder, der er im Grunde gar nicht war, weil wohl anderer Vater, kleiner Fehltritt, nicht weiter erwähnenswert, war einer Schwester der Mutter mal herausgerutscht, egal. Vielleicht auch gar nicht die gleiche Mutter, sondern adoptiert, das war ja seine Vermutung. Mochte die Mutter wiederum nicht hören. Hatte 'ne Ohrfeige gegeben. Tja.

Damals, nach dem Gespräch mit dem Typen, der dachte, sein Bruder zu sein, legte Michael auf dem Klo richtig gut nach, alles was noch da war, wow, geiler Hirnfick, das ging gut rein, er fühlte sich wie der hellste Stern am Himmel, bisschen Durchfall, aber das war egal. Der Dude war bereits weg, vorgefahren, der Schisser. Wollte ihm die Plantage wegnehmen, sonst würde die Vermieterin sie verpfeifen, die Bullen rufen, die Armee, irgend so was. Aber nicht mit ihm, das würde er nicht dulden. Taxi zur Wohnung des Dude, gleich in den Garten zur Anlage, da wieder akuter Durchfalldruck, kurze Verkrampfung, verdammte Hacke, wofür zahlte er achtzig Euro, wenn das Zeug mit billigstem Abführmittel gestreckt wurde, aber haute trotzdem ordentlich rein, uiuiui. Er checkte die Räume. Sein Blüteraum: leer. Alle Pflanzen: weg. Zehn Säcke mit Bioabfall auf dem Boden. Seine Pflanzen. Kaputt. Abgeschnitten. Unbrauchbar.

Der kleine Bruder hatte die Drohung wahr gemacht. Die Ernte einfach entsorgt. Totaler Beschiss. Da musste er natürlich gleich mal nachlegen, der Stress und so, logo. Danach zog die Welt in Fast Forward an ihm vorbei, schön grell, sehr heiß, irgendwie weit weg. Hoher Druck überall, trieb ja enorm nach vorne, der kleine Superbeschleuniger. Er dachte kurz daran, sich schnell neben den Plantagenresten einen runterzuholen, dann dieser seltsame Film.

Er zieht die Jeans hastig hoch, keine Zeit, die Uhr rast so schnell wie sein Herz, Schweiß auf der Stirn, Schweiß auf den Händen, müsste auch dringend mal wieder was trinken. Er hoch zur Tür, Bruder lügt und schreit und streitet alles ab, lässt ihn nicht rein, Gerangel, Tür zu, Tür auf, kleiner Spalt, Bruder schreit, fuchtelt herum, er will endlich rein und an den Wasserhahn, weil das jetzt doch sehr trocken wird im Mundinnenraum, also drückt er gegen das Metall, hektisch und blind, unübersichtliche Situation irgendwie, auch so emotional, dann wird es schwarz, eigentlich rot, große Gefühlswelle, dauert etwas, bis er die dechiffriert hat, Schmerz, richtig dolles Ziehen, womöglich ein Nasenbeinbruch, er taumelt weg, Blut überall, er sieht einen Stein, spitzes Ding, der Irre gibt nicht auf, er muss sich wehren, alles sehr neblig, total irreal, da ist ein Rücken, er spürt einen Fuß in seinem Magen, kotzige Schmerzen, noch mehr Blut, er liegt auf dreckigem Boden – er hasst seinen kleinen Bruder.

▬

Isabelle Frevert mied Veranstaltungen mit anderen Managern. Nichts fand sie öder und uninspirierender, als auf ihresgleichen zu treffen, wobei ihresgleichen eine nicht sehr präzise

Beschreibung war, denn sie war auf dieser Ebene die einzige Frau. Zum Glück hatte sich das mediale Interesse an ihrer Person seit geraumer Zeit gelegt. Eine Zeitlang war sie omnipräsent gewesen, alle hatten über die «Iron Lady», über das «Wunderfräulein», über die «Miss Eisenhart» berichten wollen. Die Wirtschaftsblätter, die Magazine, die Yellow Press, die Journalisten waren über ihre Ernennung entzückt, als hätten sie erstmals eine Frau beim aufrechten Gang beobachtet. Die Erfahrung war so bizarr wie erschreckend gewesen. Ihre Ausbildung, ihre Freunde, ihre Kleidung, jedes Detail war vor eine Kamera gezerrt worden. Zum Glück war diese Welle vorbei.

Managertreffen mied sie, weil ihr die unreflektierte Bedeutungsgier ihrer «Kollegen», gepaart mit der geschlechterspezifischen verdrucksten Besserwisserei und intellektuellen Eindimensionalität einfach schlechte Laune machte. Jedes kurze Treffen ihrer Damenrunde brachte ihr mehr als tagelange Symposien mit diesen Herren. Mit den Frauen des Inner Circle, wie sie sich manchmal nannten, traf Isabelle Frevert sich schon seit Anfang der nuller Jahre in relativ konstanter Besetzung, wenn auch nur in großen Abständen. Sie hatten diese Begegnungen eine Zeitlang etwas eingeschränkt, dann mal ganz unterbrochen – vor allem wegen der lästigen Medienaufmerksamkeit. Eine Regierungschefin, eine Verlegerin, eine bekannte Moderatorin, eine erfolgreiche Businessfrau und noch ein, zwei illustre weibliche Figuren, die in engerem Kontakt stehen, das war kurz mal ein großes Thema gewesen, zu groß. Jetzt redete niemand mehr drüber, was den Kontakt deutlich erleichterte. Isabelle Frevert liebte die Abende mit ihren Frauen, alle auf ihre Art unterhaltsam und sehr erfolgreich. Und deutlich geistreicher als die selbsternannte männliche Elite der Republik, die sich hier gerade versammelte. Aber diesmal hielt sie durch, weil sie Dr. Andreas Drumbach treffen wollte, und zwar wie zufällig auf einem Event wie diesem, wo der Chef von Black Devil zum «Unternehmer des Jahres» gekürt werden sollte.

Seit dem Morgen mit ihren beiden Jungs und einigen weitergehenden Untersuchungen war Isabelle Frevert nicht nur das ungeheure Potenzial dieses Markts vor Augen geführt worden, sondern sie hatte daraus weitreichende Schlüsse gezogen: Wenn ihr Sieg und ihr Angriff total sein sollten, brauchte sie genau so einen Verbündeten – und sei es nur, um ihn in dem Irrglauben zu lassen, nicht selbst auf dem Produktionsfeld aktiv werden zu müssen. Das würde einen potenziell sehr gefährlichen Konkurrenten für längere Zeit entweder lähmen oder komplett abhängig von ihr machen. Beides war wünschenswert.

Sie war ihren beiden, wie sie fand, nicht besonders hellen Jungs dankbar für den Hinweis auf die kleine Pubertätswelt, denn in ihren eigenen Sphären waren bereits alle so von den demographischen Realitäten der überreifen Bundesrepublik vereinnahmt, dass sie manchmal schlicht und ergreifend vergaß, dass es auch Menschen unter dreißig gab, weil die zahlenmäßig kaum noch eine Rolle spielten. Meduk ging es wie allen anderen Unternehmen in der Branche, praktisch die gesamte Produktpalette war auf die Generation Rollator, wie die Vorstandsvorsitzende sie nur intern nannte, ausgerichtet. Offiziell wurde den greisen Massen selbstverständlich mit dem Euphemismus «Best-Ager» oder, noch verlogener, «Mid-Ager» geschmeichelt.

Die verfallenden geburtenstarken Jahrgänge verstopften mit ihren Bedürfnissen kraft Masse alle Regale in allen Supermärkten, Modeläden, Apotheken, und selbst die Popmusik war bloß ein endloser Aufguss der alten Sachen, die von den neuen Rentnern in ihrer fernen Jugend einst für gut befunden worden waren. Ein kulturelles und gesellschaftliches Trauerspiel, allerdings eins, an dem Isabelle Frevert und Meduk glänzend verdienten. All die Medikamente gegen die Zipperlein und schweren Krankheiten, von denen die Ü50 und Ü60 geplagt wurden, das war Monopoly für Fortgeschrittene. Dazu Cremes und Pillchen für die ganzen Alten der gefürchteten Baby-Boomer, die sich auf ewig jung fühlen und wie kleine widerborstige Kinder gegen die biologischen Realitäten stemmen wollten. Total infantil – total lukrativ. So sah sie das. Ein gigantischer Markt mit endlosen Möglichkeiten, auch und gerade für Cannabis, mit dem die Vergehenden nicht nur ihre Depressionen, sondern möglicherweise auch einen guten Teil ihrer schlimmen und aggressiven Tumore bekämpfen konnten, die fiesen Krankheiten und Zerfallsprozesse, von denen ihre ausrangierten Körper irgendwann natürlich befallen wurden. So ganz genau bis ins allerletzte Detail war das natürlich noch nicht erforscht und bewiesen, aber schließlich basierte auch sonst ein substanzieller Teil ihres Geschäfts und Erfolgs auf dem Prinzip Hoffnung, weshalb nicht auch hier? Isabelle Frevert gehörte biographisch ehrlicherweise selbst fast zur Generation ihrer Hauptzielgruppe, fühlte sich aber in keinster Weise zugehörig. Diese Schizophrenie war ein Luxus, den sie sich gönnte.

Dank ihrer Söhne sah sie jetzt ohne Scheuklappen in die Welt. Ja, es gab noch Jüngere, sie schenkte ihnen offensichtlich zu wenig Beachtung. Deswegen hatte sie auch den ungeheuren Erfolg von Red Bull nie richtig verstanden. Der kometenhafte Aufstieg von Black Devil aber, einer Marke, die mit einer Härte und Entschlossenheit den Markt von hinten aufrollte, die Red Bull wie heiße Milch für eingeschüchterte Zeit-Leser aussehen ließ, war völlig an ihr vorbeigegangen. Die Analysen waren jedoch eindeutig: Die Jüngeren hatten andere Prioritäten und legten viel mehr Wert auf Freizeit in ihrer Work/Life-Balance, als sie das jemals gewagt oder auch nur gewollt hätte. Bei ihren

Söhnen gäbe es in dieser Abwägung wahrscheinlich überhaupt keinen Work-Anteil mehr, aber nun gut, das waren vielleicht auch zwei besonders seltsame Exemplare, die ihr Mann, wie sagte man so schön, ihr da «geschenkt» hatte. Sie war sich unsicher, ob dieser Ausdruck auch für Männer galt. Die Frauen, ja, die «schenkten» ihren Partnern oder wem auch immer den Nachwuchs, wobei die sogenannten Herren der Schöpfung ja oft genug auch von ihrem Umtauschrecht bei «Geschenken» Gebrauch zu machen schienen, wenn sie an die vielen, vielen früheren Freundinnen und Ex-Kommilitoninnen dachte, die sich seit Jahren als Alleinerziehende durchschlagen mussten und deswegen in den meisten Fällen ambitionierte Berufswünsche sehr früh hatten zurückstellen müssen. Wenn aber alle mehr Wert auf Freizeit legten und gleichzeitig die resoluten Alten länger aktiv bleiben und dabei möglichst jung wirken wollten, war das ein gigantischer Markt, den Black Devil ziemlich sicher bespielen würde. Bei dem Gedanken zuckte sie zusammen.

Wenn die Brausefirma um die mögliche therapeutische Wirkung von Cannabis oder zumindest die damit verbundenen Hoffnungen wüsste und entsprechend reagieren würde, wäre es das mit ihren eigenen Welteroberungsplänen. Nach dieser Erkenntnis hatte sie einige Nächte schlecht geschlafen. In ihrem Kopf entstanden düsterste Visionen gebrauchsfertiger Blaupausen für die Einführung zeitgemäßer Black-Devil-Produkte.

«Gib deinem Krebs die Kugel.»

«Die Kugel für das ewige Leben.»

Böll und sie waren bislang die Einzigen, die ahnten, wie sich die Welt verändern würde und in welchen Bereichen, da war sich Isabelle Frevert sicher, und das bestätigte auch ihr Sicherheitsdienst, dessen frühere Stasi-Experten ihr wöchentliche

Updates über die Forschungsaktionen aller wichtigen Pharmakonkurrenten weltweit gaben. Da waren ein paar, die eher lustlos vor sich hin forschten, aber niemand war so weit wie sie, niemand unternahm schon klinische Versuche, niemand hatte Datenmaterial ihrer Güte. Krebs, HIV, ALS, Ebola – praktisch alle Menschheitsplagen würden sie mit ihrem neuen Superstoff angreifen und möglicherweise erheblich eindämmen, zumindest würden sie es so guten Gewissens verkaufen können. Das war eine Offenbarung, die Tür in den unternehmerischen Garten Eden.

Nur leider konnte das mit dem richtigen Stoff jeder andere auch hinkriegen. Niemand bräuchte dann mehr sie und ihre Produktionsstätten. Deswegen musste sie umso dringender von Anfang an den ganzen Markt beherrschen. Dazu gehörte eben auch der Freizeitbereich. Dafür hatte Meduk allein keine Kompetenz. Black Devil schon. Und ihre Spione gaben ihr recht. Ja, Black Devil arbeitete an einer revolutionären Cannabisproduktpalette, die Frage der Herstellung des dafür benötigten Stoffes aber war noch nicht geklärt. Deswegen saß sie hier.

Als Drumbach unter den Standing Ovations der rund zweihundertfünfzig Spitzenmanager zum Mikrophon ging, fixierte Isabelle Frevert ihn intensiv. Der Black-Devil-Chef gab in seiner Rede vor der versammelten Elite des Landes den launigen, aber zurückhaltenden, ironisch mit Bescheidenheit spielenden lässigen Hund, was naturgemäß hervorragend ankam, wie man schon zuvor in den Medien hatte beobachten können. Da stand einer, dem selbst kritische Geister geschmacklose Events wie die «Waterboarding-Competition» durchgehen ließen, weil er es verstand, auch im Kern obszöne, zynische Aktionen mit einem emanzipatorischen Subtext aufzuladen.

Die Meduk-Chefin registrierte die Bewunderung der anderen Vorstände, Geschäftsführer und Investoren im Saal. Der Black-Devil-Chef wirkte so cool und charismatisch, wie sie alle selbst gern wären. Und arbeitete in einem Markt, der im Gegensatz zu vielen anderen hier vertretenen Branchen eine Zukunft hatte. Eine gigantische Zukunft, wie Isabelle Frevert dachte, als sie den betonharten Blick des Dr. Andreas Drumbach sah, den seine Lachfältchen kaum abmildern konnten. Alle im Saal sahen den erfolgreichen, jovialen Zeitgeistunternehmer, sie erkannte sogleich den eiskalten Abwickler, den von brutalem Ehrgeiz angetriebenen Herrschsüchtigen. Sie sah die Gefahr. Brav reihte sie sich nach der Rede in die Reihe der Gratulanten ein.

«Darf ich mich vorstellen, Frevert. Ich wollte Ihnen von ganzem Herzen zu diesem mehr als wohlverdienten Preis und Ihrer hervorragenden Rede gratulieren.»

«Vielen Dank, Frau Dr. Frevert, ich weiß, wer Sie sind – und weiß Ihr Lob sehr zu schätzen.»

«Ach, sagen Sie bitte einfach Frevert, das reicht vollkommen.»

Drumbach lachte. «Gern, Frau Frevert.»

«Herr Drumbach, ich habe das Gefühl, wir beide sollten mal unter vier Augen reden.»

Der Black-Devil-Chef verzog keine Miene.

«Ja, könnte eine gute Idee sein.»

Erst jetzt fiel ihr auf, dass seine Rechte immer noch fest ihre Hand umschloss. Sie sah in ein Paar ozeantiefe blaue Augen, kalt und hart wie das ewige Eis. Sie musste Drumbach unbedingt in ihr Boot holen.

Auf die Bullen war einfach kein Verlass mehr. Man warf ihnen die schönsten Knochen vor die Füße, und es passierte: nix. Gar nix. Der Dude sah seine beiden Weggefährten an und musste sich arg zusammenreißen, weil er ihnen instinktiv gröbstes Fehlverhalten unterstellte, was möglicherweise eine Unverschämtheit war. Trotzdem seltsame Situation. Die Anlage identifiziert, einige Betreiber erkannt, genaue Adresse und Umstände erläutert und zu Protokoll gegeben – und nichts passierte?

«Von vorne: Was habt ihr gesagt, was haben die gesagt?»

«Dude, das haben wir doch schon dreimal erzählt.»

«Dann erzählt es ein viertes Mal!»

«Also: Wir sind rein und haben gleich gesagt, wir würden gerne ein paar Hinweise auf Drogengeschäfte geben.»

«Da haben die Bullen sich komisch angeguckt und gegrinst, was wir denn wollten, ob sie uns nicht schon mal gesehen hätten, unsere Visagen kämen ihnen bekannt vor.»

«Und um was für tolle Drogen es sich da handeln würde, wollten sie wissen, aber so ganz gelangweilt, als ob sie das eigentlich gar nicht interessieren würde.»

«Als wir ‹Cannabis› gesagt haben, haben die voll die Augen verdreht und meinten so ‹Wow, Cannabis, uiuiui, so ganz harter Stoff, ja ...›!»

«Der eine hat telefoniert, der andere unsere Namen im System gecheckt. ‹Ach, zwei Bekannte!›, meinte der.»

«Der andere hat in den Hörer geflüstert, keine Ahnung, was, und dabei hat er auf dem Bildschirm in Akten gelesen.»

«Ob wir noch Kontakt zu dir hätten, wollten sie plötzlich wissen, und wann wir dich zum letzten Mal gesehen hätten.»

«Der Ältere hat auf dicke Hose gemacht und gesagt, du wärst ja immer noch Freigänger und unter verschärfter Beobachtung, und dass wir bloß von dir fernbleiben sollten.»

«Dann kam so ein Typ in Zivil, der hat uns mit in einen

anderen Raum genommen und ließ sich alles in einen Block diktieren, wo, wer, wie gefunden und so. Konnten wir ihm natürlich nicht alles sagen. Da wurde der echt aggro.»

«Angeschrien hat er uns, wenn wir nicht verraten würden, wie wir die angeblichen Anlagen gefunden hätten, würde er uns eine Anzeige anhängen.»

«Alter, war der drauf. Wer noch von der Sache wüsste, mit wem wir darüber geredet hätten, kein Wort sollten wir darüber verlieren, sonst würden wir uns eventuell der Mittäterschaft schuldig machen.»

«Eigentlich hat er uns gedroht und gleichzeitig alles abgeschwächt. So: Kann gar nicht sein, glaube ich nicht, das denkt ihr euch doch aus, ihr kifft wohl zu viel.»

«Und falls wir dich mal sehen, sollten wir einen schönen Gruß vom Hamburger Drogendezernat ausrichten und dich warnen, bloß keinen Fehler zu machen.»

«Spinnen die jetzt völlig, oder was? Wir wollen denen die Supertipps geben, und die behandeln uns wie Verbrecher?»

«Das ist doch scheiße.»

«Und als wir gestern noch mal angerufen haben, um zu erfahren, was sie bis jetzt in die Wege geleitet haben, wurden wir nur angeblafft: Lasst das mal unsere Sorgen sein! Wir hätten kein Recht, über polizeiliche Ermittlungen informiert zu werden, und sollten uns raushalten.»

«Irgendwie stinkt das doch zum Himmel.»

Das dachte der Dude auch. Wenn die Bullen auf solche Hinweise nicht ansprangen, mussten höhere Mächte im Spiel sein. Jemand wollte nicht, dass sie nach dem Knochen schnappten. Jemand, der Einfluss genug hatte, selbst die Polizei zu bremsen.

Jemand von ganz, ganz oben.

Der Koloss in Halle drei musterte die Pflanzenreihen wie ein General, der eine Truppenparade abnahm. Hier und da strich er über die Blätter, hob einen Ast, als suche er nach Schädlingen, bohrte mit dem Finger in eine Kokosmatte, las die Temperatur fürs Wasser ab. Michael hasste die Kontrollbesuche und die gespielte Professionalität dieser tumben Michelin-Männchen, wie er die aufgepumpten Freunde des Bosses heimlich nannte.

Er, Michael, der Bruder des zu Unrecht legendären Dude, der ihm alles verdankte, er war eigentlich der Mann mit dem grünen Daumen, er hatte sein ganzes Leben der einen Pflanze gewidmet, er kannte alle Samen, alle Sorten, alle Tricks. Er brauchte keine eingebildeten Angeber, die ihn mit Wikipedia-Halbwissen herauszufordern versuchten. Der Koloss namens Ohan brachte ab und zu neue Düngersorten mit, von denen er auf irgendwelchen obskuren Internetseiten gelesen hatte, immer getrieben von der Furcht, ein anderer könnte das eine Wunderrezept haben, das den Markt sprengt. Als ob es darauf ankäme. Als ob er nicht in der Lage wäre, das beste Zeug westlich des Urals herzustellen, mindestens. Leider sah das der Boss nicht so, wie Ohan nicht müde wurde zu betonen. Damit gingen sie Michael wirklich auf die Nerven.

Was immer er versuchte und produzierte, es war diesen Ignoranten nicht gut genug. Konkret hieß das: Nicht so gut wie früher das verdammte Strongdude seines Bruders. Das sah er, Michael, naturgemäß ganz anders. Würze, Wirkung, Geschmack, in allen Kategorien schlug er mit seinem Gras, das er Strongdove nannte, das lustlose Gemüse des Dude um Längen. Sein Stoff war anfangs sanft und friedlich wie eine Taube, bei entsprechender Dosierung konnte man damit aber die schönsten Highs extrem genau justieren, ein echter Genießertraum. Aber nein, den Herren reichte das nicht.

Sie organisierten regelmäßig Geschmackspanels, um die Qualität zu testen. Strongdove lag mal weit vorne, dann wieder im Mittelfeld. Okay, vielleicht hätte er den Mund nicht so voll nehmen sollen. Die erste Behauptung, das Strongdude sei immer auf sein Konto gegangen, war schnell durch das Ausbleiben entsprechender Resultate widerlegt worden. Das fanden seine «Mentoren» nur mäßig lustig und baten ihn zum «intimen Gespräch», wie sie es genannt hatten. Zwei Tage hatte sich Michael danach mit dem zerbeulten Gesicht nicht auf die Straße getraut. Der Boss war besessen von der Idee, mit einer Art Wunderkraut den Markt zu sprengen. Seit Monaten erhöhten sie den Druck, als liefe ihnen die Zeit davon. Michael las keine Zeitungen, schaute selten fern und surfte im Netz nur auf Pornoseiten, deswegen war er nicht ganz im Bilde, was die Jungs kirre machte, aber er spürte, dass sie hektischer wurden.

«Michael, das ist nicht gut genug.»

«Was meinst du?»

«Dein Zeug ist nicht die Qualität, die wir haben wollen.»

«Das ist die beste Qualität, die irgendein Züchter im Umkreis von zweitausend Kilometern herstellen kann.»

«Das ist Bullshit, und du weißt es.»

Michael schaute verächtlich zu Ohan hoch. Warum musste er sich mit solchen Typen auseinandersetzen, ließ ihn das Koks im Hirn fragen, das jetzt auch zu einem Synapsengewitter im Frontallappenbereich des Großhirns anregte und sehr mutig die Mundmuskulatur in Bewegung versetzte: «Dann macht es euch doch selbst.»

Den Spruch, lässig in den Raum gezischt, fand Michael cool, aber nur bis die schaufelbaggergroße Hand Ohans ihn mit beeindruckender Wucht so zielsicher an der linken Wange traf, dass Michael sogar noch den Moment spürte, in dem seine Füße den sicheren Hallenboden verließen, um mit dem gekrümmten Körpersack recht unsanft vor den Riesenschuhen des Besuchs zu landen.

«Jetzt hör gut zu.»

Ohan drückte ihm einen Eisbeutel in die Hand, den er in erstaunlicher Hilfsbereitschaft schnell aus dem Eisfach im Haus geholt hatte, und sah ihn verständnisvoll an.

«Michael, so kommen wir nicht weiter. Das macht uns traurig. Wir haben so auf dich gesetzt.»

Er schüttelte den Kopf, als ob er sich selbst leidtäte.

«Die Produktion läuft nicht so effizient, wie wir uns das erhofft haben, die Qualität ist ...»

«Aber, Moment ...»

Ohan hielt einen Arm von Michael fest und legte ihm beschwichtigend einen Finger auf die Lippen.

«... die Qualität ist deutlich unter dem Niveau, das du versprochen hast. Leider bleiben wir damit unter der Qualität, die wir unseren Abnehmern versprochen haben. Und leider werden gerade die Weichen für den Big Bang gestellt.»

«Ich werde ...»

«Ruhe jetzt, hör zu, verdammt!»

Ohan machte ein Gesicht, das Michael sofort verstummen ließ, obwohl das verdammte Koks gerade zu einer wilden Party aufforderte. Blödes Timing.

«Das hier ist eine top ausgerüstete Anlage, die zu einer Musteranlage werden sollte, wie wir sie im ganzen Bundesgebiet hundertfach installieren wollen, lieber Michael. Kannst du dir vorstellen, was das kostet? Ja? Und weißt du, wie schwierig es ist, dafür Partner zu finden, die einem vertrauen und einen mit dem notwendigen Kapital unterstützen, von dem wir ja bereits einiges investiert haben? Und weißt du, wie solche Partner reagieren, wenn man dann nicht liefern kann und sie ihr teures Investment den Bach runtergehen sehen? Ja?»

Michael hörte kaum noch zu. Er fühlte sich wie der Zeuge einer bevorstehenden Exekution. Möglicherweise seiner eigenen. Für einen Augenblick sah er sich in einer blauen Plastiktonne in Säure auflösen, Breaking-Bad-Style.

«... und deswegen reiß dich endlich zusammen, sonst hast du hier ein fettes Problem!»

Ohan tätschelte Michael die geschwollene Backe und ging.

Michael dachte an den Dude. Sein Bruder war irgendwie an allem schuld. Sein Bruder, das Schwein. Das Blut wummerte durch sein heißes Gesicht. Andererseits: Vielleicht hätte er ihn damals doch nicht verraten sollen. Jede zweite Nacht träumte er davon.

Michael geht in die Teestube, er war da schon mal. Er weiß, wo der Mann sitzt. Er geht nach hinten durch, zweifelt nicht, er ist sich seiner Sache sicher. Er ist bestohlen worden, beraubt worden, gedemütigt, der kleine Bruder hat alles kaputt gemacht. Verkauft jetzt Strongdude als eigene Erfindung, er muss fast lachen. Nichts gehört dem Bruder, nicht allein zumindest. Aber es ist zu spät für feine Differenzierungen. Er hat eben noch einmal vor dem Spiegel die Narbe betrachtet, die Nase, die seit der letzten Begegnung an der Tür leicht schief ist, er will Gerechtigkeit und Genugtuung, die sich aus etwas Reinem und Unverfälschtem speist, zum Beispiel: Rache. Er wollte erst nur Geld, sein Geld, für die verdorbene Ernte, das sah das kleine Arschloch nicht ein. Er wollte es also auf die harte Tour. Okay, konnte er haben.

Motev beachtet ihn erst gar nicht, schlürft einfach weiter seinen Tee. Die anderen Öllocken sehen durch ihn hindurch. Kaum Gerede, viel Spannung. Motev wird bald Innensenator. Dann ist vielleicht Schluss mit dem Teestubenzauber. Motev mustert die manikürten Fingernägel. Das Treffen hier vor Zeugen ist ihm in diesem Augenblick bereits peinlich. Der Bruder des Dude sieht aus wie ein koksabhängiges Wrack, das mag er nicht. Die strähnigen Fetthaare, die weiße, verpickelte Haut, der kalte Schweiß überall, wie das riecht, schlimm. Aber das hier ist vielleicht eine schöne Chance. Bald schon Senator. Da ist ein bisschen Rückenwind gleich von Anfang an nicht schlecht. Ein Schlag gegen ein großes Drogennest gäbe gute Presse, würde den Markt bereinigen und von eigenen Geschäften ablenken. Dafür lohnt sich der Gang in die Teestube noch mal, danach nie wieder hier, hat er bereits alle wissen lassen. Bei seinem Abschiedsbesuch will er drei Fliegen mit einer Klappe schlagen: Konkurrenz aus dem Weg räumen, schon jetzt als zukünftiger Senator punkten, Expertise gewinnen. Obwohl er sich angesichts des Kranken an seinem Tisch nicht vorstellen kann, was für eine Expertise das sein könnte.

«Also, was hast du für mich», fragt Motev.

Michael schluckt einmal, kann nicht richtig denken, ganz schön dunkel manchmal, so ein Hirn, so leer, so allein. Er sucht einen Halt in den grauen Hallen seiner Verlorenheit, nichts da, er rattert los.

Es wurde eine große Meldung in den Lokalteilen. Supererfolg für den neuen Innensenator. Kaum im Amt, gleich eine der größten illegalen Cannabisplantagen des Nordens geschlossen. Täter und Helfer festgenommen, Drahtzieher: ein unbescholtener Familienvater. Hochmoderne Produktion, ökologisch reiner Stoff, riesige Mengen über großen Zeitraum, langjährige Haftstrafe erwartet. Michael las die Zeilen, er setzte sich und bestellte noch ein Bier, war ja erst das dritte, das konnte man machen, morgens um elf im Silbersack. Er las die Meldung wieder und wieder. Knast. Langjährige Haftstrafe. Der Kleine wird einfahren. Der Kellner sagte irgendwann: «Ey, ist das nicht dein Bruder mit diesem Hammerzeug?» – «Nein», sagte er, lief so schnell es ging zur Toilette und kotzte, bis nur noch Galle kam.

Der Leiter des Pflanzenschutzzentrums fuhr die Grenzen zu den Niederlanden und gleich darauf die gestrichelte Linie zur Tschechischen Republik ab. Der Wissenschaftler spulte Daten und Fakten mit größter Akribie herunter. Weil er weiter im Norden, in der Nähe Dänemarks, selbst mit seinen langen Armen nicht mehr die entscheidenden Punkte erreichte, griff er zum Laserpointer, mit dem er mühelos auch die entlegensten Ecken der Wand ansteuern konnte, auf die ein Beamer die Umrisse Deutschlands und der EU projizierte, einschließlich Russlands, zumindest bis kurz hinter Moskau.

Isabelle Frevert wollte den genauen Stand wissen, Böll war bestens präpariert. Die gelben Häuschen, die aussahen wie aus einem Monopoly-Spiel, kennzeichneten die legalen Plantagen in angrenzenden Ländern mit liberalerer Gesetzgebung, die sie unter Kontrolle hatten, entweder durch die üblichen Tarnfirmen (gelb mit grünem Punkt) oder aufgrund von «Überredungskunst» (gelb mit rotem Punkt) – Isabelle Frevert wusste nicht genau, wie sie es nennen sollte, deswegen hatten sie sich auf den Terminus geeinigt. Auf diese Überredungskunst verstanden sich bestimmte Mitarbeiter aus osteuropäischen Filialen besonders gut, da sie es liebten, wenn sie die eher archaischen Seiten ihres Mannseins einfach mal ungehemmt ausleben durften, was die Meduk-Chefin einerseits abstieß und mit Abscheu erfüllte, was sie aber andererseits, wenn sie ehrlich war, auch ein bisschen aufregend fand, wie ihr genau immer dann ein- und auffiel, wenn ihr Mann abends in einer anrührenden Geste mit umgebundener Schürze das Essen servierte, weil er «noch schnell etwas gekocht» hatte.

Gelbe Häuschen waren vor allem auf holländischer und tschechischer Seite eingezeichnet, wobei allen Beteiligten klar war, dass aus den roten Punkten in den gelben Umrissen bald schon grüne Punkte werden sollten. Sie wollte sich nicht auf die «Überredungskunst» verlassen, sie brauchte nicht nur faktische, sondern auch die rechtliche Kontrolle, die bei Operationen dieser Art das A und O war. Da dürfen wir uns keine Schwäche und Sentimentalitäten leisten, dachte die Vorstandsvorsitzende.

Einige andersfarbige Häuschen sah sie noch in Frankreich, Belgien, der Schweiz, Österreich, Polen (sehr viele!) und Dänemark, allesamt mit einem grauen Hanfblatt und einer Prozentzahl versehen, was bedeutete, dass dies illegale Anlagen waren, die getarnt wurden, aber bereits heimlich Gras produzierten; die Zahl signalisierte, inwieweit die maximalen Kapazitäten bereits erreicht wurden. Die Bandbreite reichte von dreißig bis achtzig Prozent. In allen Fällen, darauf legte die Meduk-Chefin großen Wert, wurde auf eine nicht nachvollziehbare Eigentümerstruktur geachtet, die den Konzern niemals in Verdacht bringen könnte, selbst bei intensivsten Nachforschungen. Diese Stätten waren ihre erste große Reserve, im Fall einer großflächigen Liberalisierung quer durch Europa.

Ein dichtes Netz verschiedenfarbiger Häuschen war innerhalb der deutschen Grenzen verteilt. Die wenigen ganz legalen Anlagen, kraft einer Sondergenehmigung der Cannabis-Agentur unter dem Siegel der absoluten Vertraulichkeit betrieben, waren weiß gekennzeichnet. Die Zahl der tatsächlich genehmigten Anlagen war doppelt so groß wie die offiziell kommunizierte. Die Regierung wollte es so. Hier folgte Meduk demselben Prinzip wie sonst auch. Tarnfirmen, Tarnnamen, strengste Sicherheitsvorkehrungen, absolut zuverlässiges Personal, von Hand ausgesucht. Die ersten offiziellen Stätten hatten schon nach kürzester Zeit nicht mehr ausgereicht, um den rasant steigenden Bedarf der Patienten zu befriedigen. Die aktuelle Praxis erforderte Mengen in viel erheblicherem Umfang aus den weiß-roten Häuschen, das waren jene, die sich um eine Medizinalhanf-Lizenz beworben hatten, aber bereits jetzt herstellten, was das Zeug hielt – teilweise mit Wissen der Cannabis-Agentur, teilweise auch ohne. Und dann gab es die großen schwarz-roten Häuschen, die selbst in ihrer miniaturhaften Plastikexistenz eher an Hallen erinnerten, das waren die Megaplantagen für den Tag X, wenn alle Dämme brechen würden, das waren die Zukunftsmotoren, die Marktkanonen, die Riesenanlagen, die nur ein Ziel hatten: Alle möglichen Konkurrenten mit einem aggressiven Preis- und Mengenkrieg innerhalb kürzester Zeit zu vernichten, um früh eine quasimonopolartige Stellung zu gewinnen. Denn aus ökonomischer Sicht galten bei Cannabis – im Gegensatz zu immer mehr Bereichen der digitalen Welt – noch die alten Gesetze der steigenden Skalenerträge. Die vorbereiteten Produktionsstätten würden durch ihre Massenproduktion Preise ermöglichen, denen kein Wettbewerber gewachsen ist. Und dann, so die Frevert'schen Überlegungen, hätte Meduk auch eine realistische Chance gegen den zu erwartenden Cannabis-Großangriff der US-amerikanischen Ex-Zigarettenindustrie. Den hat noch niemand auf dem Zettel, dachte sie, aber diese Schlacht ist unvermeidlich. Sie kannte diese Firmen, sie hatte ein paar Semester in Amerika studiert. Die würden sich nach einer kontinentübergreifenden Legalisierung auf Europa schmeißen wie einst im Juni 1944. Aber Meduk wäre gewappnet.

Isabelle Frevert folgte aufmerksam dem Leuchtpunkt des

hageren Böll, der sich heute eine ordentliche Portion Begeisterung erlaubte. Der Vortrag ihres besten Mannes versetzte auch sie in Hochstimmung. Sie liebte es, wenn die Berechnungen und Pläne aufgingen, wenn sie das Gefühl hatte, all die endlosen Sitzungen und Gespräche führten tatsächlich mal zu etwas mehr als nur zu einer Verlängerung ihrer Amtszeit. Wobei die selbstverständlich das oberste Ziel war, das war ja klar, zumindest allen, die echte Macht hatten und behalten wollten – und die wussten, dass es die anderen genauso sahen. Sie mochte diese Logik, die nur von naiven Geistern als «kalt» und «zynisch» beschrieben wurde, aber präzise den Kern dessen umriss, was das alles hier zusammenhielt. Deswegen kam sie ja auch so gut mit der Kanzlerin aus. Und neuerdings auch wieder mit ihrem alten Verehrer, dem Hunkel vom BDI. Nach gemeinsamen Jugendjahren hatten sie sich irgendwie aus den Augen verloren, aber umso schöner war es, wieder gemeinsam an einem Strang zu ziehen. Früher illegale Graffiti an Fabrikwänden, heute Aufbau des weltgrößten legalen Drogenkonzerns. Das passte schon.

Hunkel würde einen idealen, loyalen neuen Leiter für ihre neue HealthCare-Sparte abgeben. Sie hatte Hunkel den Posten für seine bislang wirklich sehr hilfreichen Dienste versprochen. Es war schon beachtlich, wie der es schaffte, nach außen hin als aggressiver Kämpfer für alle aufzutreten, dabei aber eigentlich nur die eigenen Interessen zu forcieren, in diesem Fall glücklicherweise *ihre* eigenen. Das machte Hunkel perfekt. Er konnte da auf eine paradoxe, perfide Weise seinen Ekel vor der Wirtschaftselite des Landes, der er angehörte, etwas ausleben. Hunkel ließ die anderen Unternehmer, auch die kleine Verschwörergruppe aus dem Adlon, in dem Glauben, er setze sich für ihre Anti-Cannabis-Interessen ein, während er nur versuchte, alle Initiativen und Ambitionen so gut es ging abzubremsen.

Jede Verzögerung war bares Geld wert. Je später die anderen aktiv würden, desto größer wäre der Vorsprung von Meduk. Der beliebte, nach außen joviale und treuherzig auftretende Hunkel war im Grunde ein richtig fieses, korruptes Schwein. Das imponierte Isabelle Frevert ein bisschen. Guter Mann. Sie musste bei dem Gedanken leise lachen. Männer waren einfach so unglaublich simpel gestrickt. Man durfte ihnen allerdings nie vertrauen.

«Sieht alles super aus, Böll, gute Arbeit.»

«Danke, Frau Frevert.»

Nachts kam der Hammermann und schlug Madame auf den Kopf. Danach fühlte sich ihr Schädel an wie die Hamburger Innenstadt nach dem Feuersturm im August 1943. Madame war praktisch tot, auch wenn sie noch atmete. Sie zog mit den Fingern an den Lidern, die ihr nicht mehr gehorchen wollten. Da war Licht, möglicherweise sogar die Sonne. Eine vertraute Umgebung. Offensichtlich ihr Schlafzimmer. Sie lag in ihrem eigenen Bett. Das war gut. Sehr gut sogar. Damit hatte sie nicht gerechnet. Sie ließ die Lider wieder zuklappen und versuchte, ruhig zu atmen. Der Puls peitschte immer noch sinnlos nach vorn, die Chemie, das brauchte seine Zeit. Ein seltsamer Pelz im Mund, auf der Stirn kalter Schweiß. Sie steckte einen Finger in ihren Slip und roch dran. Sie hatte nicht bloß geträumt. Madame seufzte. Halb blind tastete sie nach der Volvic-Flasche neben dem Bett und bemühte sich, möglichst viel Flüssigkeit zu schlucken. Zitternd stellte sie das Wasser zurück und griff nach dem Nasenspray, das sie stets neben der Nachttischlampe deponierte. Nach zwei kräftigen Stößen in jedes Loch drangen die ersten Moleküle durch. Ihre Schleimhäute waren trocken wie die Wüste Gobi, im Taschentuch klebten blutige Schorfteilchen.

Nach kurzer Zeit trieb sie das Volvic zur Toilette. Sie stand auf. An den Füßen sah sie ihre High Heels, das Kleid mit dem langen Schlitz trug sie auch noch. Beim Gehen fühlte sie ein eigenartiges Ziehen zwischen den Beinen, der Po schmerzte. Im Bad schaute sie sich ihren Hintern an. Die Haut schimmerte rotblaugrün. Sie meinte, einen großen Handabdruck erkennen zu können. Die Schamlippen waren gereizt. Madame schämte sich für eine Sekunde. Sie wäre gern so tot gewesen, wie sie sich fühlte. Erschöpft ließ sie sich wieder ins Bett fallen, leerte den Rest des Wassers und starrte an die Decke.

Sie dachte: O Gott.

Was für eine schlimme Nacht.

Was für eine geile Nacht.

Wann sehe ich Andy wieder?

▬

Die Kanzlerin ärgerte sich. Vor allem über sich selbst. Aber sooft sie sich selbst ermahnte und um mehr Zurückhaltung bemühte, so manisch surfte sie doch mittlerweile in ihren kostbaren freien Minuten durchs Netz und dort vor allem durch die Kommentarspalten auf den großen Nachrichtenseiten. Das war meist sehr unerquicklich und schlimm, trotzdem hatte sie seit Jahren, nicht erst seit der Flüchtlingskrise und dem Aufkommen dieser schlimmen rechten Partei, den Eindruck, sie könne diese Stimmung, die sich in den Untiefen des Internets bildete, nicht einfach ausblenden. Und doch war sie fast jedes Mal etwas angefasst und unangenehm berührt über das, was ihre Landsleute dort so völlig ungehemmt und hasserfüllt vom Stapel ließen. Dagegen kamen ihr Fraktionssitzungen mittlerweile wie Hochämter des Geists und der Debattenkultur vor, und das, obwohl sie doch nie eine zuließ. Die Kanzlerin lächelte kurz, ach, eigentlich machte ihr das Regieren auch nach all den Jahren einen Riesenspaß. Und wie sie die alle immer im Griff hatte, selbst wenn es mal eine Zeitlang schwierig aussah.

Sie konnte diesen Kindergarten im Kabinett und in der Fraktion manipulieren und lenken, doch umso unkontrollierter und entfesselter erschienen ihr mittlerweile die Meinungsäußerungen im Netz. Selbst Teile des schrumpfenden Bürgertums waren anscheinend davon erfasst. Manchmal wusste sie gar nicht mehr, was sie eigentlich noch machen sollte, damit da draußen mal Ruhe herrschte. Diese Aggressionen waren ihr fremd und nicht geheuer, diese Menschen schienen Argumenten nicht mehr zugänglich zu sein. Die Wirtschaft lief doch recht ordentlich, der Wohlstand bröckelte noch nicht so, dass es alle merkten, die seit Jahrzehnten absehbaren katastrophalen Folgen des Methusalem-Komplotts auf die Sozialversicherungssysteme sowie die noch dramatischeren Umwälzungen durch Niedrigzinsen, Digitalisierung, Bildungsnotstand und den relativen ökonomischen Bedeutungsverlust der bundesdeutschen Wirtschaft im globalen Wettbewerb ebenso wie die Konsequenzen aus der Integration riesiger Flüchtlingsströme würden in ihrer letzten Amtszeit zum Glück noch nicht in aller Dramatik offenbar werden. Eigentlich sollten ihre Mitbürger also alle relativ zufrieden sein, fand sie, gerade im Vergleich zum Rest der Welt. Katastrophen, Kriege, Engpässe, Gefahren überall. Die globale Lage war schwierig und unübersichtlich und erforderte strengste Konzentration und die Bündelung aller verfügbaren Kräfte – aber nein, ihr Volk musste sich ausgerechnet jetzt, in den entscheidenden Jahren eines Wandels, den niemand wahrhaben wollte, in einen wild gewordenen Stamm von Trollen verwandeln.

Auch wenn ihr das keiner glauben würde, das traf sie sehr. Als sie beim Abendbrot kurz darüber sprach, blickte ihr Mann von seiner aktuellen Arbeit über die Frage, ob Neutrinos ihre eigenen Antiteilchen sind, auf und sagte mit diesem seltsamen Unterton, der sich in der unscharfen Zone zwischen zarter Ironie und sehr ernst gemeinter Wahrheit bewegte: «Dann hör doch einfach mal auf mit dieser Flickenteppichschusterei und legalisiere dieses Cannabis einfach komplett. Wenn erst einmal alle damit sediert sind, ändert sich auch die Stimmung. Mir scheint, das hat durchaus auch eine historische Dimension, denn mit kiffenden Deutschen hätte es den Zweiten Weltkrieg wohl eher nicht gegeben. Der aggressive Germane wäre fortan Geschichte. Oder?»

Die Kanzlerin starrte ihren Mann an. Scherzte der? Er aber war bereits in die aktuellste Studie über Neutrino-Oszillationen und die dabei bisher erkannten drei «Geschmacksrichtungen» vertieft und brummte ihr nur ein abschließendes «Mach es in Gottes Namen einfach!» zu.

Schon wieder dieses Cannabis-Thema. All diese Petitionen, Talkshows, Interviews mit Befürwortern, die Bild-Zeitung mittlerweile an der Spitze der Hanffreunde, es hörte einfach nicht auf – und dabei hatte sie doch schon so reagiert, wie sie das in solchen Fällen immer tat: Sie surfte auf der Welle. Elegant, raffiniert, unauffällig. Hier eine Novelle, da ein paar dezente Hinweise an dieses neue Amt, Gespräche über Gespräche mit allen Interessenvertretern: Bauernverband, Arbeitgeber, Industrieorganisationen, Betriebsräte und Gewerkschaften, von den Schlaumeiern der Ärzte und Apotheker gar nicht zu reden. Oje, die ganze Medikamentendiskussion, wenn sie nur daran dachte, wollte sie sich sofort schlafen legen – und nicht zu vergessen ihre vielleicht doch etwas zu weichen Momente mit Isabelle, ihrer alten Studienkollegin. Das war objektiv betrachtet schon eher grenzwertig, wie sie einräumte, auf jeden Fall für ihre Verhältnisse. Schröder und Kohl hätten darüber keine Sekunde nachgedacht, das sagten ja alle. Aber sie? Na ja, hatte sie sich eben bei der plötzlich wieder regelmäßiger auftauchenden Isabelle Frevert, mit der sie einst so viele schöne Stunden an der Uni erlebt hatte, die eine oder andere kleine Schwäche und Zusage erlaubt, die ihr früher nie in den Sinn gekommen wäre. Ach, die Frevert. Die war an der Akademie schon eine besondere Frau gewesen. Als einziger Wessi hatte die damals freiwillig für ein Semester im Osten studiert, ausgerechnet an ihrer Fakultät. Und jetzt Vorstandsvorsitzende von Meduk, das hätte sie damals nie für möglich gehalten. Das ging Isabelle andersherum bestimmt nicht anders. Die Frevert war fast so intelligent wie ihr Gatte und seltsamerweise auch ganz schön von dieser Cannabis-Sache vereinnahmt. Wie jetzt anscheinend sogar ihr Mann. Sie dachte an seine Worte, sie dachte an die Republik der Trolle. Na gut, vielleicht wollte Deutschland es ja wirklich nicht anders.

TEIL IV
ESKALATION

«Ist das wirklich unsere einzige Chance?»

«Das haben wir schon einhundertmal diskutiert.»

«Aber Dude, das ist schon hart, wenn ...»

«Und der Knast war nicht hart, oder was?»

«Ich wollte nur ...»

«Was wolltest du nur sagen? Ach komm, Schwamm drüber, hat er uns eben verpfiffen, was soll's, kann ja mal vorkommen?»

«Dude, reg dich ab, das hat No Brain doch gar nicht so gemeint.»

«Genau, Mann.»

«Papperlapapp. Der hat uns ans Messer geliefert, gnadenlos, deswegen ist die Anlage futsch, deswegen sind wir weg vom Markt, deswegen bin ich im verfickten Knast gelandet. Was gibt es da zu beschwichtigen?»

Eight Fingers, No Brain und der Dude starrten einander an.

Der Tisch vor ihnen war voller Einmachgläser, abgefüllt

mit saftig grünen Blättern. Bei genauerer Betrachtung war eine Musterung erkennbar, eine helle, nahezu weiße Pigmentierung an vielen Stellen.

No Brain griff sich ein Glas.

«Digga, das ist ja das Grauen.»

Eight Fingers lachte.

«Die Feinde deiner Feinde sind deine Verbündeten.»

«Das ist biologische Kriegsführung at its best.»

Der Dude nahm sich eines der Gefäße und fixierte die kleinen weißen Punkte, gegen die er seit Jahrzehnten Krieg führte: Die fiese Spinnmilbe war einer der unerbittlichsten und grausamsten Schmarotzer, die eine Hanfplantage heimsuchen konnten. Sie versteckte sich auf der Unterseite der Blätter, punktierte sie und saugte sie praktisch leer. Ein hartnäckiger, gieriger Feind, der niemals aufgab und den man um jeden Preis loswerden musste, weil er ganze Ernten und Anlagen zerstören konnte. Obwohl der Dude zeitlebens auf der besonderen Reinheit seines Stoffs bestand, hatte er früher bei der Spinnmilbe ab und zu eine Ausnahme gemacht und sie mit allen chemischen Mitteln bekämpft, die Meduk und Konsorten hergaben.

«Gute Arbeit, No Brain.»

Der Dude wollte die Stimmung durch ein Lob in die richtige Richtung drücken, schließlich war es allein No Brain zu verdanken, dass sie jetzt über dieses Arsenal verfügten. Der Dude räusperte sich.

«Wer macht's?»

Stille. Bisschen peinlich.

«Wir!»

No Brain und Eight Fingers antworteten gleichzeitig. Alle drei lachten und klatschten sich über den Tisch hinweg ab. Alles wieder gut. Der Dude holte eine Flasche Carlos I. Prost.

Auf die Spinnmilben.

Auf uns.

Fuck 'em all.

Den Bruder zuerst.

Dann die ignoranten Bullen. Die Superanlage war jetzt schon Geschichte.

▬

Madame rief an. Ein grobschlächtiger Typ in einem dunklen, speckigen Anzug habe sie vor der Haustür mit den Kindern angesprochen, er sei ein Freund ihres Mannes, ob sie dem schöne Grüße ausrichten könne, der wisse dann schon Bescheid. Ob sie nicht mal ein gutes Wort für ihn, den Typen, einlegen könne. Er sei sehr besorgt und wisse nicht, ob der Dude mit seiner respektlosen Haltung gegenüber doch sehr guten Freunden wirklich optimal beraten sei. Es wäre für alle das Beste, wenn sie sich einschalten könnte.

«Dude, wer war das?» Madame war außer sich. «Was ist das für ein Verbrecher? Was will der von mir und meinen Kindern? Bist du in Gefahr? Dude, ich will mit diesen Leuten nichts zu tun haben, hast du mich verstanden?»

Die letzten Worte kamen so schrill und metallen durch das Handy, das der Dude es kurz vom Ohr weghielt. Als er antworten wollte, war die Leitung bereits gekappt.

▬

Hunkel lehnte am Tresen im Borchardt und trank einen starken Gin Tonic. Zwar hieß es immer, Wodka sei für die Wirkungstrinker, Gin für die Genießer, aber das hielt er für eine alberne Berlin-Mitte-Idiotie von bärtigen Leichtgewichten, die schon nach zwei Bier rote Ohren bekamen. Morgen hatte er mit Katz einen Termin bei dem Kanzleramtschef, es ging um die nächsten Schritte. Er wollte nur kurz entspannen und gleich zurück ins Hotel de Rome.

Als er den Blick durch den Raum schweifen ließ, erkannte er in einer Ecke drei vertraute Gesichter. Die Drogenbeauftragte der Bundesregierung mit irgend so einem Ober-Brauer und Stefan Müller, einem früheren Wirtschaftsjournalisten, der heute als Sprecher der pharmazeutischen Industrie arbeitete. Das Trio war tief in ein Gespräch versunken, und nicht nur darin, wenn er das Gläserensemble auf dem Tisch richtig beurteilte. Er bestellte einen doppelten Espresso, vielleicht würde er doch wacher bleiben müssen.

Nach fünf Minuten sah Hunkel, wie sich Müller schwerfällig erhob und Richtung Toilettentreppe bewegte. Er sprach den Vorbeieilenden an.

«Hey, Müller, so ein Zufall, was machst du denn hier?»

Der drehte sich um und schaute ihn mit glasigen Augen an.

«Hunkel, gibt es ja nicht.»

Sie fielen sich in die Arme, was Hunkel überrascht und nur leicht angewidert über sich ergehen ließ, da er selbst als Student einem wie Müller solcherlei Intimitäten nie erlaubt hätte.

«Geht es dir gut, Müller? Siehst Bombe aus!»

Der Gelobte genoss die Lüge und lächelte geschmeichelt.

«Alles scheiße, kriegst du doch auch mit, oder?»

Hunkel hob verständnisvoll die Augenbrauen und nickte langsam, maximales Mitgefühl signalisierend.

«Dieses Cannabis macht mich echt fertig.» Müller starrte leer in den Raum. Plötzlich erinnerte er sich daran, warum er hier überhaupt stand und wohin er eigentlich wollte. Gegen den Widerstand aller Zungen, die sich in seinem Mund gerade zu bekämpfen schienen, sagte er: «Ich bin noch im Gespräch, aber gleich fertig, hast du danach Zeit für einen Drink?»

Wenig später schoben sich die Drogenbeauftragte und der andere Mann kichernd gen Tür, von wo sie Müller übertrieben albern winkten, der jetzt seine Krawatte ablegte und Hunkel andeutete, zum «Kanzlertisch» zu kommen, direkt an der Wand gegenüber der Barstatue, einst der Lieblingsplatz von Gerhard Schröder.

Hunkel wusste um Müllers schweren Stand. Die pharmazeutische Industrie taumelte orientierungslos durch die Legalisierungsdiskussion, es gab keine richtige gemeinsame Strategie, keine Visionen, nichts. Nur Ärger. Das sah man Müller an. Seine Haut ließ eine Mischung aus beständigem Alkoholmissbrauch und permanenter Angst vermuten, die Hunkel förmlich riechen konnte. Das war ja die dritte wichtige Säule, auf der die deutsche Wirtschaft neben Neid und Gier aufbaute, wie Hunkel dachte: Angst. Vielleicht war sie sogar der wichtigste Treibstoff, zumindest was den Zusammenhalt und die innere Ordnung der Unternehmen und Organisationen, ja, der ganzen Gesellschaft anging. Hunkel hatte dafür eine besonders feine Nase.

Egal, wie selbstbewusst jemand auftrat, wie respektheischend und imposant, egal, wie sehr er sich im eigenen Glanz sonnte, Hunkel spürte hinter jedem noch so dicken und glänzenden Panzer die fiese kleine Angstquelle auf, wenn es eine gab. Und es gab fast immer eine, mit der gerade das unter den gebildeten Ständen weit verbreitete und hochgradig alberne Imponiergehabe erklärt und auf das normale menschliche Elend heruntergebrochen werden konnte. Da war Hunkel wie ein Hai, der unter Wasser noch über Kilometer feinste Blutspuren witterte.

Er roch die Angst in Vorständen, sie zog ihm bei Verbandstreffen in die Nase, er registrierte sie bei Terminen mit Regierungsvertretern, und er musste vor ihr fliehen, sobald er auch nur in die Nähe von Journalisten kam. Müller hatte schon lange die Katzbuckelei in einer Redaktion für relativ wenig Geld gegen die Katzbuckelei in Verbänden für relativ viel Geld eingetauscht. Die Angst blieb, sie wurde bloß besser bezahlt.

Die einzige Person, bei der Hunkel nichts witterte, war die Kanzlerin, die hier im Borchardt manchmal mit ihrem Mann aß. Das fand er irgendwie auch beunruhigend.

«Wie geht es dir, Müller, was ist los, das ist doch hier keine Beerdigung, Mann.»

«Ach, Hunkel, Deutschland, Deutschland, alles ist vorbei.»

Das klang nicht wie ein Witz. Langsam fuhr der Müller'sche Zeigefinger eine Falte im Tischtuch nach, um dann mit einer blitzschnellen Bewegung eines der Grappa-Gläser zu leeren. Er winkte dem Kellner und bestellte noch eine Flasche Rotwein und ein Glas für Hunkel.

«Na ja, come on, so weit sind wir doch noch lange nicht.»

Müller fixierte irgendeinen Punkt hinter Hunkels Haaransatz. Das sieht nicht richtig gut aus, dachte der erschrocken, mit den vielen zerplatzten Äderchen im Weiß des Auges und der seltsam rosastichigen Müller'schen Haut.

«Hunkel, hinter welchem Mond lebst du denn? Du weißt doch genau, was läuft, wobei ich mir manchmal denke, dass du es sogar noch besser weißt als alle anderen. Darin warst du doch immer schon ein großer Meister, oder?»

Hunkels Mund verzog sich zu einem unbeholfenen Grinsen.

«Doch, doch, alle in Sicherheit wiegen – und am Ende als strahlender Sieger sauber das Schlachtfeld verlassen, das ist immer deine Spezialität gewesen.»

«Sag mal, ich weiß wirklich nicht, was du ...»

«Ich werde schon noch rausfinden, was da mit der Frevert läuft, während du den Robin Hood der Branche gibst, Hunkel, ich kriege das raus ...!»

Müller knuffte Hunkel hart gegen die Schulter, und zwar mit einer solchen Wucht, dass nicht genau klar war, ob es ein durch Trunkenheit entglittener freundschaftlicher Klaps hatte werden sollen oder schon als ernster Angriff gedacht war. Müllers Gesicht, jetzt mit gänzlich geschlossenen Augen, gab dazu leider keine weiteren Hinweise. Zum Glück kam in dem Moment der Kellner und öffnete die Weinflasche. Hunkel rieb sich über die Schulter. Er spürte ein archaisches Verlangen, Müllers Kopf mit maximaler Kraft auf das Tischtuch zu hämmern. Knirschende Knochen, überall Blut – und endlich Ruhe. Warum traut man sich das nie in echt, überlegte Hunkel, alles könnte so einfach sein.

Der Kellner schenkte ein. Sanft stieß Hunkel sein Glas gegen Müllers, Versöhnungsangebot. Deeskalation. Jeder Mensch kann einem anderen einen handfesten Vorteil bringen, das war Hunkels Devise, lass nicht locker, bis du herausgefunden hast, welchen.

«Jetzt mal Scherz beiseite, Müller, euch wird doch nicht die Drogenbeauftragte von der Stange gehen, oder?»

Eigentlich war das keine erlaubte Frage. Dafür kannten sie sich nicht gut genug. Inhalt und Stil waren übergriffig. Aber es war nach dreiundzwanzig Uhr, und Hunkel hatte keine Zeit zu verlieren. Er ging jetzt aufs Ganze. Er musste Müller ablenken, weil dessen Bemerkung eben beunruhigend klang und seine Mission in Schwierigkeiten bringen konnte. Müller war plötzlich ein Gefahrenherd. Zumindest für ihn, Hunkel.

«Nein, nein, natürlich nicht, aber ...»

«Aber was ...?»

«Es hört ihr niemand mehr zu, sie wirkt immer mehr wie ein Gespenst von gestern, unmodern, altbacken, verbohrt, die Argumente verpuffen, wobei, tja, ach ...»

«Was, Müller, was ist denn?»

«Hunkel, was haben wir jahrelang für eine Arbeit da reingesteckt, die ganzen Zuwendungen in alle Richtungen, nicht nur das Bargeld und die Incentive- und Schulungsreisen für alle Ebenen des Apparats, nein, hier mal Aufklärungsbroschüren umsonst für staatliche Stellen gedruckt, da mal aufwendigste Studien, die wir angeblich ohnehin in der Schublade hatten, freiwillig zur Verfügung gestellt, Hunkel, du weißt doch selbst, wie viele Stäbe nur dafür Tag und Nacht geforscht, gelogen und getrickst haben, damit der Drogenbeauftragten und ihren Vorgängern und Vorgängerinnen und all den anderen bloß nicht die Argumente ausgehen ...»

Müller nahm seinen Rotweinkelch in die Hand, blickte tief ins Glas, als ob er dort eine bessere Zukunft erkennen könnte, dann stürzte er den superben Inhalt in einem Ruck hinunter. Solange Dreihundertfünfzig-Euro-Flaschen noch auf Spesen drin sind, kann es Müller nicht so schlechtgehen, dachte Hunkel. Er nickte dem Alkoholisierten aufmunternd zu, der kaum noch zu verstehen war und immer tiefer in seinem Halsansatz versank. Müller wollte beichten, Müller sollte beichten, Hunkel würde sich opfern und zuhören.

Der Vorteil, Junge, ich warte noch auf meinen Vorteil.

«Es waren ja nicht nur wir, auch die Kollegen vom Brauerei-Dingsbums, diese Hopfen-und-Malz-Gott-erhalt's-Dickschädel, diese Berufssäufer, denn was anderes sind die doch nicht, Hunkel, oder?»

Hunkel schüttelte vorschriftsgemäß den Kopf. Eiserne Regel bei Betrunkenen: keine Widerworte. Immer bestätigen. Nicken. Ermuntern. Weitermachen.

«All die Studien, die wir zusammen manipuliert oder gefälscht haben, all die Umfragen, die wir durch Tarnfirmen anfertigen und den Medien zukommen ließen, all die ewig gleichen Argumente, die wir erfunden haben und die uns geglaubt wurden – plötzlich will davon keiner mehr etwas hören.»

«Das kann doch nicht sein, Müller.»

«Doch. Jahrelang konnten wir etwa behaupten, Hasch sei heute generell viel stärker als früher. Haben alle immer gierig aufgeschnappt. Wollte niemand je überprüfen. Jetzt schauen auf einmal alle in den Report der Deutschen Beobachtungsstelle für Drogen und Drogensucht und merken, das ist ja zum Großteil Blödsinn. Zack, Argument weg.»

Müller schenkte sich nach, ein halbes Glas des teuren Weins ergoss sich über die Decke.

«Oder nimm das Einstiegsdrogen-Ding, klang immer super, Hammerschock für alle Eltern, konnte man früher jede Diskussion mit stoppen. Zieht nicht mehr, plötzlich kennen alle die wahren Zahlen und fragen nach Belegen. Hunkel, Belege? Verstehst du? Was ist da los? Seit wann müssen wir unsere Behauptungen belegen? Das gab es doch noch nie!»

Müller riss mit Schwung seine schweren Liddeckel nach oben, wo sie für ein paar Schrecksekunden verweilten, um dann erschöpft wieder nach unten zu fallen.

«All diese Studien, die zeigen sollten, dass Gras nicht gegen die Krankheiten wirkt, gegen die es natürlich hervorragend wirkt, plötzlich anscheinend uninteressant. Die hohen fingierten Zahlen von wegen drastischer Abhängigkeiten, schwerer Psychosen, Neurosen etc., auf einmal nicht mehr gefragt.»

«Das ist bitter», sagte Hunkel und musste fast lachen über die echte Verzweiflung, die Müller ausstrahlte.

«Hunkel, wir sind es nicht gewohnt zu verlieren. Du weißt so gut wie ich, dass es um Milliarden geht, um Billionen, was weiß ich. Hunkel, und um meinen Kopf, wenn alles den Bach runtergeht.»

Müller wirkte jetzt klein, sehr klein. Man könnte ihn bequem in eine dieser Weinflaschen stecken und darin ertrinken lassen, dachte Hunkel.

«Tja. Nicht schön.»

«Nicht schön? Das ist alles, was dir dazu einfällt? Wir betrügen und bescheißen seit Jahren die Öffentlichkeit und die Politik, und in dem Moment, in dem unsere Schmiergelder und gefälschten Studien nicht mehr ziehen, sagst du lediglich, das sei nicht schön?»

Hilflos zuckte Hunkel mit den Schultern.

Müller wirkte mit einem Schlag sehr nüchtern.

«Hunkel, wir werden noch einen letzten Großangriff starten, wenn der nicht fruchtet, müssen wir wenigstens sehen, dass sich niemand vordrängelt ...»

Er funkelte Hunkel an.

«Wenn da was mit der Frevert ist, dann ...»

Hunkel umarmte den Aufgebrachten mit einer schnellen Bewegung und zwang ihm ein «Prost» auf. Er hatte genug gehört. Während Müller das nächste Glas leerte, spähte Hunkel mit einem unauffälligen Blinzeln in seine Innentasche, wo das grüne Lämpchen des kleinen Aufnahmegeräts leuchtete. Müllers Ausführungen waren im Kasten. Der ehrenvolle und listenreiche Kampf des Sprechers des Bundesverbands der Pharmazeutischen Industrie um das Wohlergehen der Branche in Zusammenarbeit mit der staatlich bestellten Drogenbeauftragten war damit bestens dokumentiert.

BERLIN. Der Sprecher des Bundesverbands der Pharmazeutischen Industrie, Stefan Müller, ist mit sofortiger Wirkung zurückgetreten. Er übernahm «die volle Verantwortung» für die «inakzeptablen Unregelmäßigkeiten und verwerflichen Praktiken», mit denen die Mitgliedsunternehmen «absolut nichts zu tun» hätten. Die Staatsanwaltschaft Frankfurt ermittelt gegen Müller und andere wegen des Anfangsverdachts diverser betrügerischer Handlungen und mutmaßlicher Vorteilsgewährung bzw. Bestechung. Die Bild-Zeitung hatte Hinweise auf Manipulationsversuche und langjährige Desinformationskampagnen im Zusammenhang mit der Cannabis-Debatte erhalten, die Müller selbst eingeräumt habe. Dem Boulevardblatt lag nach eigenen Angaben die Abschrift eines vertraulichen Gesprächs vor. Schon länger war gemutmaßt worden, dass die chemische und pharmazeutische Industrie ein starkes Interesse an der Beibehaltung der alten gesetzlichen Regeln habe, weil sie Umsatzeinbußen für ihre Produkte in Milliardenhöhe fürchte. Die Bild-Zeitung kündigte weitere Enthüllungen an.

Der Dude schlenderte Richtung Rote Flora, es war ein lauer Sommerabend, das Viertel war voll, laut und bunt, vielleicht sogar ein bisschen zu voll, zu laut und zu bunt. Er sah leuchtende Gesichter, er hörte das Lachen aus vielen Kehlen, die Laute vermischten sich zu einer Art Schanzenviertel-Esperanto, einer modernen Welthilfssprache, die jeder versteht, ohne sie wirklich zu beherrschen. Er erkannte kaum jemanden vor den Restaurants und auf dem Gehweg, das wäre ihm früher nicht passiert, er wurde leicht sentimental. Das lag am Alter, das lag an den vielen Touristen, das lag am Lauf der Dinge, so musste man das wohl sehen. Aus der einstigen Trutzburg und

Schutzzone war eine Partymeile geworden, auf der Tausende Spaß suchten, keine anderen Inhalte, keine neuen Visionen oder Anregungen, bloß den sogenannten Fun, und den bitte rund um die Uhr in riesengroßen Portionen und möglichst ohne eigene Anstrengung. Das neue, liebe Biedermeier hatte die Herrschaft übernommen. Kein Wunder, dass viele von den früheren alten Kämpen der Roten Flora oder der Freunde aus seiner alten Streetfighter-WG in der Susannenstraße mittlerweile echte Konservative geworden waren, fiel dem Dude beim Anblick der fröhlichen Massen wieder mal auf. «Ihr seid nichts als linke Spießer, eigentlich wart ihr es schon immer» – die alte Punk-Parole kam ihm in den Sinn, und er musste grinsen. Sein Bruder war ein großer Fan von Slime gewesen und hatte jahrelang überhaupt nichts anderes hören wollen, immer dieselbe olle Revolutionsleier. Von wegen «Ab jetzt gewinnen immer wir». Der Dude musste sich nur die erlebnishungrigen jungen Massen hier anschauen, um zu wissen, dass die anderen gewonnen hatten. Obwohl ...

Wohin er blickte, sah er kleine oder große Joints glimmen, Tüten jeder Bauart brannten in den Fingern der Jugend der Welt, die sich in der Schanzenstraße versammelte – und niemand störte sich daran. In den Schaufenstern der Apotheken war fast die gesamte Fläche mit Cannabiswerbung oder Cannabisprodukten ausgelegt, selbst die früher in einfachem Weiß gehaltenen Hinweisschilder für niedergelassene Ärzte an Eingängen oder Hauswänden hatten teilweise Zusatzplaketten in Hanfblattform oder waren gleich zu einem riesigen, überlebensgroßen Joint aus Metall geformt, auf dem die eine zentrale Botschaft in vielen Abwandlungen zu finden war: «Cannabis-Rezepte aller Art». Ältere Internisten, Hals-Nasen-Ohren-Ärzte oder Urologen und Gynäkologen beließen es meist bei Ergänzungen, jüngere Kollegen setzten eher auf die Überzeugungskraft durch Größe und Identifizierung: Überall sah der Dude Fotos von Männern und Frauen in weißen Kitteln, die eine Tüte im Mund hatten oder lachend an einem Bong sogen. Erst jetzt fielen ihm auch die Plakate auf den Litfaßsäulen und an den Bushaltestellen auf. Gut gekleidete Manager saßen dort im Kreis um Vaporizer herum, die Augen geschlossen, den Dampf tief inhalierend: «Wenn Ihr Geschäft Ideen braucht – die neuen Power-Vaporizer». Von einer anderen Hauswand lächelten mehrere nackte, sehr gut gebaute Senioren, die in eine große Kekstüte griffen: «Partnertausch statt Kaffeekränzchen – Haschkekse von Bioland machen aus frohen Runden heiße Nachmittage.» Der Dude rannte weiter Richtung Reeperbahn, es wurde immer schlimmer, aus jedem Schaufenster dröhnte ihm eine neue Botschaft entgegen.

«Cannabis-Management-Seminare: Wie Sie mit Weed das Beste aus Ihrer Belegschaft herausholen!»

Er hielt es kaum aus. Seine Schritte wurden länger und schneller, aber er entkam den Botschaften nicht.

«Konsumieren in der Gruppe – Anfänger- und Fortgeschrittenenkurse jederzeit buchbar.»

«Vegan kochen und leben mit Hanf: Der Einstieg.»

«Uni-Special: Besser lernen mit Cannabis. So geht's.»

Der Dude rannte jetzt. Der Asphalt war weich und klebrig, seine Füße bekam er kaum hoch, endlos dauerte der Weg Richtung Hamburger Berg in die nächstbeste Kneipe dort.

Er bestellte, ohne aufzusehen, einen Brandy. Als er hochblickte, dampfte ein Tee vor ihm. Er fragte die Kellnerin: «Was soll das, was ist das?»

«Ein Strongdove-Tee, wie du bestellt hast.»

«Habe ich nicht bestellt, was soll der Scheiß?»

«Doch, hast du», antwortete die gesichtstätowierte Frau. «Oder doch lieber ein Cannabis-Bier?»

Der Dude schrie: «Ich will kein Scheiß-Cannabis-Bier oder Cannabis-Tee, ich will einen verdammten Brandy!»

«Einen Cannabis-Brandy, kein Problem, kommt sofort.»

Der Dude hielt sich am Holztresen fest, alles drehte sich, jetzt erst vernahm er das Lachen und Gegluckse der Umstehenden. Er sah sich um. Wladimir prostete ihm mit einem Tee zu, Motev stand am Rand und grinste, Madame winkte vom anderen Ende, wo sie mit einem seltsamen Typen stand, viel zu gebräunt das Gesicht, die Haare zu schwarz, zu gesund der ganze Eindruck, Eight Fingers und No Brain kicherten. Der Dude setzte sich auf seinen Schemel. Das Bild um ihn herum blieb seltsam unscharf, das Gefühl war dafür umso ätzender. Langsam wurde ihm klar, wo er angekommen war – in der Hölle.

Dann wachte er endlich auf.

BERLIN. Haben sich die Drogenbeauftragten der Bundesregierung jahrelang bestechen oder fahrlässig hinters Licht führen lassen? Diese Schlagzeile in Deutschlands führender Boulevardzeitung hat heute das politische Berlin aufgeschreckt. Nach dem Rücktritt des Sprechers des Bundesverbands der Pharmazeutischen Industrie folgen jetzt weitere Enthüllungen: Demnach haben sich diverse Amtsinhaber über Jahre bewusst aus manipulierten Studien bedient und sich finanziell unter die Arme greifen lassen, etwa durch Druckkosten- oder Reisekostenzuschüsse. In einer ersten Stellungnahme verwehrte sich die amtierende Drogenbeauftragte gegen die «infamen Unterstellungen» und gab bekannt, ihr Amt «bis zur vollständigen Klärung des Sachverhalts» ruhenzulassen. Die Bild-Zeitung berief sich auf eine anonyme Quelle und Gesprächsprotokolle.

Zusätzlich veröffentlichte das Blatt einen privaten Depotauszug der Angegriffenen, in dem, so hieß es, «besonders die großen Posten an Brauereibeteiligungen auffallen». Das Kanzleramt war nicht zu einer Stellungnahme bereit.

Isabelle Frevert legte die Süddeutsche auf ihren Schreibtisch und sah versonnen nach draußen. Das lief ja alles wie am Schnürchen. Sie mochte das Gefühl, wenn jedes Rädchen einer großen Maschine präzise und zuverlässig in das nächste griff und sich aus den vielen winzigen Abstimmungen heraus mit einem Mal die großen Dinge bewegten. Die Vorstandsvorsitzende hielt das für eine echte Kunst, für große Kunst, für ihre Kunst. Nur wenige verstanden das wirklich, ihre alte Freundin in Berlin vielleicht noch, darunter wurde die Luft schon dünn.

Sie müsste dringend mal wieder ein Treffen mit dem Inner Circle anberaumen, fiel ihr dabei ein, zu viel Zeit war seit der letzten Begegnung bereits verstrichen. Die meisten ihrer männlichen Kollegen waren ja, charmant ausgedrückt, doch etwas unterkomplex, was vielleicht auch an den besonderen Bedingungen und Strukturen der Wirtschaft lag, denn in anderen Bereichen traf man ja durchaus auf schlauere und inspirierendere Exemplare, wie ihr eigener Mann bewies. Traditionelle Unternehmen schienen dagegen eine einfältigere Klientel anzuziehen, was sie bedauerte. Es war ihr schon während des Studiums aufgefallen. Wie sich gerade in der Betriebswirtschaftslehre, ihr Zweitstudium neben Chemie, auffällig viele einfachere Geister sammelten, denen das stumpfe Auswendiglernen bereits höchste intellektuelle Leistung abforderte. Kein eigener Gedanke erhellte die dunklen Hirntäler der Ahnungslosen, allein in den Fachbereichen Einfältigkeit und Eitelkeit trumpften sie auf. Sie waren simpel gestrickt und so leicht durchschaubar, dass Isabelle Frevert nur mit Mühe ihren Ekel über all die Jahre zurückhalten konnte. Schon damals hatte sie gedacht: Wenn das Deutschlands angehende Managerelite sein soll, werde ich mindestens Vorstandsvorsitzende eines DAX-Unternehmens. Alles andere wäre grotesk. Ihre Freundinnen hatten ihr recht gegeben, aber zugleich darüber gelacht, zu abwegig wirkte so ein Gedanke Ende der achtziger Jahre noch. Kein Wunder, dass viele – aus Isabelles Sicht: zu viele – Kommilitoninnen ihres Jahrgangs mehr Energie in die Suche nach hoffnungsvollen Jura- oder BWL-Absolventen steckten, die ihnen die Zukunft sichern sollten, als in die eigene Karriereplanung. Vielleicht war das auch nur ein spezielles Problem an der Bonner Uni und dort am sogenannten Juridicum gewesen, wo sich besonders biedere Perlenkettenmädchen und ihre männlichen Pendants versammelt hatten.

Aus ihrem Vorurteil wurde im Laufe der Jahre ein gut fundiertes Urteil. Gier und Eitelkeit, mehr bewegte die meisten Männer, denen allzu schnell das Prädikat «Topmanager» anhing, nach ihren Beobachtungen nicht. Und deswegen hatte sie keinerlei schlechtes Gewissen, dass sie das Spiel jetzt ein bisschen durchdachter und konsequenter vorantrieb als die einstigen Besserwisser.

Der Blick der Meduk-Chefin fiel noch einmal auf die Zeitung vor ihr auf dem Schreibtisch. Die Sache mit dem gefälschten Depotauszug fand sie übertrieben und unnötig waghalsig. Das hatte der eifrige Hunkel allein auf den Weg gebracht, wahrscheinlich in enger Absprache mit ihrem eigenen Sicherheitsdienst, der solche Aufgaben sehr diskret bewältigte. Sie würde trotzdem mit ihrem Sicherheitschef reden müssen, die Aktion war nicht mit ihr abgestimmt gewesen. Zuerst einmal musste sie aber unbedingt mit Berlin sprechen. Sie bat ihre Büroleiterin, gleich einen Termin auszumachen. «Sagen Sie ihr, es sei dringend!»

▬

Eight Fingers und No Brain stellten den Kombi auf dem kleinen Parkplatz in dem Wäldchen ab und warteten auf die Dunkelheit. Nach ihren Berechnungen sollte heute nur eine Person für alle Hallen da sein. Im Laufe der Observation war das System klargeworden: Montags, mittwochs und freitags brachte mittags und am frühen Abend der Transporter Gärtnerbedarf und Proviant an den Deich; im Gegenzug wurden Teile der Ernte verladen. In Ausnahmefällen kam es zu drei Kontakten am Tag, manchmal zusätzlich auch dienstags und donnerstags, wenn es sich um besonders große Erntefuhren handelte. Besuche am Sonntag konnten sie nicht feststellen, samstags lediglich, wenn der Transporter am Freitag einmal ausfiel. Heute war Samstag, gestern waren alle Fahrzeuge eingetroffen, nach allen Maßgaben der Wahrscheinlichkeitsrechnung war in den nächsten Stunden nicht mit weiteren Ankömmlingen zu rechnen.

Eight Fingers und No Brain hatten die Einmachgläser mit dünnen Tüchern umwickelt, das verhinderte Klappergeräusche in den Rucksäcken. Als es dämmerte, zogen sie sich ihre Tarnfleckenoveralls über und rieben sich die Gesichter mit Matsche ein. Eight Fingers summte vor sich hin. Er kam sich vor wie das Mitglied eines KSK-Stoßtrupps. No Brain grinste, vielleicht lag es an den zwei, drei Tüten, die sie sich auf der Autobahn und im Wald gegönnt hatten. Allein der Anblick von Eight Fingers in den viel zu schlabbrigen Bundeswehrsachen war zum Schreien.

«Du siehst aus wie ein Hobbit.»

«Sehr lustig. Schon mal selbst in den Spiegel geschaut, du Mini-Rambo?»

Nachdem er den Bolzenschneider und das Brecheisen aus dem Wagen geholt hatte, überprüfte No Brain ein letztes Mal den Dietrich. Kein Schloss würde sie heute Abend aufhalten. Lautlos hinradeln, kleine Tür aufknacken, Spinnmilben verteilen, raus, nächste Halle. Ganz easy. Nach zwanzig Minuten würden sie wieder im Wagen nach Hamburg sitzen.

No Brain fühlte sich gut heute, viel wagemutiger, als er eigentlich war – aber das war vielleicht sein Lebensthema. Alle hielten ihn für einen harten Jungen. Die Narbe. Die Legende, die zum Spitznamen führte. Er mit den Haschschmugglern in Mexiko, der große Showdown, Kugelhagel, eine Schlacht am Rande der Berge, der Streifschuss, der ihn fast im Sand hätte verenden lassen, aber eben doch nur ein Kratzer war, der eine kaum sichtbare Narbe auf seiner Stirn hinterlassen hatte. Eigentlich gar keine, aber das wusste nur er, denn alle anderen sahen nach seinen Erzählungen eine, auch deswegen, weil willige Geister seine Geschichte zu einer der heroischen Mythen aufbauschten, von denen St. Pauli lebte.

Er kam aus einem kleinen Dorf im Norden, er kiffte ein bisschen, er hatte Flausen im Kopf, er träumte vom Kiez und einem wilden Leben, die Angst hielt ihn zurück, das war seine eigene Wahrheit. Der ganze Mexikotrip war eine bescheuerte Idee gewesen. Es war das zweite Jahr auf St. Pauli, wo er und Eight Fingers, schon damals sein bester Freund, eine Ganovenexistenz aufbauen wollten, funktionierte aber nicht richtig. Auf zwei Jungs vom Land hatte hier niemand gewartet. Also auf nach Mexiko, dachten sie, Kontakte zu einem Kartell aufbauen oder so. Sie bretterten vollgedröhnt mit Opium und Gras ohne Führerschein in die Berge. Ihr Blut kochte, das Hirn machte, was es wollte, war alles etwas viel für mitteleuropäische Synapsen. Überall sahen sie plötzlich Tiere und Typen mit Waffen, sie hörten Schreie und Schüsse, riesige Vögel, die sich auf sie stürzten. Als es vorbei war, saßen sie allein im zerbeulten Wagen, festgefahren in einem Graben, halb ernüchtert, aber eben nur halb. Eight Fingers noch benommener als No Brain. Sie stiegen aus dem Wagen und dampften einen Beruhigungsjoint. Eight Fingers sah Blut an der Stirn seines Freundes.

Was ist das, fragte er.

Blut, antwortete No Brain, der damals noch nicht No Brain hieß.

Das sehe ich, aber warum hast du Blut an der Stirn?

Berechtigte Frage. Er sah Eight Fingers an und spürte, wie ein kleiner Flashback hochkam, er sah wieder Typen mit Waffen und riesige Vögel, er hörte Schüsse, er fühlte die blutende Wunde, die nur ein winziger Kratzer war, und sagte: «Streifschuss!» Eight Fingers nickte schwer und wissend. Harter Stoff, Digga.

Der Rest entwickelte sich von selbst. Zurück auf dem Kiez integrierte sich No Brain mit so einer Geschichte sehr viel leichter. Mexiko, die Kartelle, der Schmuggel, der Streifschuss. Willkommen auf St. Pauli. Ohne diese Story wäre er wohl nie bei dem Dude gelandet. Im Grunde war die Zeit auf der Plantage die beste überhaupt gewesen, wie er oft dachte. Regelmäßige Mahlzeiten, regelmäßiges Einkommen, eine Gemeinschaft, die sich wie eine Familie anfühlte und auf die er sich jahrelang bedingungslos verlassen konnte.

Der Dude behandelte ihn mit Respekt und zahlte durchaus fair, auch wenn der Chef wusste, dass man sich vielleicht das eine oder andere Mal etwas zu großzügig aus der Ernte bedient hatte. Das Leben war ein einziger Trip, eine endlose Party mit gut gelaunten und entspannten Menschen, ermöglicht durch den schier endlosen Geldstrom, den die Plantage des Dude generierte. Irgendwann änderte sich die Stimmung. Aus der lässigen Produktion wurde ein effizienter Apparat, eine feinst abgestimmte Hochleistungsmaschine, in der bereits kleinste Verzögerungen zu Katastrophen führten. Der Kollege Stress zog ein, der entspannte Dude war nur noch gereizt und ein Getriebener des unerbittlichen Marktes. Trotzdem hielten sie zu ihm, das war ihr Leben.

Der Verrat katapultierte sie alle aus der Bahn und den Dude in den Knast. No Brain kam mit einer Bewährungsstrafe davon, war aber gebrandmarkt und arbeitslos, Eight Fingers erging es ähnlich. Seitdem war alles kaputt und schwierig, unwürdig geradezu. Deswegen waren sie heute hier.

No Brain holte die beiden Klappräder aus dem Kofferraum, schulterte den Rucksack, half Eight Fingers mit seinem und schob sein Rad zur Straße. Der Vollmond lächelte ihnen entgegen. Still lag das Dorf vor ihnen. In dem Haus neben den Hallen wurde ein Raum von bläulichem Flackern erhellt, das war der riesige Plasmaschirm, wie sie wussten. Durch ihren hochauflösenden Militärfeldstecher konnten sie eine Person in dem Zimmer ausmachen. Wer es auch war, er war allein und hatte Feierabend.

«Let's go.»

Arbeitgeberpräsident Katz betrat die Suite des Adlon als Erster, fast fünfundvierzig Minuten zu früh. Eine schwere Süße lag über dem ganzen Trakt. Damit hatte Katz gerechnet, deswegen war er hier. Mit einer lässigen Bewegung entledigte er sich des Jacketts und kroch auf allen vieren um den langen Konferenztisch herum, um die Stecker aller Vaporizer herauszuziehen. Das kleine Malheur bei der Runde vor wenigen Monaten war ihm noch sehr präsent, auf eine Wiederholung legte er keinen gesteigerten Wert. Einerseits war ihm egal, was die anderen dachten, weil er sie sowieso nicht ernst nahm. Die meisten demonstrierten in ihrer gedanklichen Schlichtheit und ihrer unerschütterlichen Fixierung auf Effizienz, Märkte und maximalen Gewinn die intellektuelle Schrumpfköpfigkeit eines durchschnittlichen FDP-Politikers. Andererseits wollte er keine weitere Munition für spätere Angriffe liefern. Denn darum ging es auch immer: Bedrohungskapital für die Zukunft anzuhäufen. Beim letzten Mal war es nur gutgegangen, weil sich alle vorher darauf verständigt hatten, elektronische Geräte wie Smartphones, iPads, Notebooks etc. im Vorraum abzugeben. Weder heimliche Tonaufnahmen noch Handyfotos sollten möglich sein. Kontrolle ist besser als Vertrauen, dachte Katz, zumindest in ihren Kreisen.

Der überraschend schnelle Abgang von Müller vom Bundesverband der Pharmazeutischen Industrie hatte ihn noch misstrauischer gemacht. Irgendwo musste es ein Leck geben. Schon deswegen wollte er klar in die Diskussion und Abstimmung gehen. Das Tempo der Entwicklungen ließ alle bisschen hysterisch und nervös werden, das feine Gift des Verdachts machte sich breit, Gerüchte kursierten. Massive und eindringliche Gerüchte von großen Playern, möglicherweise auch nur einem Player, der in größtem Stil und teilweise mit rücksichtsloser Härte Gärtnereien, Ländereien und Höfe im ganzen Bundesgebiet und grenznahen Regionen übernehme. Zu gleicher Zeit, so hörte er aus zuverlässiger Quelle, bekämen mittlere und größere illegale Plantagen, die ihrerseits auf den Big Bang warteten, auf einmal Besuch von Russen oder Rockern, die ihnen, wie es so schön heißt, «unwiderstehliche Angebote» für Übernahmen oder Kooperationen machten.

Das klang alles nicht gut.

«Ach, solche Gerüchte gibt es doch immer», sagte Hunkel betont ruhig. «Womit sollten wir uns denn sonst den ganzen Tag beschäftigen?»

Unterdrückte Heiterkeit am Tisch, kein befreites Lachen.

«Das sollen nur Gerüchte sein? Wir haben fast täglich besorgte Mitglieder in der Leitung, die wissen wollen, was sie machen sollen, weil bei ihnen seltsame Leute auf dem Hof auftauchen, sie bedrohen und Verträge mit ihnen abschließen wollen», donnerte der Bauernpräsident vom anderen Ende her durch den Raum, «das stinkt doch zum Himmel!»

«Von unserem Hauptkonkurrenten höre ich auch komische Sachen, da soll es schon Verhandlungen geben über exklusive Lieferverträge im ganz großen Stil, sogar ein Getränkeriese soll im Spiel sein», warf der Vertreter der größten Drogeriemarktkette ein. «Wir müssen dringend handeln!»

«Wie, was denn für ein Getränkeriese, Red Bull?», entfuhr es Hunkel ein bisschen zu aufgeregt, wie Katz fand.

«Wenn ich es wüsste, würde ich den Namen nennen, oder?», zischte der Drogeriemann genervt zurück.

Katz hob beschwichtigend die Hände: «Aber meine Herren, lassen Sie uns alle sachlich bleiben.» Dabei fixierte er Hunkel aufmerksam. Dessen Schreck eben war echt gewesen, dafür kannte er den Draufgänger lange genug. Das, fand Katz, war sehr seltsam.

«Wir müssen endlich mal zu handfesten Ergebnissen kommen, bevor uns alle überrollen», grummelte es mit tiefer Stimme aus dem Gewerkschaftsboss hervor, «wenn wir die

Weichen nicht rechtzeitig gestellt kriegen, springen uns doch alle ab, weil sie glauben, wir haben den Zug nicht kommen sehen. Und was haben wir dann? Noch mehr Zersplitterung, noch mehr Unübersichtlichkeit. Das mit den Lokführern reicht euch wohl noch nicht. Wenn nichts passiert, gründet irgendein Idiot eine Cannabis-Gewerkschaft – und dann habt ihr den Salat.»

Alle nickten zustimmend, was nützten die besten Erkenntnisse, wenn nicht einmal diese Runde zielgerichtet an den Stellschrauben drehen konnte? Die Blicke richteten sich auf Katz und Hunkel, die Initiatoren des illustren Kreises.

«Ja, das stimmt, aber wir können SIE auch nicht zwingen, wenngleich wir das gern tun würden», sagte Katz.

«Zu sehr drängeln dürfen wir auch nicht, sonst kommt SIE damit in der Fraktion und im Parlament nicht durch, und alles ist für die Katz», ergänzte Hunkel.

«Besser für die Katz als alles allein für den Katz, oder?»

Die Bemerkung des Ober-Bauern sorgte kurz für Heiterkeit, aber, wie Katz bemerkte, zu einer bitteren Heiterkeit. Die Blicke waren eindeutig. So weit war es gekommen, Zweifel, Ungeduld und Misstrauen schlugen ihnen offen entgegen.

«Die anderen machen ungebremst weiter, nur wir, wir halten uns zurück, oder was? Tolle Taktik», zischte der Gewerkschafter Hunkel zu.

«Wir tun wirklich, was wir können, um optimal vorbereitet zu sein.»

«Wie sollen wir uns denn im Halblegalen vorbereiten, ohne sofort in enorme Schwierigkeiten zu kommen?», fragten gleich mehrere am Tisch, was Katz richtig und nachvollziehbar fand.

Hunkel ergriff noch einmal das Wort. «Wir alle brauchen noch viel mehr Zeit, um uns auf neue rechtliche Bedingungen einstellen zu können. Wir sollten daher doch eine mögliche Legalisierung so timen, dass wir alle davon profitieren können, oder nicht?»

Katz sah Hunkel von der Seite an. Plötzlich durchzuckte es ihn: Er ist das Problem. Es war nur ein Gedanke, aber der Stich saß tief.

Hunkel, der alte Studienkollege. Der Saufkumpan. Die ersten Semester, erste Lieben, erste Drogen – was hatten sie nicht alles geteilt. Auch ihre Überheblichkeit, natürlich. An der Uni fanden sie sich cooler als die anderen BWL-Dünnbrettbohrer, ihre Kommilitonen diskutierten über Praktika und Gehaltsvorstellungen, sie über die Welt und den Sinn des Lebens. Bei jeder Hausbesetzerparty in der Umgebung waren sie dabei, bei Demos suchten sie die Nähe zum Schwarzen Block. Von deren wilder Entschlossenheit ging eine beeindruckende Strenge und Eindeutigkeit aus, das imponierte ihnen, vor allem im Vergleich zu den aalglatten und banalen Polohemdträgern ihres Studiengangs. Dann Promotion im Schnelldurchgang, irgendwann übernahm Hunkel den familieneigenen Betrieb «Hunkel Pharma» mit Entwicklungsschwerpunkten in den Bereichen Herz-Kreislauf-System, Magen-Darm-Trakt, Asthma, Neurologie und Urologie, er selbst, Katz, kletterte hinauf in die Vorstände deutscher Vorzeigeunternehmen.

Hunkel hatte seine Verachtung für die aus seiner Perspektive ungebildeten, unsensiblen und eindimensionalen Banausen des Geschäftslebens nie richtig verbergen können, zugleich drängte es ihn weiter nach oben. Darin waren sie sich immer gleich gewesen.

«Lieber über Penner herrschen als unter den Pennern leiden», war stets ihr Leitspruch geblieben. Schon länger hatte Katz das Gefühl, Hunkel seien die Grenzen des einstigen Familienbetriebs im MDAX mittlerweile zu eng geworden, zu klein das alles, nicht seinen wahren Kapazitäten entsprechend, es war, als hätte sich Hunkel in neue Ehrgeizhöhen katapultiert, was Katz auch daran festmachte, dass der einst enge Freund kaum noch Zeit für ihn hatte und gelegentlich in überraschend wohlwollenden Tönen von der eigentlich seit dem Studium wegen tumber Karrieregeilheit verachteten und geschnittenen Frevert sprach.

Die Runde beschloss ein energischeres Vorgehen und beauftragte Katz und Hunkel mit der Umsetzung der Pläne. Man erwarte jetzt zügig Resultate. Es klang wie eine Drohung. Nach zwei Stunden trennten sie sich. Als sie auf den Pariser Platz traten, fragte Katz Hunkel: «Wollen wir noch irgendwo einen Drink nehmen?»

«Sorry, heute geht es echt nicht.»

«Ach, wieso nicht?»

«Du weißt doch, die Termine, sie fressen einen auf. Wir telefonieren.»

Bevor Katz reagieren konnte, saß Hunkel bereits in einem Taxi. Katz schaute ihm hinterher. Die Sonne schien, es war eigentlich Biergartenwetter. Aber er spürte, wie sich hinter den Kulissen ein Gewitter zusammenbraute. Er rief den Security-Chef seiner Firma auf dem abhörsicheren Handy an.

▬

«Verdammt noch mal, wie lange soll das noch dauern, wir haben keine Zeit mehr, wie oft muss ich das noch sagen?»

«Aber, Andy, wir sind wirklich dran, nur geht es ...»

Der Black-Devil-Chef war kurz davor, sich vor Wut in die

eigene Hand zu beißen, so sehr regte ihn die Ruhe seines Entwicklungschefs auf.

«Ich will deine Protokolle des Scheiterns nicht hören, kapierst du das, ich will Lösungen, den Rest kannst du deinem Hund erzählen!»

«Wir sind dran.»

«Wirsinddran, wirsinddran, wenn das bis zum Ende der Woche nix wird, bist du dran!»

Andy warf sein Smartphone auf das Kingsize-Bett der Atlantic-Hotel-Suite mit Alsterblick und nahm zügig eine kleine Line, die er auf dem Mahagonischreibtisch vorbereitet hatte. Weil heute so ein anstrengender Tag war, genehmigte er sich auch noch den Rest. Diese Superhipster trieben ihn manchmal an den Rand des Irrsinns. Diese Begriffsstutzigkeit, diese kilometerlange Leitung in die zentralen Schaltstellen ihrer trägen Hirne, wo jeder normale Gedankenfluss wahrscheinlich durch zu viele nach innen wachsende Bartfussel gebremst wurde. Die könnte man in Energydrinks baden, ohne dass es einen Effekt hätte. Andy zitterte vor Wut. Er beugte sich erneut zur Schreibtischplatte. Manchmal muss es einfach das gute alte Koks sein, dachte er, da bin ich gern old school.

Er schmiss den Strohhalm, den er sich für das Schniefen zurechtgeschnitten hatte, in den Papierkorb. Bloß keine Geldscheine, davor ekelte er sich, und bloß nicht eines dieser vergoldeten Röhrchen wie bei den Asis. Beglückt spürte er, wie in seinem Kopf der ganz große Scheinwerfer anging, aber auch ein ungestümes Drücken im Darm begann. Immer diese Abführmittel. Das sollten die Politiker mal angehen. Wenn man ausrechnen könnte, wie viele hunderttausend Stunden die kreativsten Köpfe des Landes wegen schlechten Kokains auf der Toilette sitzen, statt die Gesellschaft weiterzubringen, läge sofort auf der Hand, was getan werden müsste, überlegte er und fand diesen Gedanken wirklich genial. Er musste sich das gleich notieren. Das mit dem Abführmittel war ein echter Produktskandal, eine Sauerei, ein Verbrechen an den Besten der Besten. Das sollte er sich mal mit Black Devil erlauben. Ja, sorry, Leute, wir haben das ein bisschen gestreckt, aber kein Problem, etwas Unterstützung bei der Verdauung hat noch niemandem geschadet.

Moment.

Auf dem Weg zur Toilette hielt er inne. War das vielleicht eine neue, sensationelle Idee, die sein extrem helles Marketinghirn gerade einfach mir nichts, dir nichts ausgespuckt hatte? «Black Devil diet – Gib deinem Bauch die Kugel!» War das vielleicht nicht eine neue Eine-Billion-Dollar-Idee, fucking hell!

Er sah sich kurz im Ganzkörperspiegel an. Der weiße, flauschige Hotelbademantel schmiegte sich an seine sportliche Silhouette. Ihm gefiel, was er sah.

«Black Devil diet», was für ein Hammer.

Einfach das alte Rezept mit ein paar abführenden Substanzen anreichern, möglichst bio and all the rest of it, und dann nichts wie raus auf den Markt. Abnehmen mit Black Devil, was für ein Knaller. Dass er daran nicht vorher gedacht hatte.

Auf der Toilette sah er schon die komplette Marketingkampagne vor sich. Hart, lustig, viral. «Schlanker wirst du mit Koks auch nicht.» Irre. Dazu ein paar dürre Models in Abrisshäusern, nostalgischer Heroinlook plus irgend so ein durchgeknallter abgemagerter Transgenderquatsch, fertig war der nachste Marktsturm. Nur mit Mühe schaffte es Andy, diese unglaublichen Geistesblitze auf dem Klo sitzend mit seinen doch etwas schweißigen Fingern in das iPad zu hämmern, das er glücklicherweise erst gestern bei ähnlicher Gelegenheit hier vergessen hatte.

Gott, war er manchmal gut.

Nach einer Dusche und einem Liter Cola light – Coca-Cola! wenn das einer sehen würde, hahaha – beruhigte er sich wieder etwas und besann sich auf die eigentlichen Aufgaben.

Die Pläne von Rudolf, seinem Entwicklungs- und Marketingleiter, waren natürlich wohldurchdacht und genial. Zwei verschiedene Cannabis-Bullets plus ein breitgefächertes Sortiment unterschiedlichster Produkte von der Zahncreme bis zum beschichteten Kondom und der Keksmischung für Großmutters Kaffeerunde – umfassender konnte man den Markt nicht angehen. Er bereute schon fast, seinen wichtigsten Mann eben so angepflaumt zu haben. Es war diese Mischung aus Unterwerfungsbereitschaft, gepaart mit der üblichen Portion Opportunismus und extremem Bedeutungshunger, die Rudolf zu kreativen Höchstleistungen und schier übermenschlicher Identifikationsbereitschaft anstachelte. Er ist der perfekte Arbeitnehmer, dachte Andy, die maximal ausbeutbare Ressource. So einen würde er lieber nicht in einem anderen Regime treffen wollen, aber das galt eigentlich für neunzig Prozent aller Menschen, mit denen er täglich zu tun hatte.

Dass der Chefentwickler einmalig war, hatte er erst vergangene Woche wieder bewiesen. Am Freitag betrat er ruhig wie immer den Konferenzraum und behielt trotz angenehmer Temperaturen seine schwarze Prada-Jacke, eine Art Blouson, über dem weißen Fred-Perry-Polohemd an – und diesen albernen Hut, der aussah wie einer dieser Anglerhüte, mit dem sich in Berlin-Mitte manchmal erwachsene Menschen gern zu Volldeppen machten. Rudolf wollte noch einmal alle Details der neuen Produkte und der damit verbundenen Aufgaben vorstellen. Vielleicht hätte Andy in der Woche zuvor nicht mit einem unfreiwillig bösen Unterton fragen sollen: «Bist du wirklich mit Haut und Haaren davon überzeugt?»

Denn als alle saßen, nickte der sonst so unauffällige Rudolf in die Runde, als wollte er sich selbst ermuntern, und bei angespannter Stille warf er plötzlich mit einer schwungvollen Bewegung die Jacke in die Ecke und den komischen Hut gleich dazu. Triumphierend hob er beide Arme vor den Kollegen, die alle zugleich die Münder aufrissen und noch nicht genau wussten, was die adäquate Antwort auf das Bild vor ihnen sein könnte:

Andys bester Mann hatte sich den linken Arm komplett rot und den rechten Arm komplett grün tätowieren lassen. Die einst beeindruckende Mähne war weg, der Kopf blank rasiert, kurz über der Stirn hatte er sich auf beiden Seiten offensichtlich kurze, dicke Stifte unter die Haut setzen lassen, die wie kleine, nun ja, Teufelshörner aussahen. Die Schädelfläche zwischen den Erhebungen wurde durch ein sehr großes Hanfblatt ausgefüllt, das in den Farben Rot und Grün gehalten und zugleich mit einer Art Teufelsfratze versehen war.

Andy war sprachlos, als sich Rudolf zu ihm drehte und sagte: «Ja, Andy, ich bin mit Haut und Haaren bei der Sache. Glaubst du mir das jetzt?»

Lauter Applaus, Gejohle, hysterisches Pfeifen. Hammer. Andy war offiziell auch außer sich vor Freude, während er insgeheim dachte, wie naiv man sein müsste, um sich zu so etwas hinreißen zu lassen. Was, wenn er ihn morgen rausschmiss? Hatte er nicht vor, aber man konnte ja nie wissen. Vor allem, wenn es bei dem größten strategischen Projekt der Firma seit ihrer Gründung nicht optimal lief. Und das war im Moment genau sein Problem – und das des Entwicklungschefs.

Nach der vollständigen Legalisierung würden sehr rasch nur die größten Player überleben, davon war Andy überzeugt. Die vielen kleinen idealistischen Anbieter und Kiffer-Kolchosen würden fortgespült werden. Doch der Großangriff war leichter geplant als umgesetzt, dabei stand die Marketingplanung mehr oder weniger bereits fest.

Halb Deutschland sollte in Grün, die andere Hälfte in Rot getaucht werden. Hunderte Base-Jumper würden in roten Schirmen oder Wingsuits von den fünfhundert höchsten Gebäuden des Landes springen, Losung: «Alle können mit der Action-Bullet abheben». In den besten Clubs der Städte sollten zeitgleich rot angemalte nackte Männer und Frauen auf riesigen Bullets über die Dancefloors reiten und dort wildeste Kopulationen andeuten, Losung: «Die Action-Bullet schießt dich zu jedem Höhepunkt». Und in eintausendzweihundert ausgewählten Start-ups ließen sie rot gekleidete Guerillatrupps einfallen und mit roten Kalaschnikows gut riechende, essbare rote Bullets verschießen, Losung: «Die Action-Bullets für den nächsten kreativen Angriff!»

Die Peace-Bullet würden sie genauso hart in den Markt ballern: Die stärkste Idee waren angedeutete Selbstmordattentate in vielen Innenstädten, laute Explosionen und Qualm inklusive, alles nur Fake natürlich. Und wenn sich der Qualm verzöge, sähe man glücklich lächelnde Dschihadisten, die sich eine P-Bullet teilen, Losung: «Mit der Peace-Bullet kommt jeder auf andere Gedanken.»

So könnte und müsste es laufen, aber davon waren sie Jahrhunderte entfernt. Vor allem, weil es nicht nur um die Drinks ging. Andy wollte ja alles, und zwar auf einmal. Die anvisierte Produktpalette umfasste rund zwanzig Einzelartikel. Also brauchte man Vertragspartner, aber bei der Lizenzvergabe stockte es überall, weil die Firmen wegen der Rechtsunsicherheit nicht bereit waren, jetzt schon Geld in großem Stil zu investieren. Da sie noch keine Produktsicherheit über die gesamte Palette garantieren konnten, zögerte wiederum Deutschlands größte Drogeriemarktkette, mit der sie in

Geheimverhandlungen standen, ihnen die notwendigen Regalplätze in Umfang und Exklusivität zu garantieren. Das war alles suboptimal, um es charmant zu formulieren. Zudem beunruhigten Andy Gerüchte über Verhandlungen der zweitgrößten Drogeriemarktkette mit einem unbekannten Marktteilnehmer. Das klang alles nicht gut.

Die größte Unsicherheit war der Stoff selbst. Die sehr überzeugende und charmante Frevert hatte ihn schnell zu einer Partnerschaft überredet, klang alles auch sehr logisch und effizient: Meduk brachte die besten Wissenschaftler an den Start, um das hochwertigste Cannabis zu züchten. Diskret und in großen Mengen, in firmeneigenen Hallen und auf riesigen Versuchsfeldern. Black Devil würde sich all diese immensen Investitionen in eigene Produktionsanlagen sparen können und dafür einen Preis zahlen, mit dem beide Seiten gut leben konnten. Das war eigentlich eine klassische Win-win-Situation. Tja. Eigentlich. Aber irgendwie kam Meduk noch nicht richtig mit dem Zeug um die Ecke. Der Konzern verhielt sich auch sonst seltsam. Rudolf bekam keine Auskünfte auf präzise Fragen, man ließ ihn warten, was Andy misstrauisch machte. Er merkte plötzlich, wie sehr er von der Frevert abhängig war.

Lieferte sie nicht, war alles aus.

▬

No Brain hebelte die Tür der ersten Halle lautlos auf, wie Eight Fingers bewundernd registrierte. Das Schloss war geradezu fahrlässig leicht zu knacken, die Eigentümer mussten sich schon sehr sicher fühlen, wenn sie auf diesen schwachen Schutz vertrauten. Sie schlüpften hinein und zogen die Tür wieder zu. Sie hatten zwar Taschenlampen dabei, konnten aber wegen der Leuchten für die Pflanzen sowieso alles klar und deutlich sehen. Sie redeten nicht, sie wussten, was zu tun ist. No Brain nahm sich den linken Gang vor, Eight Fingers den rechten. Der Anblick brach beiden ein bisschen das Herz – und bestärkte sie nur in ihrer Überzeugung, hier das Richtige zu tun.

Das war eine sehr professionell geführte und saubere Anlage mit prächtig gedeihenden Cannabispflanzen, die mittelhoch waren, also wahrscheinlich die Hälfte ihrer Wachstumszeit hinter sich hatten. Der Geruch, die Geräusche, das war lange ihr Leben gewesen, aber für Sentimentalitäten war es zu spät. Sie holten die Einmachgläser aus den Rucksäcken, wickelten sie aus den Lappen und machten sich ans Werk. Mit Löffeln brachten sie die gefräßigen Zerstörer in kleinsten Portionen an wenig einsehbaren Stellen unter den Blättern einzelner Pflanzen an, vor allem bei solchen, die weit weg von den Laufgängen platziert waren. So würden sie erst spät auffallen, das war zumindest ihre Hoffnung.

Nach knapp zwanzig Minuten standen sie verschwitzt am Hallenende, das hatte länger gedauert als erwartet, aber eigentlich hatten sie alle Zeit der Welt. In der zweiten Halle lief die Operation genauso reibungslos ab; geschmeidig brachen sie auch in die dritte und letzte ein. Am Haus blieb alles ruhig, sie sahen das fernsehblau erleuchtete Fenster, nichts und niemand bewegte sich, leichte Euphorie stieg in ihnen auf.

Sie waren gerade in der Mitte der letzten Halle angekommen, als es draußen laut wurde. Motorengeräusch, Scheinwerferkegel, Stimmen. Sie erstarrten und duckten sich, obwohl sie niemand sehen konnte. No Brain robbte zur Tür und schob den Sichtschutz des Türfensters etwas zur Seite. Atemlos eilte er zurück. «Der Transporter und eine ganze Horde Motorräder, wir müssen sofort weg!»

Die zwei rannten zur hinteren Tür und waren froh, in weiser

Voraussicht ihre Klappräder genau davor geparkt zu haben. Sie hörten Geschrei im Hintergrund, Lampen blitzten auf, jemand rief etwas wie «Einbruch». Im Schutz der Dunkelheit schoben sie ihre Räder hastig quer über die Wiesen zu einem weiter entfernt gelegenen Stück der Landstraße. Als sie sich außer Sichtweite wähnten, stiegen sie auf und radelten so schnell es ging zurück zum Auto. Während der Fahrt klatschten sie sich lachend ab, schweißnass, Adrenalin bis zu den Augenbrauen, geile Sache. No Brain strahlte wie eine neue Sonne: «Alter, ich habe mich noch nie in meinem Leben so geil gefühlt!»

-

Für die Vorstandschefin Isabelle Frevert war das Frühstück am Sonntagmorgen ein heiliger Moment. Vor allem wegen der Lektüre ihrer geliebten Sonntagszeitung. Sie lächelte ihren Mann an, der am anderen Ende des Tischs saß und gleich für mehrere Stunden mit ihren Söhnen zu einem Auswärtsspiel ihrer Jugendmannschaft am Niederrhein verschwinden würde. Sie würde die Zeit nutzen, um sich mit einem Dutzend wohlhabender Düsseldorfer Mittvierzigerinnen in ihrem Luxus-Yoga-Kurs gegen die Auswirkungen der Schwerkraft zu stemmen. Wobei es bei ihr eigentlich noch nichts gab, wogegen sie sich stemmen müsste, und dieser ganze Yoga-Wahn mit diesen verwöhnten Oberkasseler Frauen war ihr eigentlich zuwider, aber diese Art von Kursen und Teilnehmerinnen gaben ihr stets Hinweise auf neue Entwicklungen in einem für sie permanent wichtiger werdenden Markt. Die Neurosen, unrealistischen Träume und oft völlig gerechtfertigten Ängste dieser und anderer Frauen vor dem körperlichen Verfall waren eine unschätzbare Inspirationsquelle – und eine gigantische Goldgrube.

«Jede neue Angst ist vor allem ein neuer Markt», war ihr Wahlspruch, den sie höchstens mit ihrer Vorzimmerdame oder den Frauen des Inner Circle teilte, worüber dort alle immer sehr kichern mussten, lebten sie doch auch ein bisschen von diesen Sorgen auf die ein oder andere Art. Einerseits war die Selbstoptimierungssucht verachtenswert, so grundsätzlich betrachtet, aber aus moralischer Sicht war logischerweise ein Großteil aller unternehmerischen Aktivitäten im gereiften Kapitalismus verachtenswert. Natürlich wurden andauernd Bedürfnisse befriedigt, die kein normaler Mensch jemals gehabt hätte, während die wirklich existenziellen Bürden der Menschheit unbeachtet blieben. Die perfide Logik des autonomen und sich selbst befruchtenden Systems ließ Isabelle Frevert leider keine andere Wahl, als die herrschenden Regeln möglichst perfekt anzuwenden. Als sie früher ihre Parolen gesprüht und im Wald liebevoll gebastelte Rohrbomben ausprobiert hatten – Chemie war von Anfang an eins ihrer Steckenpferde gewesen –, hatten sie immer über ihre Berufsperspektiven gescherzt: Topterrorist oder Topmanager.

In dem Augenblick fiel ihr Blick auf eine kleine Meldung auf Seite eins der FAS: «Jeder Zweite erkrankt an Krebs».

Blitzartig richtete sich Frevert auf.

«Das Risiko, im Lauf des Lebens an Krebs zu erkranken, beträgt nach Angaben des Robert-Koch-Instituts einundfünfzig Prozent für Männer und dreiundvierzig Prozent für Frauen.»

Ihre Augen rasten durch die Zeilen der Meldung.

«Die Pharmabranche hat im vergangenen Jahr erstmals mehr als hundert Milliarden Dollar mit Medikamenten gegen Krebs umgesetzt, so viel wie mit keiner anderen Art von Arzneimitteln. Ärzte und Gesundheitspolitiker bezweifeln, dass die Preise für neuartige Medikamente gerechtfertigt sind.»

Sie stöhnte. Ihr Gatte bedachte sie mit einem mitfühlenden, fragenden Blick.

«Alle in Ordnung mit dir, Schatz?»

«Ja, ja, schon gut.»

Ihr Mann senkte den Kopf wieder und beachtete sie nicht weiter, sie riss fast die Seiten aus, so heftig blätterte sie durch den Rest des Blatts. Wirtschaft – nichts. Wissenschaft – nichts. Politik – nichts. Nur diese Meldung, die in keinen Kontext gesetzt wurde. Zum Glück. Sie atmete tief ein und strich sich durch das weiche, volle Haar. Sie liebte dieses Gefühl, dieses spürbar feste Volumen, das waren Haare wie aus dem Bilderbuch, Haare, um die sie jeder beneidete, wie sie häufiger feststellen konnte, wenn sie gleichaltrige Frauen beobachtete, die mit heimlicher Bewunderung auf ihren vollen und gesund glänzenden Schopf starrten. Die Haarwurzellösung aus Cannabis-Extrakt, die sie Böll seit Monaten exklusiv und versteckt vorab testen ließ, war alleine schon ein Weltereignis, vor allem, weil dieses Mittel selbst auf alten Männerglatzen in weniger als drei Monaten dichte Mähnen wuchern ließ, wie ihr der Wissenschaftler an sich selbst sehr eindrucksvoll hatte zeigen können. Diese Lösung wäre ein Teil des Gesamtpakets, das sie zur weltweiten Number One machen würde, forever and ever, wie sie abends auf dem Heimweg im Fond des Mercedes manchmal vor sich hin summte.

Und jetzt das! Die Krebszahlen in einem führenden Blatt der Republik veröffentlicht, das wäre eine Riesenkatastrophe, wenn, ja wenn diese Zahlen mit anderen News der Woche in Verbindung gebracht würden. Fahrig verabschiedete sie ihren Mann und die Kinder, hastig loggte sie sich in ihren Laptop ein. Nichts. Kein Treffer. Nach zehn Minuten hörte sie mit der Suche auf und öffnete die einzige Datei, die sie auf ihrem Desktop als PDF gespeichert hatte.

Sie las die Nachricht, die sie ausgerechnet bei focus.de durch Zufall gesehen hatte, zum gefühlten tausendsten Mal und spürte wieder diese unangenehme Mischung aus Wut und anschwellender Hektik. Die Fakten waren ihr persönlich selbstverständlich seit langer Zeit bekannt. Bisher war sie aber davon ausgegangen, dieses Wissen exklusiv zu haben. Daraus resultierten ja ihre optimistischen, massiven, den Konzern finanziell durchaus in eine heikle Position bringenden Investitionen in das neue Feld, ihre Eile, ihre Zuversicht. Böll, das Genie, war der Erkenntnisdurchbruch schon vor knapp zwei Jahren gelungen. Jetzt würden es bald alle wissen – oder auch nur vielleicht, denn ab und zu wurden ja selbst die größten Sensationen im Mahlstrom der Nachrichten einfach zerrieben oder übersehen.

▬

WASHINGTON. Das US-Gesundheitsministerium hat offiziell bestätigt, dass sich der Konsum von Cannabis positiv auf die Heilung von Krebs auswirkt. Die Cannabinoide sollen sogar in der Lage sein, Tumorzellen abzutöten. Besonders aussichtsreiche Ergebnisse hätten Studien bei Leber- und Brustkrebs gebracht. Noch wird Cannabis nicht offiziell als Medikament für Krebspatienten empfohlen. Neben den positiven Ergebnissen für die Krebsforschung bestätigte das US-Gesundheitsministerium zahlreiche andere medizinische Eigenschaften von Cannabis, darunter zum Beispiel die entzündungshemmende Wirkung oder die Fähigkeit, Muskelkrämpfe zu lösen. Damit könnte Cannabis etwa auch zur Heilung und Linderung der Nervenerkrankung multiple Sklerose eingesetzt werden.

▬

Das war Isabelle Freverts Ziel: Allein auf dem Krebsmarkt ging es um ein Volumen von mehr als hundert Milliarden Dollar jährlich, die sie mit ihren Cannabisprodukten auf breiter Front abschöpfen wollte. Bei der absehbaren demographischen Entwicklung wären das schon bald garantiert zweihundert Milliarden. Die Lawine der geburtenstarken Jahrgänge rollte unaufhaltsam in die Rente und Vergreisung. Noch mehr Alte, die noch älter wurden – das hieße noch mehr fehlgeleitete Zellteilungen, noch mehr Krebs in jeder Form und an fast jedem denkbaren Körperteil, das war eine einzige überwältigende Profitmaschine, die sie bedienen wollte, und niemand sollte ihr in den Weg kommen. Auch wenn man mit ihrem Cannabis Krebs nicht heilen, sondern nur stark bremsen könnte, wäre das eine medizinische und folglich für sie eine ökonomische Weltsensation. Ja, davon werde ich selbst noch nach meinem Ausscheiden aus dem Unternehmen profitieren, dachte sie und war mal wieder sehr stolz auf ihr taktisches Geschick, denn natürlich liefen die wichtigsten Patente, die sie Böll vorbereiten ließ, auf ihren Mann, der in Wahrheit ja seinen eigenen Nachnamen behalten hatte und deswegen beim ersten Blick in das Register nicht sofort als ihr Gatte identifiziert werden konnte. Aber wenn sie nicht plötzlich von anderen überholt werden wollte, müssten sie jetzt wirklich durchstarten.

Der Black-Devil-Entwicklungschef wollte sehr dringend Andy sprechen. Kein Aufschub, keine Erklärung, nur ein Stichwort: «Notfall». Nein, nicht am Telefon, nicht morgen, bitte gleich, du wirst es nicht bereuen. Na dann, dachte sich Andy, hoffentlich hat er sich das gut überlegt.

Andy packte also sein Surfbrett ein und bestellte den Firmenjet nach Sylt. Die Sonne schien, der Flug war ruhig, er war bester Stimmung. Ob er nun zwei oder drei Tage an den Strand fuhr, machte für ihn keinen großen Unterschied. Meistens fing er sowieso nach knapp zwanzig Stunden an, sich zu langweilen, vor allem, seit dieses Surfen anscheinend nur noch von infantilen Ü40ern betrieben wurde.

Er mochte die Idee von totaler Entspannung mehr als die dahintersteckende öde Wirklichkeit; schon das Wort «Urlaub» verursachte ihm Magengrummeln. Er sah die Sehnsucht nach einem anderen Leben ohne die sogenannten Zwänge der Arbeit nur als eine erbärmliche Kapitulation, als Unfähigkeit, das eigene Dasein als schöpferische Herausforderung zu verstehen und nicht bloß als zu ertragene Zumutung. Fuhr er an die Küste oder in die Berge, um dort seine Freizeit zu verbringen, weil man das als Black-Devil-Chef auch irgendwie machen musste, hatte er bereits beim Kofferpacken das Gefühl, sein IQ würde sinken. Verblödung durch Freizeit – das war für ihn eigentlich das Grundübel der Zeit. Jedes Mal, wenn er euphorische Kurz- und Langurlauber beobachtete, wie sie sich an den Stränden verhielten oder auf den Pisten und Hütten, fühlte er sich bestätigt. Aber diese schlimmen Erfahrungen machte er nicht umsonst, jedes Detail half ihm, die Firma weiter nach vorne zu bringen.

Die meisten Menschen fürchteten sich vor der abgrundtiefen Ödnis ihrer Existenz, die sie vor allem in den beschäftigungsfreien Zeiten spürten. Dieses furchtbare Gefühl war der eigentliche Motor des geisteskranken Aktionismus, den sie in ihrer sogenannten Freizeit an den Tag legten. Aus Angst vor existenziellen Fragen und Zweifeln stürzten sie sich in existenzgefährdende Abenteuer, aus Angst vor echten großen Gefühlen wurden sie süchtig nach großen künstlichen Gefühlen. Ein bescheuertes, mitleiderregendes Prinzip, aber ein sehr lukratives für ihn, fand Andy, denn auf diesen Verdrängungsmechanismen und gestörten Sehnsüchten hatte er ja sein ganzes Unternehmen aufgebaut.

«Eure Angst erhöht unseren Umsatz», war sein heimlicher Wahlspruch, wie er höchstens vor den Freunden zugeben würde, die er nicht hatte. Verlorene Seelen, die eigentlich in Anstalten gehörten, stürzten sich mit Motorrädern vom Arc de Triomphe oder mit ihren Schirmchen von den höchsten Gebäuden in Kuala Lumpur, statt mit ihrer Energie und ihrem Wagemut die Menschheit irgendwie weiterzubringen. Das war so dekadent, so verkommen im Grunde, die konnten sich auch gern alle die Kugel geben, fand Andy, aber wenn schon, dann bitte die von Black Devil.

Noch in Shorts betrat Andy den bereits abgedunkelten Konferenzraum, von dem aus er so gern über das schöne Kulturstädtchen blickte, das er zärtlich «sein» Städtchen nannte. Er war mittlerweile ja nicht nur der wichtigste Arbeitgeber der Gemeinde und ihr allerwichtigster und größter Steuerzahler, auch finanzierte er praktisch im Alleingang alle bedeutenden kulturellen und sportlichen Aktivitäten hier und im Umfeld. Der werkseigene Fußballverein «Black Devil Bullets» erfolgreich in der 1. Liga, beim Basketball und Eishockey kurz vor der bundesweiten Spitze, Konzerte mit Stars wie Robbie Williams und Jay Z auf den Wiesen direkt neben dem Ortsschild – das musste ihm erst mal jemand nachmachen.

«Jetzt bin ich aber gespannt, wofür ich meinen wohlverdienten Urlaub abbrechen musste. Ich hoffe, ihr habt ein paar echt gute Gründe, die mich überzeugen, sonst muss ich hinterher noch die Axt rausholen», sagte Andy lächelnd.

Der Entwicklungschef löschte das Licht. Andy lehnte sich

zurück. Rudolf kannte die Aufmerksamkeitsspanne seines Chefs. Mehr als fünf Charts durften es bei einer Präsentation nicht sein. Wer nach gefühlten zwei Minuten selbst bei hochkomplexen Themen nicht zu einer nachvollziehbaren Schlussfolgerung oder Handlungsanweisung kam, durfte danach gleich mit dem Personalchef seine sehr nahe Zukunft erörtern. Rudolf wollte sieben Folien zeigen. Das hatte noch nie jemand vor ihm gewagt. Er war sich seiner Sache sehr sicher.

Erste Folie: «Die Cannabis-Strategie von Black Devil.»

Zweite Folie: «Wir denken: Millionen Kunden wollen Action oder Peace!»

Dritte Folie: «Deswegen liefern wir ihnen die Action-Bullet und die Peace-Bullet.»

Andy fing bereits an, unruhig von einer Gesäßhälfte auf die andere zu rutschen.

Vierte Folie: «Woran wir nicht gedacht haben ...»

Andy trommelte mit den Fingern auf dem Tisch, sein Kopf wackelte nervös, er drehte sich um. Der Gesichtsausdruck wirkte angespannt, gequält. Gleich würde er durchdrehen.

Fünfte Folie: «Millionen Menschen wollen vielleicht Action oder Peace, aber ganz bestimmt wollen ALLE GESUNDHEIT!»

Andy grunzte hörbar und stützte seine Ellbogen auf der Platte ab. Rudolf hatte noch gefühlte fünf Sekunden.

Sechste Folie: «Deswegen brauchen wir dringend eine HEALTH-Bullet.»

Andy warf den Kopf herum. Ein fieses «Mensch, Rudolf!» entfuhr seinen kaum geöffneten Lippen, intoniert wie eine Mischung aus Drohung und Todesurteil. Rudolf aber stach mit dem Zeigefinger seines ausgestreckten rechten Arms in Richtung der raumfüllenden Leinwand und schrie fast: «Da, Andy, lies doch da!»

Andy sprang bereits auf und schien zur Tür oder zum Lichtschalter eilen zu wollen, ließ sich aber durch den unerwartet energischen Lesebefehl doch davon abbringen und widmete sich der siebten und, Rudolf atmete befreit auf, letzten Folie. Darauf standen die Headlines zweier Zeitungsartikel. 1. Headline: «US-Gesundheitsministerium bestätigt: Cannabis tötet Krebszellen». 2. Headline: «Jeder Zweite erkrankt an Krebs».

Darunter stand noch: «Hundert Milliarden Dollar Umsatz mit Krebsmedikamenten» und die Krebswahrscheinlichkeiten, getrennt nach Männern (einundfünfzig Prozent) und Frauen (dreiundvierzig Prozent).

Andy ging eigenartig zäh auf die Leinwand zu, so als ob er die riesigen Zahlen und Buchstaben aus der Nähe betrachten müsste. Mit belegter Stimme, und ohne sich zu Rudolf umzudrehen, fragte er: «Sind das seriöse Quellen?»

«Auf jeden Fall.»

«Hundert Milliarden Dollar?»

«Hundert Milliarden Dollar.»

Andy sieht aus, als bräuchte er dringend einen Rollator, dachte Rudolf für einen Moment, so sehr hatte die Meldung den Chef offensichtlich getroffen.

«Alle außer Rudolf sofort raus.»

Die Helfer und Stabsmitarbeiter drängten zur Tür.

«Und absolutes Stillschweigen über diese Sitzung!»

Rudolf konnte den neuen Zug um Andys Mund nicht richtig deuten. Eine Mischung aus Schmerz und Lust schien sich dort breitzumachen. Der Entwicklungs- und Marketingchef wusste, er hatte alles richtig gemacht.

«Die Health-Bullet ist genial, sehr gute Arbeit!»

Rudolf lächelte dankbar.

«Wenn man mit Cannabis selbst Krebs lindern oder heilen kann, braucht man keine teuren Medikamente mehr, oder?»

Andy nickte, als ob er sich selbst zustimmen wollte. Rudolf nickte auch, das erschien ihm angemessen.

«Dann braucht man langfristig auch keine Riesenwerke mehr, also: keine Chemiewerke, keine pharmazeutischen Betriebe.»

Andy schaute Rudolf regungslos an. Dem Entwicklungschef war die Situation langsam unangenehm. Andy hatte ihm gegenüber noch nie über die Frevert gesprochen – die Kooperation war zwar intern einigen bekannt, aber Chefsache. Das wurde ihm jetzt zu intim, aber er konnte unmöglich einfach gehen.

«Deswegen will diese gerissene Alte unbedingt mit uns kooperieren, weil wir gar nicht erst auf die Idee kommen sollen, selbst anzubauen.»

Andy sprach irgendwie nicht mit ihm, sondern mit sich selbst oder anderen Gesprächspartnern, die gerade nicht im Raum waren. Rudolf beschloss, einfach nichts zu sagen.

«Weil wir sonst vielleicht auf die Idee kommen könnten, mit einem einfachen Getränk mal eben so die halbe Menschheit zu heilen und ...»

Triumphierend wandte Andy sich an Rudolf. Ein leichtes Zittern hatte seinen Körper erfasst. Er versprühte eine derartige Energie, dass Rudolf den Eindruck hatte, er müsste den Chef festbinden, sonst würde der abheben.

«... sie und ihre komischen Werke einfach platt und überflüssig zu machen!»

Andy holte mit dem rechten Arm über seinem Kopf zu einem zielgerichteten High Five in Rudolfs Richtung aus, das dieser mechanisch annahm.

«Wir werden ihr beweisen, wie richtig dieser Gedanke ist!»

Für die Polizei war der nächtliche tödliche Unfall fast schon Routinearbeit. Ein Fahrradfahrer war überfahren worden. Mitten in der Nacht, am Ortsausgang einer kleinen Gemeinde direkt am Deich. Die Polizei meldete, das Opfer sei ohne Licht auf einem alten Klappfahrrad unterwegs gewesen, der Mann habe keine Chance gehabt, die Dunkelheit, die Biegung, das Auto womöglich mit hoher Geschwindigkeit, wie so oft auf dem Land, das kenne man doch. Wobei sie das nicht mit Sicherheit bestätigen konnten, denn das Fahrzeug war nicht aufzufinden. Der Wagen hatte nicht angehalten, es gab keine Bremsspuren. Vielleicht, so folgerten die Beamten, hatte der Mann am Lenkrad den Unfall gar nicht bemerkt?

So musste es ihrer Ansicht nach gewesen sein: Das Auto rast in der dunklen Nacht mit der hier durchaus üblichen überhöhten Geschwindigkeit in die langgezogene Kurve und erwischt den mit seinen seltsamen Bundeswehrtarnsachen alles Licht absorbierenden Radfahrer auf seinem unbeleuchteten Fahrrad just in dem Moment, in dem der von der rechten, korrekten Fahrbahnseite scharf nach links auf den Parkplatz schwenken will, wo ein Kombi geparkt war. Der Fahrer des Wagens, der ihn erwischte, so die Mutmaßungen der Polizei weiter, war eventuell betrunken, das kannten sie in dieser Gegend, wo alle unter allen Umständen hinters Steuer rutschten, um selbst völlig hinüber noch nach Hause zu rasen. Das war Teil der ländlichen Folklore, genau wie der daraus resultierende Tod auf der Straße.

Normale Tragödie am Wochenende, dachten die Beamten und fassten sich heimlich an den Kopf: Mit dem Klappfahrrad nachts am Deich Ausflüge zu unternehmen war auch so ein Unsinn, der nur in einem Hamburger Schädel entstehen konnte. Sie nahmen den Fall auf und gaben die Informationen über die «Fahrerflucht» an alle relevanten Dienststellen weiter, auch die Aussagen des Gefährten des Unfallopfers, der durch den Wagen leicht touchiert wurde und in einem Graben gelandet war. Außer ein paar geringfügigen Prellungen schien der grundsätzlich in Ordnung und wohlauf zu sein, er redete allerdings wirr, was die beiden örtlichen Streifenpolizisten auf eine posttraumatische Belastungsstörung zurückführten. Hatten sie mal irgendwo gelesen, soll es auch bei Unfällen geben. Von einem großen Transporter erzählte der aufgeregt, von einer regelrechten Verfolgungsjagd und schweren Motorrädern, die im Schritttempo an dem gestürzten und schwer verletzten Fahrradfahrer vorbeigefahren seien, ihn selbst hätten sie wohl nicht gesehen. Der Kerl zitterte, seine eigenartige Tarnkleidung roch stark nach Cannabis, was einiges erklären würde, wie die Beamten dachten. Sie nickten ihm wohlwollend zu und nahmen seine Personalien auf. Um ihn zu beruhigen, taten sie so, als notierten sie sich auch seine «Zeugenaussage», wie er sein Gerede mehrfach beschwörend nannte. Schon klar, dachten sich die beiden Polizisten, Transporter und Motorradfahrer, bei uns, am Wochenende, mitten in der Nacht, ja, ja. Sie zwinkerten sich zu: Mannomann, diese Kiffer.

■

«Wie wäre es mit Freitagabend?»

Der Black-Devil-Chef klang gehetzt und sehr geschäftlich, das mochte Madame nicht so.

«Hallo, Andy, bist du wieder in der Stadt?»

«Ja, aber nur kurz. Muss am Samstagmorgen gleich weiter, leider.»

«Ach, Mensch.»

«Hast du denn am Freitagabend keine Zeit?»

«Doch, doch, aber ich hatte gehofft, wir könnten vielleicht ...»

«Das wäre toll, ich weiß, aber es geht leider nicht, die Geschäfte ...»

«Musst du immer so schnell weg, ausgerechnet am Wochenende?»

Die Unterhaltung kippte hier gerade in eine Richtung, die Andy nicht gefiel.

«Tut mir doch auch leid, lass uns das am Freitag mal bereden. Ich freue mich auf dich.»

«Ich mich auch auf dich.»

«Bis Freitag.»

Madame starrte auf ihr Handy. Vielleicht war sie verliebt. Vielleicht war es auch nur das schlechte Gewissen, das sie so unruhig machte, wenn sie mit Andy telefonierte. Ging schon einige Zeit mit dem. Er legte sich aber auch immer ins Zeug. Suite im Vier Jahreszeiten, die besten Restaurants, Champagner ohne Ende, jede Form der Auffrischung, und nur das beste Zeug. Seit Jahren hatte sie nicht mehr so ungestümen Sex gehabt. Die Stunden, die sie mit dem Black-Devil-Chef verbrachte, gaben ihr ein Gefühl wie in den besten Zeiten, so optimistisch, so leicht und selbstbewusst. Mit einem Mann wie Andy gab es keine Sorgen, keinen öden Alltag, keine deprimierende Normalität, da zählte nur der Ausnahmezustand, der Exzess, der Überschwang, emotional und materiell. Sie tollten wie kleine Kinder durch die Fußgängerpassagen und shoppten wie die Teufel, sie flogen für einen Tag nach München oder nach London, im Privatjet, klar, was anderes kam für Andy gar nicht in Frage. Der Dude bekam das gar nicht mit, so sehr getrennt voneinander lebten sie schon ihre Leben, und das lag nicht allein am Gefängnis. Andy ließ sie spüren, wie sehr er sie begehrte.

Wie gern er ihr die Welt zu Füßen legte. Und wenn sie ihre süße Freundin Kelly, die mittlerweile mit ihr bei Grund & Grund als Immobilienmaklerin arbeitete, mitnehmen wollte, kam die eben auch mit, fand Andy toll. Na gut, dass er Kelly und sie ein- oder zweimal zur Belohnung zusammen im Bett haben durfte, hatte ihm auch ganz gut gefallen. Aber warum auch nicht, das war ja ein riesengroßer Spaß, der sie an die Partys früher mit ihrem Mann erinnerte. Dieser Andy war natürlich ein wahnsinniger Poser und ein bisschen schmierlappig dazu, doch zum einen kannte sie solche Typen von ihrer Arbeit als Immobilienmaklerin, und zum anderen: Warum sollte sie sein Balzverhalten nicht einfach ein wenig auskosten in diesen harten Zeiten? Das ist vielleicht nicht ganz fair gegenüber dem Dude, dachte sie, aber was ist schon fair? Allerdings sagte ihr der weibliche Instinkt, dass dieser Andy natürlich nicht einfach nur ein liebestoller und vergnügungssüchtiger Luftikus war. Jemand wie er konnte in jeder Stadt sofort ein paar willige Mädchen für lustige Stunden finden, da musste er nicht immer erst nach Hamburg reisen. Nein, der hatte noch etwas anderes im Sinn, sie war sich sicher, sie hatte nur keinen Schimmer, was das sein könnte. Aber, dachte Madame, auch egal, solange der Champagner uns noch schmeckt.

▬

Der Dude war ein harter Kerl. Er kannte das Leben, er kannte die Straße, er kannte den Knast. Sein Vater hatte seinen Bruder und ihn jahrelang windelweich geprügelt, er hatte sich in Jugendgangs behauptet und später auf dem Kiez sein Geschäfte gegen die Jungs aus dem Karoviertel verteidigt.

Er hatte keine Angst vor Schmerzen mehr, nicht vor Verletzungen, er ließ sich nicht einschüchtern, er stand immer wieder auf, er blieb nie liegen. Normalerweise. Aber die Neuigkeiten hauten den Dude um:

«No Brain ist tot.»

Eight Fingers stand vor ihm im Flur, ein Arm in der Schlinge, ein Teil des Kopfes verbunden. Der Dude sah, wie sich der Mund von Eight Fingers bewegte, allein die Worte rauschten an ihm vorbei, Transporter, Dunkelheit, Fahrerflucht, Motorräder, er verstand nichts, nur: tot. Kommt nicht wieder. No Brain.

Schweigend fuhren sie zur Elbe, weil sie irgendwas machen mussten. Der Wind war rau, der Sand kalt, das Bier schmeckte schal, alles war taub. Nach der dritten Flasche sagte Eight Fingers: «Das war Mord. Diese Schweine.»

Der Dude starrte aufs Wasser. Einfach treiben lassen, dachte er, langsam raus zum Meer.

«Die müssen uns gesehen haben.»

Im kalten Wasser würde der Körper schnell taub werden und nichts mehr spüren, schweben wie in eisiger Luft.

«In der dritten Halle war's, da haben wir die Motoren gehört.»

Ganz schwer würde die Kleidung werden und jede Bewegung überflüssig machen, kein Auftrieb möglich, das zu erkennen und sich nicht dagegen zu wehren – was für eine Befreiung.

«Da haben wir kurz die Lage durchs Fenster gecheckt und gemerkt, wir müssen weg.»

Ob man unter Wasser die Signale der Schiffsbegrüßungsanlage mitbekäme? Er fand die Vorstellung ganz lustig, an der Touristenattraktion unerkannt und unsichtbar vorbeizutreiben auf dem Weg in die große Weite.

«Zu dem Zeitpunkt waren unsere kleinen Kampfbiester

bereits alle verteilt, also sind wir schnell zur kleinen Seitentür raus.»

Eight Fingers redete ohne Punkt und Komma. Er trank einen Schluck.

Der Dude hatte die Augen kaum noch offen, er blinzelte nicht, man konnte nicht sagen, ob er zuhörte oder ganz woanders war.

«Als wir gerade rausliefen, hörten wir jemanden schreien, die Tür sei aufgebrochen. Da brach Panik aus, Scheinwerfer wurden angemacht, große Brüllerei. Da saßen wir schon auf unseren Rädern.»

Der Dude spürte die Ruhe und die Endgültigkeit, das Meer kam näher, er lächelte.

«Wir hatten es fast geschafft. Kurz vor der verdammten Kurve sagte No Brain noch: ‹Alter, war das geil. In drei Wochen ist da alles hin!› Der war völlig aus dem Häuschen.»

Eight Fingers sah, wie der Dude die Augen schloss.

«Auf einmal quietscht dieser Transporter an uns vorbei, streift mich und fährt voll in No Brain rein. Aber da war Platz, der Mond schien hell, die haben uns gesehen, das geht gar nicht anders, die haben den einfach voll umgenietet, verstehst du? Das war Mord.»

Der Dude sagte nichts.

Der Dude weinte.

Innensenator Motev hatte wirklich eine üble Laune. Der Tote auf dem Dorf machte ihm zu schaffen. Nicht moralisch, sondern geschäftlich. Mehrere Zeugen sprachen jetzt nicht nur von einem Lieferwagen, sondern auch von einer Horde Motorradfahrer, die am Unglücksort vorbeigebraust sei. Das schien die Aussage eines Mannes zu bestätigen, der darauf pochte, zur selben Zeit am selben Ort gewesen zu sein, was ihm erst niemand hatte glauben wollen.

Der Innensenator inspizierte seine Finger. Er brauchte dringend einen Termin für die Maniküre. Bei Stress, wenn er sich unbeobachtet fühlte, knabberte er manchmal an den Nägeln. Ein blöder Tick. Hatte er meistens unter Kontrolle, allerdings nicht immer. Das fanden seine Freunde aus der Teestube, die er seit Amtsantritt offiziell nicht mehr betrat, ein bisschen weibisch und peinlich, deswegen durften die das nie mitbekommen. Aber in hektischen Zeiten vergaß er sich ab und zu.

Diese unberechenbaren Bauern. Sagte man den Menschen im Norden nicht einen besonderen Hang zur Verschwiegenheit und Maulfaulheit nach? Aber nein, kaum wird da mal ein zwielichtiger Prolet über den Haufen gefahren, bekommen die alle einen Laberflash, dachte Motev und kritzelte wütend auf seiner Ablage herum. Als Innensenator der Freien und Hansestadt Hamburg waren ihm in Schleswig-Holstein leider die Hände gebunden. Sonst hätte er die Ermittlungen schon lange einstellen lassen. Sofort beenden, zack, danke. So ging das, wenn er das Sagen hatte. Hatte er aber nicht. Also stromerten da seit Tagen immer wieder diese Polizisten herum und stellten Fragen, beobachteten die leere Landstraße, schnackten hier und klönten da, als ob es im ganzen öden Schleswig-Holstein keine anderen Probleme gab ... Was für eine Verschwendung von Steuergeldern das auch war!

Unter den Umständen war kein normaler Lieferverkehr mehr möglich, zu riskant. Einmal war sogar eine Streife auf den Hof vor den Hallen gefahren und hatte am Haus geklingelt. Zum Glück reagierte Michael souverän und beantwortete alle Fragen. Nein, er hatte nichts gesehen, nein, Motorradfahrer schon gar nicht, nein, er kannte auch das Opfer nicht. Der Innensenator hatte genug von diesem Herumgeforsche übereifriger Dorfpolizisten, er musste ganz andere Probleme lösen.

Die mögliche Cannabis-Freigabe, die überall diskutiert wurde, war eine Bedrohung für jeden ehrbaren illegalen Betrieb, selbst in der kleinen Variante, also nur für medizinische Zwecke. Die Folgen konnte sich jeder ausmalen: fallende Preise, strenge Kontrollen, mehr Konkurrenz. Jeder lizenzierte Laden war ein Konkurrent mit einem unfairen Wettbewerbsvorteil – wenn er die Lizenzinhaber nicht heimlich zwingen konnte, ihm sein eigenes Gras abzunehmen, wie er das in großem Stil tat, was aber durchaus heikel war. In öffentlichen Reden ging er natürlich ganz anders vor. Da lamentierte er nur über die armen Jugendlichen und Kinder, die jetzt erst recht ins Verderben gezogen werden würden. Die Zahlen waren ja seit 2015, als ein deutlicher Anstieg des Konsums bei Minderjährigen konstatiert worden war, noch schlimmer geworden, was er an sensationellen Umsätzen ablesen konnte – und in seinen Ansprachen als Waffe gegen die neue mögliche Konkurrenz einsetzte.

Die Situation wurde unübersichtlich, da musste ein neuer Masterplan her. Zu allem Übel berichtete Michael von einer dramatischen Spinnmilbenplage in gleich allen drei Hallen, die gesamte Plantage sei in Gefahr. Ein fieses Knacken riss Motev aus den Überlegungen. Wütend starrte er auf den Mittelfinger seiner rechten Hand. Er hatte den Nagel bis zum Bett sauber abgebissen.

BERLIN. Mit großer Mehrheit hat der Bundestag gestern das sogenannte Medizinalhanf-Gesetz (MedGe) verabschiedet, mit dem Cannabis vollumfänglich für therapeutische Zwecke legalisiert wird. Bislang bedurfte es individueller Ausnahmegenehmigungen des Bundesinstituts für Arzneimittel und Medizinprodukte und der ihr unterstellten Cannabis-Agentur, um Patienten den Erwerb von Cannabis zu ermöglichen. Von diesen Genehmigungen wurden gut 750 000 erteilt. Mit der neuen Regelung ist nun jeder Facharzt befugt, bei entsprechender Diagnose Rezepte zum Erwerb von Medizinalhanf auszustellen.

Auch die Opposition stimmte mit großer Mehrheit für das neue Gesetz, kritisierte aber, man habe die historische Chance verpasst, sich an die Spitze der weltweiten Bewegung zu setzen und eine vollständige Cannabis-Freigabe zu beschließen. Leise Kritik gab es auch aus der Regierungskoalition selbst. Die Mittelstands- und Wirtschaftsvereinigung der CDU / CSU merkte an, man habe die grundsätzliche Frage der Produktion sträflicherweise schon wieder ausgeklammert. Das sei angesichts der Lage, in der sich die deutsche Landwirtschaft befinde, sehr unglücklich. Vertreter der chemischen und pharmazeutischen Industrie kritisierten, dass die «unausgegorene» Gesetzesvorlage mit einer solchen Geschwindigkeit durch den Bundestag «gepeitscht» worden sei.

—

Der Dude hatte Mühe, die schweißnassen Blätter aus der Innentasche herauszunesteln, nur um sie gleich wieder zurück ins Jackett zu schieben. Rechts saß der Pastor mit zwei Helfern und drei Messdienern. Und No Brain grinste. Typisch No Brain, hatte die Lage wohl nicht ganz verstanden. Alter, es gibt hier nichts zu grinsen, du bist tot! Mausetot. Deswegen sind wir doch hier.

Der Dude starrte auf das überlebensgroße Bild des Weggefährten. Der Sarg war in eine riesige jamaikanische Flagge eingehüllt. Auf dem Deckel lag ein kindsgroßer Joint wie der Helm eines Gefallenen. Der Dude zuckte. Wischte sich über das Gesicht. Neuer Blick. Keine Flagge, kein Joint, alles in Ordnung. Einatmen, ausatmen.

Regel für die Zukunft: Vor der nächsten Beerdigung keinen mehr durchziehen.

Die Bank drückte hart ins Gesäß. Das mochten diese Katholiken wohl. Warum sonst war hier alles auf Leiden programmiert? Neben ihm guckte Eight Fingers regungslos nach vorne, wo sich die Prozedur träge dahinschleppte. Alt ist er geworden, der Eight Fingers, dachte der Dude kurz, als er in das zeräderte Gesicht des Kumpels starrte, da gab es praktisch keinen straffen Millimeter mehr, alles zerklüftete Steppe. Vielleicht hatte seine jahrzehntelange Diät aus Öko-Gras und Bockwürsten nicht nur das Beste aus seiner Haut herausgeholt. Er fasste zum hundertsten Mal in die Innentasche seines Jacketts. Die feuchten Zettel waren noch da.

Eight Fingers schob ihn von der Bank, hinein in den langen, kalten Mittelgang. Der Blick auf das riesige Kreuz über dem Altar irritierte den Dude. Die hatten das ganze Ding einfach zugehängt, als ob sie Gottes Sohn diesen Anblick ersparen wollten. Ein zugehängtes Kreuz? Hatte er einen neuen Trend verpasst?

Er ahnte, dass sie ihm alle hinterherstarrten. Keine Musik, kein Gesang, die Absätze seiner Schlangenlederstiefel erzeugten einen seltsam verrutschten Knall auf dem Steinboden. Bänke, Gesichter, alles verschwamm zu einer unscharfen Gerhard-Richter-Kulisse. Er klammerte sich an das Pult neben dem Altar. Aus Versehen fixierte er No Brains Freundin in der Bank vor dem Altar. Besser: das, was der Schmerz von ihr übrig gelassen hatte.

Der Dude legte die Zettel seiner Rede auf die Ablage neben ein Gebetsbuch. Daneben erkannte er das Foto einer Hanfparade. Ein Zeitungsausschnitt. Riesenauflauf, irre Figuren, Qualm überall, Bullen, Plakate, Marschierende, und mittendrin, klar zu erkennen: No Brain. Warum lag das Bild hier?

Der Geräuschpegel stieg. Hundertfünfzig Leute warteten. Er umklammerte das dünne Holz. «Liebe Trauergemeinde ...»

Ermattet ging der Dude zu seinem Platz zurück. Der Druck war weg. Zwei- oder dreimal nur hatte seine Stimme versagt. Eight Fingers drückte ihm unbeholfen den Arm, als er sich setzte. Nickte. Alter! Madame lächelte von der anderen Seite der Bank, wo sie mit den beiden Jungs saß. Die Gemeinde sang aus vollem Hals, von draußen fiel ein heller Sonnenstrahl auf den eingewickelten Jesus, die Töne sammelten sich unter dem alten Dach und senkten sich dann wieder, um alle mit diesem erhabenen Gefühl zu erfüllen, das vielleicht nur Kirchen hervorrufen können, dachte der Dude leicht gerührt. Das hatten sie irgendwie drauf, diese Gläubigen.

Der Pastor war Mitte vierzig, vielleicht auch zehn Jahre älter. Das wusste man bei den Jungs aus dieser Gegend ja nie so genau. Viele kamen hier mit diesem großen Norddeutschenschädel auf die Welt, der sie im Kern nicht trauten, zumindest dann nicht, wenn es sich um Menschen und Ereignisse jenseits ihrer Ortsgrenzen handelte. Der beeindruckende Priesterkopf war ohne jeden Übergang auf einen mächtigen Körper geschraubt worden. Der hätte auf dem Kiez als Türsteher anfangen können, dachte der Dude.

«Wir sind hier zusammengekommen, um uns von einem

Sohn unserer Gemeinde zu verabschieden», donnerte es elektronisch verstärkt über die Anlage. «Wir wollen heute Karl Metzger gedenken!»

Der Dude horchte auf. Wie jetzt, Karl Metzger? Er kannte nur einen Toten hier, und der hieß No Brain. Der Dude biss sich auf die Lippen. Das war doch ihr No Brain. Der Dude blickte auf seine Schlangenlederstiefel, während die Sätze des Priesters wie Böllerschüsse über ihm explodierten.

Menschen wie No Brain hatten keine Vergangenheit, die über ihr Kiezleben hinausging. Lange im Geschäft, loyal, zuverlässig, fleißig, machte nicht den Larry, nur weil ihn mal eine Kugel am Kopf gestreift hatte. Cooles Ding übrigens, das gab ein paar Pluspunkte, diese irre Geschichte und die Narbe, die ihm seinen Namen gegeben hatte. In diesem Bild gab es keine Verwandten, keine Mutter, keinen Vater, kein Davor, kein Heimatdorf. Jetzt hob der Priesterkoloss den Zeitungsausschnitt hoch und zeigte mit dem Finger auf das Foto. Was hatte der Kirchenmann vor?

«Ich kannte Karl Metzger nicht besonders gut», sagte der Pastor, «seine Eltern sind mir als redliche Leute wohlbekannt, seine Geschwister in unserer Gemeinde beliebt, nur von Karl habe ich nicht viel mitbekommen, auch nicht bei seinen regelmäßigen Besuchen in den letzten Jahren.» Der Geistliche machte eine kurze Pause. «Und wenn ich etwas von ihm oder über ihn hörte, war es oft nichts Gutes!»

Ein Raunen ging durch die Kirche. Dem Dude schwindelte. Was für Geschwister, was für Besuche, über wen redete der?

«Ja, liebe Trauergemeinde», kam es schneidend aus dem Priestermund, «die Wahrheit ist, unser Karl Metzger, mit dem ich auf die Schule gegangen bin, hat schon früh mit Drogen Kontakt gehabt, so wie viele seiner Generation. Karl kam davon nie wieder los. Das lag an ihm selbst, aber auch an zwielichtigen Gestalten, mächtigen Einflüsterern, die den armen Karl ermunterten, sich ganz diesem Treiben zu verschreiben! Karl hat nicht nur gekifft, nein, er hat dieses Teufelszeug auch angebaut und verkauft. Viele von uns hätten ihn, man muss das so hart sagen, als Verbrecher bezeichnet. Wenn auch nicht alle ...»

Der Pastor zeigte mit einer Pranke in den Saal, und zwar genau in die Ecke, in der Eight Fingers und der Dude saßen. Diese Katholen sind eine verdammt harte Brut, dachte der Dude, die nehmen keine Rücksicht auf nichts, nicht auf die Toten und nicht auf die Lebenden, die haben Eier aus Stahl. Das imponierte ihm ein bisschen.

«Als ich von seiner Familie gebeten wurde, diese Messe zu lesen, habe ich mich intensiv mit seinem Leben beschäftigt, und da bin ich auf diesen Artikel gestoßen. Auf dem Foto erkennen wir unseren Karl. Der lacht und ist umgeben von Menschen, die auch lachen und fröhlich sind. Und diese lachenden und fröhlichen Menschen, die bunte Fahnen schwenken und bemalte Tücher tragen, demonstrieren für die Legalisierung von Cannabis. Da ist er auf einer sogenannten Hanfparade.»

Der Dude schüttelte verärgert den Kopf. Das war genau der Grund, warum er immer alle davor gewarnt hatte, auf solche Veranstaltungen zu gehen – weil einem irgendwann irgendeiner einen Strick draus drehte.

Der Priester fuhr fort: «Ich habe mir dieses Foto, auf dem Karl so strahlt und so glücklich wirkt, wieder und wieder angesehen, und dann wurde mir klar, was mich daran so fasziniert: Karl und ich, wir beide wollten die Welt und die Menschen verbessern. Deswegen bin ich Priester geworden, und ich glaube heute wirklich, genau deswegen fing er mit dem Cannabisanbau an.»

Der Dude stutzte. Er verstand nichts mehr und nutzte die

Atempause des Priesters für einen schnellen Blick zur Seite. Eight Fingers: offener Mund, aufgerissene Augen, die Zunge ausgetrocknet und sinnlos auf der unteren gelblich braunen Zahnreihe abgelegt, der ganze Mann ein Fragezeichen. So fühlte sich der Dude auch.

«Und dann, liebe Gemeinde, liebe Angehörige, sah ich mir das Foto noch einmal an und hatte eine Eingebung. Da treffen junge, fröhliche Menschen in festlichen Gewändern aufeinander, die an etwas glauben, das größer ist als sie selbst.»

Der Dude verzog den Mund. Festliche Gewänder? Auf einer Hanfparade? Mit diesen ganzen kalkigen Halbleichen?

«Das sind Menschen, die Frieden wollen, dachte ich dann», fuhr der Geistliche fort, «die das Miteinander suchen, die einen neuen und anderen Weg finden wollen, der uns mehr gibt als die Karriere oder das materielle Glück. Und da fiel mir auf, dieses Bild, das kenne ich doch nur zu gut als gläubiger Christ, das ist doch auch nicht anders als bei unseren schönen Prozessionen, zu denen wir uns manchmal versammeln. Da ziehen wir auch unsere festlichen Gewänder an, sind fröhlich und fest im Glauben an eine bessere Welt und an mehr Menschlichkeit. Wir nennen es Fronleichnamsprozession, sie nennen es Hanfparade. Vielleicht muss man es mal so betrachten, dachte ich mir. Diese Menschen sehen anders aus als wir, aber sie wollen nichts Böses, wurde mir immer klarer, sie suchen Frieden und Glück.»

Der Geistliche stützte sich schwer auf seine Arme, die Augen hinter den dicken Brillengläsern weit aufgerissen. «Unser Karl war kein Verbrecher, kein Hallodri. Er war ein Menschenfreund, der seine Energie und sein Leben, wie man sagen kann, zum Wohle der Allgemeinheit eingesetzt hat. Gegen alle Widerstände, denn die gab es überall, und gegen alle Vorurteile, und das trifft mich besonders, weil ich selbst nicht frei davon war.»

Es war jetzt totenstill im Saal, hundertfünfzig Menschen hingen an den Lippen des Geistlichen, der Dude wagte kaum noch zu atmen.

«Karl und ich wollten beide dasselbe, nur wählten wir andere Mittel. Und deswegen sage ich heute mit stolzgeschwellter Brust, und ich sage das im Namen aller Dorfbewohner, aller Freunde von Karl und vor allem im Namen seiner trauernden Angehörigen: Karl war ein großer Menschenfreund und ein großer Weltbürger, vor dem wir uns in Dankbarkeit und Demut verneigen. Möge er ruhen in Frieden!»

Die Gemeinde erwachte aus ihrer ehrfürchtigen Starre und antwortete donnernd: «In Ewigkeit, Amen!»

Die sollte man nie unterschätzen, die Katholiken, dachte der Dude, vielleicht sollte ich dem Verein doch wieder beitreten.

Auf der Fahrt zurück zum Gefängnis sah er schon wieder Arseni im Rückspiegel. Er dachte an Madame, er dachte an seine Jungs, er dachte an Wladimir, der ihn weiterverfolgen ließ, obwohl er selbst schon entlassen worden war. Er musste etwas unternehmen. Wladimir besaß eine natürliche Autorität, eine Mischung aus echtem Charisma und erahnter Skrupellosigkeit. Das Furchteinflößendste an seiner Erscheinung war aber die vollkommene Angstfreiheit, die er ausstrahlte. Der Dude kannte sich mit diesem Schlag Typen aus. Männer wie Wladimir kontrollierten mit dieser Haltung die Straße, ihre Entschlossenheit allein erstickte jeden Gedanken an Widerstand oder Opposition. Männer wie Wladimir waren jederzeit sofort bereit, alles aufs Spiel zu setzen: ihre Gesundheit, ihr Leben, ihre Existenz. Wenn so einer kämpfte, war es ihm total egal, ob er dabei schwer verletzt werden oder für immer behindert bleiben würde. Kein Zweifel, kein Zögern, keine Hemmung hielt sie zurück. Ihren Vernichtungswillen nahm jeder Mensch instinktiv wahr. Das machte Menschen wie Wladimir automatisch zu Anführern in den Regionen, in denen das Bürgerliche Gesetzbuch oder bürgerliche Moralvorstellungen keine Rolle spielten. Er musste mit Wladimir und seinem Adjutanten reden. Also: Business-Talk. Er brauchte einen Termin.

HAMBURG. Innensenator Motev hat heute in einer eilig einberufenen Pressekonferenz überraschend bekanntgegeben, dass er von allen Ämtern in Senat und Partei zurücktreten wird. Motev nannte keine Einzelheiten, sondern sprach lediglich von «widrigen Umständen» und «widerlichen Vorverurteilungen», die ihm die Amtsführung unmöglich machen würden. Um die «äußerst erfolgreiche Arbeit des Senats» nicht zu belasten, habe er sich «aus freien Stücken» zu diesem Schritt entschlossen. «Ich werde mit allen mir zur Verfügung stehenden Mitteln um meinen Ruf kämpfen», so Motev abschließend, dann verließ er den Saal. Fragen wurden nicht zugelassen.

In den vergangenen Wochen hatte es immer wieder anonyme Hinweise auf eine mögliche Verstrickung des Innensenators in illegale Drogengeschäfte gegeben, die aber stets dementiert wurden und von keiner Seite bestätigt werden konnten. Motev hatte Anzeige gegen unbekannt wegen Verleumdung und übler Nachrede gestellt und diverse Boulevardmedien zur Abgabe von strafbewehrten Unterlassungserklärungen gezwungen. Aus gewöhnlich gut unterrichteten Kreisen hieß es, der Rücktritt sei wahrscheinlich auf erste Ermittlungen der schleswig-holsteinischen Staatsanwaltschaft zurückzuführen.

■

«Dude, wir wollen dir einen Vorschlag unterbreiten.»

Wladimir, Alexej und Arseni trugen schwarze Anzüge, die wahrscheinlich fünftausend Euro pro Stück kosteten und an ihren durch zu viele Döner und übermäßiges Hanteltraining geformten Körpern trotzdem aussahen wie aus der Altkleidersammlung gefischt. Arsenis Hände kneteten einen unsichtbaren Tennisball, Alexej lehnte sich weit zurück und kippelte auf dem Stuhl. Spöttisch musterte er den Dude. Sein Grinsen sagte: Sei bloß froh, dass du dich nicht mit mir allein treffen musst.

«Sagen dir die Namen Mark und Arben Frroku oder Bardhok Pllanaj etwas?»

«Nein, nie gehört.»

Wladimir lächelte mitleidig, seine beiden Adjutanten grinsten, Arseni ließ den Mittelfinger der linken Hand krachen, Alexej stieß sich einen Zahnstocher zwischen die Schneidezähne.

«Kennst dich nicht so aus in Albanien, oder?»

«Nicht wirklich.»

«Albanien ist das wichtigste und größte europäische Anbaugebiet, wusstest du das?»

Der Dude schüttelte den Kopf. Er wusste nichts über Albanien, außer dass dort irgendwann ein irrer Diktator geherrscht hatte und das ganze Land mit Minibunkern überzogen war. Und er kannte den Ruf der albanischen Mafia. Undurchsichtige Klanstrukturen, brutal und meist im Heroingeschäft tätig, das war sein Albanerbild.

«Die bauen Cannabis in Massen an und verticken das Kilo für rund dreihundert Euro.»

Der Dude pfiff durch die Zähne. Dreihundert Euro. Das waren absolute Dumpingpreise.

«Die haben die Felder, die haben die Bauern, aber weißt du, was sie nicht haben?»

Wladimir erwartete keine Antwort.

«Die haben keine Qualität. Diese Balkanschädel kriegen es einfach nicht hin. Die können nur eine Sorte und eine Stärke, und das war's. Das hat bis jetzt gereicht, aber wir beide wissen, das wird in Zukunft nicht mehr reichen.»

Der Dude schaute ihn fragend an.

«Und das ist der Punkt, Dude, an dem du ins Spiel kommst.»

Arsenis linker Zeigefinger machte ein Geräusch, als würde er brechen, Alexej schaute der Bedienung unverhohlen gierig nach und schnalzte vernehmlich mit der Zunge. Die anderen Gäste im Café blickten eingeschüchtert auf ihre Tische und Smartphones.

«Und was sollte ich damit zu tun haben?»

Wladimir rückte seinen Stuhl umständlich näher an den Tisch und gab dem Dude einen kleinen Exkurs in albanischer Geschichte. Er kannte sich anscheinend bestens aus. Der Übergang Albaniens von einem totalitären System zu einer Art Demokratie in den frühen Neunzigern, erklärte Wladimir, wurde von Gewalt und Korruption, von höchst betrügerischen Privatisierungen und Schutzgelderpressungen begleitet. Später kam es zum völligen Zusammenbruch, als sich zwei Drittel der Bevölkerung an politisch geduldeten Investmentfonds beteiligten, die sie mit kriminellen Pyramidenspielen abzockten. Nach dem Staatskollaps wurden Kasernen geplündert und Hunderttausende Waffen auf den Schwarzmarkt geworfen. Noch heute gab es enge Verbindungen zwischen verbrecherischen Clans und der Politik, die zu weiten Teilen die Machenschaften der Kriminellen deckte. Der berühmte Bandenchef Bardhok Pllanaj entkam einmal nur deshalb einer Festnahme, weil er sich in das Auto eines Abgeordneten flüchtete, einer aus dem Frroku-Clan, der selbst in Belgien unter Mordverdacht stand. Kurzum: Die verkommenen Verhältnisse dort boten geradezu optimale Bedingungen.

«Du wirst dich fragen, warum ich dir all das erzähle.» Wladimir zeigte auf Arseni. «Unser Freund hier ist zwar genauso russisch wie ich, aber ein Teil seiner Verwandtschaft stammt zufälligerweise aus Albanien, und zwar aus der Gegend, in der die Frroku-Brüder und andere das Sagen haben.»

«Und?»

Wladimirs Lachen war mit Plastik überzogen, so künstlich schepperte es aus seinem Mund.

«Stell dich nicht so blöd an. Was passiert nach der Freigabe, mit der alle rechnen? Erst schnellt der Absatz nach oben, dann wollen alle in den Kuchen beißen. Also werden die fettesten Player den Markt mit ihren Angeboten ersticken, bis der Preis in den Keller rast, was alle Kleinen vom Markt fegen wird. Richtig?»

Wladimir der Schreckliche als Makroökonom – der Dude wusste nicht, ob er lachen oder weinen sollte.

«Könnte sein.»

«Du wirst nur mit billiger Masse oder mit dem geilsten und richtig teuren Zeug gewinnen können.»

Jetzt klang Wladimir fast wie Onkel Herbert. Aber darüber konnte der Dude nicht länger sinnieren, der Russe kam so nahe, dass er einen Rest von Davidoff Cool Water vermischt mit säuerlichem Schweißgeruch aufnahm.

«Du zeigst unseren Mitarbeitern, wie sie effizient eine Anlage aufbauen und betreiben, damit wir später in großem

Stil Ware unter dem gefallenen Preisniveau anbieten können. Dafür ist Albanien ideal. Und du verrätst uns dein verdammtes Strongdude-Rezept, damit wir auch im höheren Preissegment einen konkurrenzfähigen Stoff haben.»

Das Blut floss aus dem Dude'schen Schädel, seine Muskeln lösten sich auf, kein Gedanke wollte mehr Form annehmen.

«Zuerst bringen wir dich an einen unbekannten Ort in eine Art Hallensystem. Dort schulst du ein paar hoffnungsvolle Grower. Das dürfte zwei, drei Monate dauern.»

«Ich weiß nicht, ob ...»

«Das muss schnell gehen, uns läuft die Zeit davon. Du dürftest die Anlage, wie du verstehen wirst, in dieser Zeit weder verlassen noch mit irgendjemandem in Kontakt treten. Das ist sicherer für uns – und auch besser für dich.»

Wladimir legte dem Dude seinen schweren rechten Arm um die Schulter und drückte ihn fest an sich. Der fragte sich, ob die Russen eventuell zu viel «Breaking Bad» gesehen hatten.

«Nach zwei Monaten, höchstens drei, hast du ihnen alles gezeigt und kannst wieder nach Hause. Dafür gibt es fünfzig Riesen Cash, plus freie Kost und Logis.»

Er nickte mit dem Kinn Richtung Alexej, der eine schwarze Adidas-Sporttasche auf dem Boden öffnete und weit genug aufhielt, dass der Dude einen geordneten Haufen Geldbündel erkennen konnte.

«Danach geht es auf den Balkan, wo du Arsenis zuvorkommende Verwandten kennenlernst, vor denen du keine Angst haben brauchst, weil sie im Gegensatz zu den sonst dort lebenden Eselfickern und Gebetsteppichleckern an zivilisatorische Standards gewöhnt sind. Denen hilfst du, die Plantagen für den Massenbetrieb auf Touren zu bringen.»

Dem Dude schwindelte. Das war kein Vorschlag, das war ein Befehl.

«Dafür kriegt unser Lieblingsgärtner noch einmal sehr großzügige fünfzig Riesen – nach getaner Arbeit, versteht sich.»

Wladimir packte den Dude bei den Schultern und rückte ihn direkt vor sich.

«Besprich das ruhig mit deiner Familie, wir sind ja keine Unmenschen.»

Heiseres Lachen, er schlug dem Dude kräftig auf den Rücken.

«Sonst müssten wir ernsthaft mit deiner Frau und deinen zwei süßen Söhnen reden.»

TEIL V
ENDSPURT

«Wollen wir nicht mal ein bisschen Gras rauchen?»

«Ja, gern, hast du denn welches dabei?»

«Nein, aber ich dachte, vielleicht ...»

«Ja ...?»

«Kannst du nicht was besorgen, du kennst dich doch aus, oder?»

Madame hielt inne und fixierte Andy, der nackt auf dem Hotelbett lag und sich genau so drapiert hatte, dass seine Schulter- und Sägemuskeln oberhalb des Rippenbogens im einfallenden Morgenlicht besonders gut zur Geltung kamen. Der Kerl war ein unfassbarer Angeber und hatte, wie viele dieser eitlen Fatzken, für ihren Geschmack ein paar feminine Züge zu viel, aber dafür unterhielt er sie bestens. Nur manchmal fiel ihr so ein unangenehmer Schatten um den Mund herum auf, der hervorragend zu dieser streng nach hinten gepappten Gelfrisur passte, die in Adelskreisen eine Zeitlang en vogue gewesen war.

«Wieso sollte ich mich damit auskennen?»

Madames Stimme war ein klein wenig rauer, wie Andy sofort bemerkte, als ob jemand etwas Schotter auf die Buchstabenbahnen geworfen hätte. Aber jetzt war es zu spät, er musste den Vorstoß wagen. Er wollte diese verschwenderischen Wochenenden nicht endlos fortführen. Langsam hatte er wohl genug investiert, um einen gewissen Return on Investment von dieser verwöhnten Elbchausseeperle erwarten zu dürfen. Andy griff gelangweilt nach seinem Champagnerglas, bedachte die splitternackte Madame, die sich vor dem Bett aufgebaut hatte, mit einem betont gierigen Blick und erwiderte wie nebenbei: «Na ja, als treue Ehefrau des einst besten Grasanbauers des Nordens oder, wie einige sagen, der ganzen Republik wirst du doch zwangsläufig ein bisschen Expertentum mitbekommen haben.»

Andy versuchte bewusst, sehr entspannt auszusehen, und warf Madame spielerisch ein Kissen gegen den Busen. Sie reagierte nicht.

«Woher weißt du, wer mein Mann ist? Wir haben nie über ihn gesprochen.»

Andy lachte. Es klang, als ob jemand auf der Kirmes mit einem alten Lederball die Blechdosenpyramide zum Einsturz gebracht hätte. Hohl, kalt, verlogen.

«Jeder weiß doch von deinem Mann! Der Dude ist eine Legende! Es stand in der Zeitung, über ihn wurden Bücher geschrieben, die Leute erzählen sich die tollsten Geschichten – come on, du bist mit einer Berühmtheit zusammen. Und dann soll ausgerechnet ich im Laufe unserer schönen Zeit» – übertrieben schmachtvoller Blick – «davon nichts mitbekommen haben? Hältst du mich wirklich für so doof?»

Madame fühlte sich auf einmal sehr nackt und bedeckte instinktiv ihre Scham, bückte sich und zog etwas hektisch ihren Slip an. «Okay, und was willst du jetzt von mir?»

«Hey, hey, hey, ganz ruhig, ich habe doch niemandem etwas

getan, man wird ja wohl mal fragen dürfen. Und warum ziehst du dich an, wir haben noch zwei Stunden bis zum Check-out.»

Madame suchte ihre Sachen zusammen. Sie setzte sich auf den Bettrand. Das war alles etwas viel. Außerdem war ihr noch ein wenig schlecht von der letzten Nacht.

«Also, was möchte der Herr Dr. Drumbach gern?»

«So gefällst du mir schon wesentlich besser.»

«Also?»

«Ich würde gern einmal das sagenumwobene Strongdude probieren und wäre dir für ewig verfallen, wenn du mir eine größere Probe davon besorgen könntest. Ihr habt doch bestimmt noch irgendwo etwas davon gebunkert, oder?»

«Nein, sorry, da kann ich nicht mit helfen.»

«Mann, jetzt stell dich doch bitte nicht so an. Das ist ja wohl nicht zu viel verlangt, mir mal ein bisschen Dope aus eigener Quelle zu besorgen. Sieh es einfach als Gegenleistung für die letzten Hotelbesuche.»

Er bereute im selben Augenblick, die Stimme zum Satzende hin etwas zu schnarrend hochgezogen zu haben, aber sie machte ihn einfach rasend.

Madame sprang auf, schlüpfte in ihr Kleid und ihre High Heels, griff sich ihre Handtasche, drehte sich an der Tür einmal kurz um und durchbohrte ihn mit einem Blick, an dessen Spitze eine kräftige Portion giftiger Verachtung klebte.

Die Tür fiel hart ins Schloss.

Andy blieb verdattert zurück.

Er hasste es, wenn seine Pläne nicht aufgingen.

Eingebildete Tussi.

Aber so behandelte niemand Dr. Andreas Drumbach.

Auch nicht Madame.

Der Dude ging nicht mehr ans Handy. Es dauerte keine Woche, dann stand Arseni auf dem Parkplatz und lehnte sich an seinen Wagen. Der Hüne lächelte. Der Dude nickte möglichst beiläufig und ging an der Beifahrertür vorbei, um auf die andere Seite des Wagens zu gelangen. Er lief gegen eine Wand. Es war ein dumpfes Klatschen, der Dude sank zu Boden, Blutgeschmack im Mund, warme Flüssigkeit auch in der Nase. Der Schwung, mit dem Arseni ihm in den Magen trat, brachte sein inneres Koordinatensystem durcheinander und ließ ihn würgen. Arseni sagte: «Wir geben dir noch genau fünf Tage für eine klare Antwort. Und die sollte nicht ‹nein› lauten, verstanden?»

Seine Frau schrie und weinte zugleich, was das Gespräch nicht einfacher machte. Dieser Russe sei schon wieder aufgetaucht. Aber nicht einfach so. Geklingelt habe der, mit Jakob und Anton im Schlepptau. Die erzählten später, der Mann habe sie vor der Schule angesprochen und gesagt, er sei ein guter Freund von Papa. Der habe ihn geschickt, damit er sie nach Hause bringe, und das habe er auch gemacht, mit einem ganz großen Auto, in dem es Fanta gab und alle Süßigkeiten, die man sich überhaupt nur vorstellen könnte. Und weil das so toll gewesen sei und sie auch die ganze Zeit auf einem iPad hinten im Fond Zeichentrickfilme hätten gucken dürfen, sei ihnen gar nicht aufgefallen, dass sie statt der üblichen zehn Minuten fast drei Stunden herumgefahren seien. Der Mann habe sie, Madame, gefragt, ob ihr Mann schon mit ihr über «den Ausflug nach Albanien» gesprochen hätte.

«Dude, was meint der, worüber redet der? Der hat gesagt, dass es für mich und die beiden Jungs in jedem Fall sehr viel gesünder wäre, mal eine Luftveränderung vorzunehmen, und für dich sowieso. Er will bis kommenden Sonntag eine Antwort, sonst müsste er sich noch einmal ernsthaft mit dir unterhalten. Dude, in was für eine Geschichte bist du schon wieder verwickelt? Ich habe dir gesagt, ich will mit diesen Leuten nichts zu tun haben. Ich gehe zur Polizei. Wenn unseren Jungs auch nur ein Haar gekrümmt wird, dann bringe ich dich persönlich um, hast du das verstanden?»

Der Dude wollte etwas sagen.

Aber sie hatte aufgelegt.

Er rief bei seinem alten Dortmunder Kumpel an, dem Kuttenträger.

Er brauchte eine Waffe.

Sofort.

Ihr Handy brummte schon wieder. Die Kollegin sagte: «Jetzt geh doch mal dran, das macht einen ja wahnsinnig.» Sie stellte das Smartphone auf lautlos. Es vibrierte alle zehn Minuten. Die Kollegin sagte: «So viele SMS bekomme ich ja in einem Monat nicht. Bis du verliebt, oder hast du Stress?»

Lächelnd schüttelte Madame den Kopf und schaltete ihr Telefon aus. Sie hatte keinen Stress, nein, auf keinen Fall. Andy aber vielleicht.

Die Rosen am Montagmorgen auf dem Schreibtisch. Der Bote in der Mittagspause, der ihr ein neues Fläschchen Gaultier brachte, Sonderedition, sauteuer. Am Nachmittag im Bistro nebenan plötzlich zwei Gläser Champagner für sie und die Kollegin. Am Nachmittag noch ein Bote. Ein Kärtchen. «Verzeih mir, bitte.»

Am Abend schaltete sie ihr Handy wieder an. Sechsunddreißig Anrufe in Abwesenheit, dreiundzwanzig neue SMS. Der spinnt. Sie wollte nicht, dass das endlos so weiterging. Beim nächsten Klingeln nahm sie ab.

«Verzeih mir, ich habe es nicht so gemeint.»

«Mh.»

«Es tut mir leid, wirklich.»

Das klang hohl und verlogen, Madame bereute für eine Sekunde, sich jemals mit ihm eingelassen zu haben. Sie wollte nur noch in Ruhe gelassen werden.

«Es ist wahrscheinlich besser so, wir vergessen es einfach, ja?»

«Da muss nichts enden, wir könnten es schlicht weiter genießen.»

Madame dachte an seinen muskulösen Körper, sie dachte an seinen Schwanz und war gleich milder gestimmt.

In dem Moment flüsterte er durch den Hörer: «Jetzt besorg doch einfach so ein bisschen Strongdude, und wir versöhnen uns am nächsten Freitag wieder in unserer Suite, ja?»

Madame dachte an seine öligen Haare und den metallenen Sound seiner Stimme, als er im Hotel über das Cannabis gesprochen hatte, sie sah den verschlagenen Zug um seinen Mund und dachte an ihren Dude, der bald entlassen werden sollte.

Sie legte auf.

Auf den Kuttenträger war Verlass, wie immer. Nach zwei Tagen hielt der Dude eine Walther P99Q in der Hand. Er fand das Ding schwer und irgendwie zu groß. In die Gesäßtasche konnte er es nicht stecken, in seiner dünnen Sommerjacke fiel die Waffe einem Blinden auf hundert Meter Entfernung auf, es war zum Verzweifeln. Er könnte die Pistole in so einem Muschi-Männerhandtäschchen mit sich herumschleppen. Aber dann würde er doch lieber nach Albanien ziehen und den Job erledigen. Oder er könnte sich eine andere Jacke zulegen, unter der ein Holster unauffälliger wäre.

Ein paar Tage lang trug er also seine frisch geölte und geladene Walther in einer Aldi-Tüte mit sich herum. Das war ihm einerseits peinlich, weil das so billig aussah, andererseits war es waghalsig, denn er war ja immer noch im Knast, wenn auch nicht mehr lange. Würde er zufällig in eine Polizeikontrolle geraten, wäre er geliefert – und zwar für Jahre. Ohne Waffe aber fühlte er sich schutzlos. Sein Kumpel, der Kuttenträger, verstand das Problem und hatte bei der Waffenübergabe gleich erklärt, er wollte Wladimir & Co. am liebsten «sofort plattmachen», doch das war vielleicht auch nicht der richtige Schritt zur Deeskalation.

«Deeskalation? Spinnst du? Das Wort kennen die gar nicht.»

«Es muss doch einen Weg geben, um ...»

«Nein, vergiss es. Und du weißt das.»

Der Dude antwortete nicht. Er spürte die Ausweglosigkeit, wollte sie aber nicht akzeptieren. Nur: Welche Optionen hatte er wirklich? Die drei Russen plattmachen? Und was sollte das überhaupt heißen?

Er wollte nicht zum Mörder werden, und sein treuer Freund sollte sich raushalten. Kleiner Warnschuss für Wladimir, bisschen zusammenschlagen? Dann hätte er drei rachsüchtige Russen am Hals. Rundherum tolle Perspektiven.

Jetzt saß der Dude allein zu Hause und holte eine neue Flasche Carlos I aus dem Schrank. Das ist ja eine super Resozialisierung, dachte er verbittert, eben noch der emsige Gärtner, schon im Bannstrahl der russischen Mafia, das ist doch alles pervers. Er wollte vor allem nicht, dass diese Kolchoseratten seine Familie bedrohten.

Nach einer halben Flasche Brandy war ihm alles klar. Mit der linken Hand streichelte er seine P99Q, aus der die Seriennummer herausgefeilt worden war, mit der rechten hielt er sich das Handy ans Ohr. Er hörte ein Klacken. Der Dude brüllte sofort los.

«Wladimir, ihr Schweine, hört sofort auf, meine Familie zu bedrohen. Wenn ich Arseni noch einmal in der Nähe meiner Kinder sehe oder höre, dass er sich ihnen genähert hat, schieße ich ihm die Eier weg.»

Seltsame Geräusche im Hintergrund, eventuell russische Stimmen, ein Pfeifen, es war ihm egal. Wladimir sollte einfach zuhören.

«Du hast ein Problem mit mir? Dann halte dich gefälligst an mich, ja? Am Mittwoch um vierzehn Uhr neben dem Bunker am Heiligengeistfeld!»

Er legte auf, hoch erregt, wütend. Er hatte keinen Schimmer, was er nächste Woche neben dem Bunker am Heiligengeistfeld mit Wladimir wollte. Es gab keine Lösung, jedenfalls fiel ihm keine ein. Aber zumindest hatte er so ein paar Tage Zeit gewonnen, das war das Wichtigste.

Der Dude trank weiter. Der Dude tat sich leid. Wieso hatte ihn das Glück verlassen?

Er starrte die Walther an.

Wenn Madame die Waffe sähe, würde sie ihn wahrscheinlich gleich damit erschießen.

Das war alles so sinnlos.

Der Dude nahm das Telefon und drückte die Taste für Wahlwiederholung.

Er hörte ein Klacken. Diesmal wartete er ab. Eine männliche russische Stimme meldete sich, sie war nur leise zu hören. Moment, das war ja gar nicht Wladimir. Das war eine automatische Ansage. Er stutzte. Was war das?

Bandende.

Stille.

Dann dieselbe Stimme in gebrochenem Englisch, wieder vom Band, diese Nummer sei nicht vergeben, man solle sich an die internationale Auskunft wenden.

Es gab keine Verabredung am Bunker.

Wladimir hatte das Handy gewechselt.

Andy war eine Sozialmaschine, die nur drei Betriebsstufen kannte: unwichtige Menschen ignorieren, wichtige Menschen umgarnen und unwillige Menschen bedrohen. Madame bockte? Er konnte auch anders.

Dutzende Anrufe auf ihr Handy. Täglich. Er ließ die Nummer ihres nicht gelisteten Festnetzanschlusses herausfinden und rief auch dort an, allerdings nur morgens und abends, wenn er die Söhne zu Hause vermutete. Damit wollte er maximalen Ärger und Unruhe stiften.

Natürlich rief er nicht selbst an, dafür hatte er Leute. Drumbach legte größten Wert auf gezielte Anrufe am Wochenende, weil dann womöglich der Dude in der Wohnung war, da sollten Madame die Anrufe eigentlich besonders lästig sein. Das erste Telefonbombardement dauerte bereits sieben Tage an. Madame zeigte keine Reaktion. Die Handynummer funktionierte ab dem fünften Tag nicht mehr. Das schlaue Biest hatte sich einfach eine neue Karte besorgt.

Andy schickte ihr eine Mail mit einem Foto von ihr im Negligé auf dem Doppelbett. Das sah sehr schön aus, auch sehr unschuldig. Eine gut aussehende Frau in einem durchsichtigen Seidengewand auf einer großen King-Size-Matratze in einem Luxushotel. Das sah sich doch jeder gern an. Wie würde der Dude das gestochen scharfe Bild wohl finden? Vor allem, wenn es begleitet würde von dem verschmusten Selfie, das sie sehr breit gemacht hatten und das er in einer zweiten Mail an Madame versendete: «Tolles Foto von uns beiden. Ich denke gern an diesen und die vielen anderen Abende und Nächte mit dir zurück. Du siehst phantastisch darauf aus. Ob dein Mann das auch so sähe?» Absatz. «Alles könnte so einfach sein. Es liegt allein an dir.» Dahinter ein Smiley.

Er fand sich raffiniert und lustig. Er schaute in sein Handy. Da waren noch viel mehr Bilder. Er war sehr optimistisch.

Madame starrte auf das Foto, an das sie sich kaum erinnern konnte. Schemenhaft alles. Wie er sie an dem Abend von einer Bar in die nächste geschleppt hatte, immer einen Cocktail für sie in der Hand, immer ein paar Kurze dazwischen, dazu ständig die Aufforderung, doch mal eine Line mit ihm zu ziehen, worauf sie erst gar keine Lust gehabt hatte. Aber weil sie die Stimmung nicht kaputt machen wollte, zog sie brav mit und weiter, bis der Abend hinter einem braungelben Erinnerungsschleier verschwand. Sie waren noch in einer Seitenstraße in einem Stundenhotel gelandet, daran erinnerte sie sich dunkel, zwei Nutten im Schlepptau, das fand Andy ja besonders aufregend. Also nahmen sie die zwei jungen Litauerinnen mit, die ausnehmend hübsch und für zweihundert Euro pro Nase sofort dabei waren, wobei sie sich nur ausziehen und ein bisschen gegenseitig anfassen mussten, was sie sehr ungelenk und unmotiviert taten, während sich Andy auszog und noch mehr Pulver für alle aufschüttete. Irgendwie hatten sie es dann zu zweit ins Hotel geschafft, wo er das Selfie aufgenommen haben musste, das sie jetzt anstarrte.

Es schepperte, die Kollegin schreckte auf. Madame hatte ihre Kaffeetasse fallen lassen.

Das Schwein wollte sie erpressen. Aber was sollte das mit dem Dope? Der konnte sich doch jeden Stoff kaufen, den er haben wollte. Das machte in ihren Augen alles keinen Sinn.

Madame und der Dude hatten seit jeher ein sehr realistisches und liberales Verhältnis. Seine Exzessbereitschaft und ihr Durchdrehwille waren wichtige Säulen ihrer Beziehung, weshalb sie viele Eskapaden zusammen erlebten, sich Alleingänge aber nicht vorwarfen. Das war in etwa der Konsens.

Allerdings fielen Affärchen nicht darunter. Hier mal über die Stränge schlagen, okay, da mal zu lange und zu tief zwischen den Schenkeln einer anderen Person verschwinden, konnte passieren. Aber sich regelmäßig mit jemandem heimlich verabreden, solche Parallelleben waren nicht erlaubt, das konnte ihre Beziehung ins Wanken bringen. Wobei, dachte Madame, da nicht mehr viel wanken kann, weil kaum noch etwas da ist. Was die Sache nur schlimmer machte, weil in dieser Situation jede zusätzliche Erschütterung zum totalen Einsturz führen konnte. Und das wollte sie nicht. Die Zeit mit dem Dude war gerade schwierig und nicht besonders erquicklich. Weder materiell noch ideell oder sexuell. Überall nur Sparprogramm oder Dürre, das war nicht das Leben, das sie wollte. Niemand wollte so ein Leben. Nur war ihr ein echter Kerl wie der Dude mit seinem unbedingten Freiheitsdrang tausendmal lieber als eine windkanalschlüpfrige Karriereratte, als die sich «Andy» gar nicht erst entpuppen brauchte, weil sie in ihm nicht wirklich jemals etwas anderes gesehen hatte. Sie gönnte sich manchmal den Spaß, in dieser gehobenen Managerkaste zu wildern, weil ihr die Insignien und Gewohnheiten dieser Klasse Freude machten, ohne dass sie ihren Protagonisten ernsthaft Respekt entgegenbrachte. So wie ihr Dude gelegentlich seine sexuellen Instinkte in tiefergelegten IQ-Zonen auf dem Kiez befriedigte, erlaubte sie sich eben den Luxus, ab und zu einen Blick in die vergoldeten Ränge zu werfen. Aber das schlimmste Vergehen war das Vertuschen und Lügen. Insofern war das Druckpotenzial des Black-Devil-Chefs real.

Da half nur eins: ein Befreiungsschlag.

Wladimir war weg, verschwunden, untergetaucht. Auf jeden Fall meldete er sich nicht mehr. Auch Alexej und Arseni blieben unsichtbar. Weder Madame noch seine Söhne berichteten Beunruhigendes.

Der Dude registrierte diese Entwicklung mit Erleichterung, nach ein paar Wochen entledigte er sich der Waffe. Mehrmals noch fragte Madame nach den «Orang-Utans» und was es mit Albanien auf sich hätte, aber er winkte stets ab. «Ich habe das geregelt, Schatz, vergiss es einfach.» Das war de facto gelogen, doch der Spuk schien vorbei zu sein, warum auch immer.

Als er dem Motorradfahrer die Walther in einer kleinen Sporttasche überreichte, fragte der nur: «Problem gelöst?»

Der Dude nickte. Sein Freund holte die Pistole aus der Tasche, wickelte sie aus den Tüchern und legte sie in seiner Wohnung, die mit ihrem angedeuteten Gelsenkirchener Barock mitten in Hamburg eine heimelige Ruhrpottverbindung suggerierte, feierlich auf den Eichenholztisch. Er inspizierte sie vorsichtig, checkte das Magazin und die Packung mit den Patronen. Als er sah, dass kein Geschoss fehlte, blickte er kurz auf.

«Sicher, dass alles geregelt ist?»

«Sicher.»

«Gut.»

HAMBURG. Der frühere Innensenator Motev ist gestern wegen gewerbsmäßigen Handels mit Cannabis in erheblichem Umfang über einen langen Zeitraum zu dreieinhalb Jahren Gefängnis verurteilt worden. Sein Verteidiger kündigte an, in Revision zu gehen. Motev war vor Monaten überraschend von seinem Amt zurückgetreten und hatte von «widerlichen Vorverurteilungen» gesprochen. Im Zuge umfangreicher Ermittlungen der Staatsanwaltschaft wurde nördlich von Hamburg eine sogenannte Drei-Felder-Cannabisanlage entdeckt, die Motev zugerechnet werden konnte. Die Anlage war zum Zeitpunkt ihrer Entdeckung von einer schweren Schädlingsplage befallen. Die Verurteilung war nur möglich durch einen anonymen Zeugen, der Motev und drei Helfer, darunter eine in einschlägigen Kreisen als «Rocko» bekannte Kiez- und Drogengröße, schwer belastete und mit umfangreichem Beweismaterial wie Handyfilmen, Dokumenten mit Unterschriften der Beschuldigten und eindeutigen Fotos aufwartete. Motevs Anwalt bezeichnete das Urteil als «grotesk»: «Wir stehen kurz vor einer vollumfänglichen Legalisierung von Cannabis, aber hier wird aufgrund der Aussage eines zwielichtigen Zeugen ein ehrbarer Bürger und ein verdientes Mitglied des Hamburger Senats in den Schmutz gezogen und seiner Zukunft beraubt. Dagegen werden wir bis in die letzte Instanz kämpfen.»

Madame betrat das Wohnzimmer zaghaft, leise setzte sie die Tasche ab. Der Dude rührte sich nicht auf dem Sofa, von wo er in den Fernsehbildschirm starrte. Sein Programm hieß World of Warcraft. Stunde um Stunde, Tag um Tag. Der Anblick rührte und bedrückte sie. Vor zwei Wochen war ihr Dude vorzeitig aus dem Gefängnis entlassen worden, und nach all den Jahren war das ein erstaunlich unspektakulärer Tag gewesen. Durch die lange Zeit als Freigänger empfand der Dude diesen letzten Schritt hinaus ins alte Leben nicht so beglückend, wie er es sich erträumt hatte. War er halt draußen. Er sah nicht die Freiheit, er sah nur die Probleme. Kein Job, kein Geld, keine Perspektive. Im Seniorenheim kündigte er sofort. Jetzt wartete er auf irgendwas, er wusste nicht genau, worauf. Er wollte World of Warcraft spielen. Das reichte vorerst.

Madame mochte es, wenn der Dude es sich zu Hause gemütlich machte, statt über den Kiez zu stromern. Aber er spielte allein, weil sich die meisten seiner Freunde während der Knastzeit aus dem Spiel verabschiedet hatten. Und er sprach nicht mit ihr, weil sie sich nichts mehr zu sagen hatten oder nur noch stritten – auf Letzteres verzichtete sie genauso gern wie er.

Früher waren sie wie Bonny und Clyde gewesen, dachte Madame aufgewühlt, jetzt war es manchmal wie eine Ehe direkt aus dem RTL-II-Nachmittagsprogramm. Aber sie wollte nicht aufgeben, noch nicht. Schon wegen der Zwillinge.

«Dude, ich muss dir zwei Dinge sagen. Für die eine Nachricht schäme ich mich. Die andere macht mir Angst.»

Ihr Mann bewegte weder Kopf noch Augen in ihre Richtung, der Satz hing nutzlos im Raum, es war nicht ganz klar, ob er ihre Anwesenheit bemerkte.

«Okay, bevor ich dir jetzt diese beiden Sachen erkläre,

möchte ich dir sagen, dass ich dich immer noch aus tiefstem Herzen liebe, und trotz aller Schwierigkeiten der vergangenen Jahre, in denen wir beide Fehler gemacht haben oder vielleicht auch nur überfordert waren, dass du der Mann bist, mit dem ich zusammen sein und alt werden will, und wenn du …»

«Mit wem hast du gefickt?»

«Was?»

Der Dude legte die Tastatur auf den Holztisch vor sich, griff sich eine Zigarette sowie sein Brandyglas und lehnte sich mit einem süffisanten Lächeln zurück, während er seine Beine samt Stiefel neben der Flasche ablegte. «Wenn du mir mit so einem pastoralen Ton kommst, willst du mir bestimmt nicht nur von Problemen mit der letzten Stromrechnung erzählen, oder?»

«Also, ich muss echt sagen, dass ich jetzt keine Lust habe …!»

«Mit wem hast du gefickt? Antworte, oder diese Unterhaltung ist sofort beendet.»

Der Satz war wie ein funkelndes Sägeblatt, das ihre hehren Ansätze der Gesprächsführung zerschnitt. Der Dude sah sie entschlossen an. Sie kannte diesen Gesichtsausdruck, dieses gekünstelte Lächeln, mit dem er große Wut zu kaschieren versuchte.

«Okay, das war's.»

Der Dude knallte sein Glas wütend auf den Tisch und sprang auf.

«Sein Name ist Andy, und er ist der Chef von Black Devil.»

Er blieb stehen und grinste undurchschaubar. Ließ sich wieder auf das Sofa fallen, breitete die Arme hinter sich auf der Lehne aus und hob auffordernd das Kinn. «Jaaaa? Ich höre …?»

Madame stand vor ihm wie eine Angeklagte. Mit knappen,

betont sachlichen Sätzen schilderte sie ihre Beziehung zu Andy, reduzierte dabei natürlich die wahre Länge des Verhältnisses auf ein Drittel der Zeit und die Zahl der Treffen auf ungefähr ein Fünftel, was sie aber entschuldbar fand, weil der Rest schon ehrlich genug war. Und weil sie wusste, dass er die in diesen Fällen üblichen Männerfragen – Wo ist es passiert? Wie oft ist es passiert? Und fandest du es geil, ja? – stellen würde, nannte sie das Vier Jahreszeiten als Ort des Betrugs gleich mit und beschrieb den Topmanager, der im echten Leben ein wirklich außerordentlich talentierter Liebhaber war, in ihrer Beichtversion als «bestenfalls durchschnittlich und oft auch gar nicht in der Lage», was dem Dude zumindest ein verächtliches Grunzen entlockte. Männer sind doch sehr, sehr einfach gestrickt, dachte Madame mal wieder.

Der Dude blieb seltsam ruhig. Eigentlich könnte der wenigstens ein bisschen ausflippen, fiel ihr auf, oder ist dem jetzt schon wurscht, mit wem schlafe? Madame spürte, dass ein feiner Schleier säuerlichen Ärgers ihren zarten Hals hochkletterte und sich ihr über die Stimmbänder legte. Mit brüchiger Stimme erzählte sie, wie sich Andys Verhalten geändert und wie es aus heiterem Himmel plötzlich um das Strongdude gegangen sei – und er sie deswegen erpressen wollte. Sie war nicht mehr ganz bei der Sache, weil der Dude nicht reagierte. Es war unfassbar. Ja, sie waren sehr tolerant und liberal, aber doch nicht gleichgültig. Sie gingen manchmal sogar zusammen auf Partys, die zu später Stunde auf die köstlichste Art aus dem Ruder liefen und zu wahren Orgien ausarteten. In bester Laune hatte sie ihrem Dude schon beim fröhlichen und ungestümen Sex mit guten gemeinsamen Bekannten oder auch ganz fremden Frauen zugesehen, und jedes Mal schliefen sie danach umso heftiger miteinander. Wenn der Dude sich jetzt gänzlich unberührt gab, dann, so mutmaßte sie augenblicklich, ja wohl nur, weil ihr Geständnis ihn gerade selbst von irgendetwas entlastete, das er zu verbergen hatte. So waren diese Typen doch alle. Ihre vermeintliche Liberalität und Offenheit war immer nur ein Vorwand für die eigenen Nebenaktivitäten, diese Schmutzwürste.

«Was hat er?»

«Bitte?»

«Was hat dieser Kerl gemacht? Der wollte dich erpressen?»

«Ja, so muss man das wohl nennen.»

«Und alles nur wegen des Dopes?»

«Ja.»

«Du verschweigst mir nichts, da geht es nicht im Grunde um was ganz anderes?»

«Nein, isch schwöre auf Koran!»

Sie lachten beide. Die Formulierung hatten ihre Zwillinge kürzlich aus der Schule mit nach Hause gebracht, seitdem gehörte sie zum Familienwortschatz.

«Gib mir seine Nummer.»

«Dude, ich weiß nicht, ob das jetzt ...»

«G-i-b m-i-r d-i-e N-u-m-m-e-r!»

Der Dude griff zum Handy. Seine Finger fühlten sich eigenartig leicht an, vielleicht sogar zittrig. Das waren Symptome einer Aufgeregtheit, die er eigentlich nicht kannte. Konnte am Medium liegen. Bei Streit war die körperliche Präsenz ein entscheidender Faktor. Da sein. Den anderen sehen. Den Gegner richtig einschätzen. Und im Zweifelsfall sofort zuschlagen können. Unmittelbare Sanktionsmöglichkeit statt folgenloser Drohung. Gewaltbereitschaft signalisieren und bei Bedarf sofort sehr praktisch umsetzen.

Am Telefon dagegen nur: Worte, ja. Drohungen, ja. Beleidigungen, ja. Aber leider ohne unmittelbare Konsequenzen. Das mochte der Dude nicht. Der Klingelton brummte in seinem

Gehörgang. Der Dude dachte: nichts. Es gab keinen Plan für das Gespräch mit diesem Andy, keine große Idee, sondern nur kalte Wut und den Willen zur Aktion.

«Ja, hallo, Andy hier!»

Madame blieb im Wohnzimmer, während der Dude im Büro wütete. Sie hörte ihn schreien. Heftige Drohungen, wüsteste Beleidigungen. Ihr Dude halt.

Dann Stille. Minutenlang nichts. Aufgelegt? Umgefallen? Schon gegangen?

Nervös schlich sie den Flur entlang und spähte in das Büro, wo der Dude am Fenster stand und mit dem Handy am Ohr nach draußen in den Garten schaute. Sah ganz normal aus. Irritiert ging Madame zurück ins Wohnzimmer.

Nach einer Viertelstunde kam der Dude und sah so seltsam aus, wie sich Madame fühlte. Umständlich setzte er sich auf das Sofa und schaute sie an, ohne sie wirklich zu fixieren. Schwere Wolken über dem Dude'schen Schädel. Er war nicht ganz bei der Sache. Seine Finger trommelten noch nicht komponierte Lieder auf der Tischplatte.

«Und?»

«Tja.»

«Was heißt hier tja?»

«Tja heißt tja, was sonst?»

«Dude, was ist passiert? Hast du nicht mit Andy gesprochen? Was ist mit dir los?»

Er lehnte sich nach vorne und nagelte sie mit einem Pfeilblick fest. Ganz klar wirkte er jetzt, voll da, sprungbereit.

«Ich fliege morgen zu ihm.»

«Was?»

«Du hast richtig gehört, ich fliege morgen zu deinem Andy, und zwar mit seinem Privatjet.»

Fragezeichengewitter. «Dude, was um Himmels willen erzählst du denn da, ich verstehe nur noch Bahnhof.»

Der Dude lachte. «Morgen, Schatz, fliege ich zu Dr. Andreas Drumbach. Er hat mich eingeladen. Er sagte, ich sei ein wahrer Künstler, ich sei der beste Mann, niemand habe jemals so einen Stoff hergestellt wie ich, Strongdude sei eine Legende, und er sei stolz und hocherfreut, mich endlich kennenlernen zu dürfen.»

Madame vergaß zu atmen. Madame japste. Madames Organismus konnte sich nicht zwischen einer spontanen Ohnmacht und einem hysterischen Lachanfall entscheiden.

«Andy will mit mir ins Geschäft kommen.»

Der Dude blickte sie triumphierend an. All die Demütigungen, Ängste, Komplexe, Enttäuschungen der vergangenen Monate schienen wie weggeblasen.

«Der will mit mir nicht nur einfach so ins Geschäft kommen, der will mit mir das ganz große Ding anschieben, verstehst du, so richtig fett!»

Madame starrte ihn an. Irgendetwas veränderte sich gerade. Sehr heftig und schnell. Sie wohnte einer radikalen Metamorphose bei. Sie roch es. Sie spürte es.

The Dude is back.

Madame wurde ganz warm. Sie sollte dringend mal wieder mit ihrem Mann schlafen.

BERLIN. Der Immobilienboom in stadtnahen Gebieten geht nach Ansicht der Deutschen Cannabis Vereinigung auf die Aktivitäten von Großkonzernen zurück, die sich für den Fall einer möglichen Legalisierung Produktionsstätten sichern wollen. Von einzelnen

Bauern seien eindeutige Hinweise auf den Chemie- und Pharmakonzern Meduk eingetroffen, es gebe auch Hinweise auf Unternehmungen des Getränkeherstellers Black Devil. Die Käufe und Anmietungen erfolgen in der Regel über Scheinfirmen, Strohmänner oder Kanzleien, die ihre Kunden nicht preisgeben. Die Grünen werfen der Bundesregierung derweil vor, solche Entwicklungen durch ihre Hinhaltepolitik zu begünstigen: «Während die ganze Welt über die nächsten Legalisierungsschritte spekuliert, gehen die Wirtschaftsfreunde der Kanzlerin offensichtlich schon auf Einkaufstour. Gibt es da einen Informationsvorsprung, von dem die deutsche Öffentlichkeit wissen sollte?»

Beide genannten Unternehmen und das Kanzleramt dementierten umgehend. Ein Regierungssprecher lehnte eine Stellungnahme ab. Solche «abstrusen Vorwürfe» könne man nur ignorieren, sie seien ein «schäbiger Versuch», die Integrität der Regierungschefin zu unterminieren.

Der Dude wurde hofiert, das gefiel ihm. Er mochte es, wenn Leute Respekt zeigten. Ein Chauffeur holte ihn mit einem schwarzen Audi A6 ab und brachte ihn zum Flughafen, wo Andys Privatflieger starten sollte. Er hatte sich so schick gemacht, wie es sich für den Anlass gehörte. Seine Schlangenlederstiefel blitzten mit den blauen Ray-Ban-Gläsern um die Wette, der Tartan-Anzug von Westwood hatte schon etwas Patina, ließ seinen Träger aber immer noch aus der Masse herausstechen als jemanden, der Geschmack hatte und exaltiert genug war, sich so einen Dreiteiler überhaupt leisten zu können. Was auf den Dude im finanziellen und im allgemeinen Sinne zutraf.

In drei Minuten war er durch die sogenannte Abfertigung

durch, die hier, wo die Reichen und die schönen Reichen ihre Trips begannen, praktisch nicht existent war. Er ging zu Fuß zu dem zweistrahligen Jet, der ganz in das firmeneigene, weltweit patentierte Tiefschwarz-Black von Black Devil getaucht war, matt natürlich, was dem Flieger die Anmutung eines amerikanischen Tarnkappenbombers gab. Fehlen nur ein paar ordentliche Air-to-Ground Missiles, dachte der Dude.

Nach kaum einer Stunde Flug landete er auf einer Piste, die kürzer wirkte als die Auffahrt einer Autobahn, aber der Pilot, der ihn mit Handschlag und militärischem Gruß verabschiedete, ließ das edle Teil weit vor dem Ende des Betons ausrollen, um den Dude an Ort und Stelle aussteigen zu lassen, wo bereits ein großer SUV samt attraktiver Fahrerin auf ihn wartete. Die langhaarige Schönheit, deren Mähne in dem gleichen Tiefschwarz-Black wie der Jet getönt war, schnatterte fröhlich und ungezwungen auf ihn ein, was seine Laune noch steigerte, zumal der hautenge Black-Devil-Overall an derart raffinierten Stellen Löcher hatte, dass ihm lendenheiß einfiel, wie lange er schon nicht mehr richtig zum Zuge gekommen war. Ob es ihr sonniges Gemüt oder taktische Anbiederung auf Geheiß ihres Arbeitgebers war, kümmerte den Dude nicht. Wichtig war auf der recht kurzen Fahrt zur Firmenzentrale nur, wie ungezwungen sie seine Blicke ignorierte oder vielleicht sogar ein bisschen genoss. Sie zwinkerte ihm, so dachte der Dude zumindest, im Rückspiegel aufmunternd zu und vergaß nicht, den Namen von zwei empfehlenswerten Bars im Ort gleich mehrfach zu wiederholen. Der Dude hatte sich geradezu überrumpelt gefühlt, als er ihr, die sich als Annika vorstellte, die Hand geben wollte, stattdessen aber links und rechts auf die Wange geküsst wurde, wobei er meinte, sie berühre seine Haut mit der Zungenspitze, was ihn fast irre werden ließ.

So gefiel ihm das Big Business.

Als der Dude den großen Konferenzsaal im obersten Stock betrat, brandete Applaus auf. Erst nach zwei Sekunden verstand er, dass die wirklich ihn meinten.

Er fing an, Black Devil richtig ins Herz zu schließen.

Möglichst lässig ging er den ganzen langen Tisch entlang bis zu Andy, der am lautesten von allen klatschte. Der Dude grinste huldvoll nach allen Seiten und machte die üblichen leicht ironischen Gesten, die man in solchen Momenten erwartete und die signalisierten, dass man sich sehr über den Empfang freute, ihn aber zugleich doch etwas übertrieben fand. Wobei dieser Aspekt besonders geheuchelt war, denn er fand hier gar nichts übertrieben, er fand zum vielleicht ersten Mal in seinem Leben alles komplett richtig und angemessen.

Andy stellte ihn den Anwesenden ausführlich vor und pries ihn wie einen Heilsbringer, der allein in der Lage sei, die kühnen Visionen des Unternehmens mit Leben zu füllen. Später wechselte der Black-Devil-Chef zu den einzelnen Produktvarianten und übergab an seinen sogenannten Entwicklungs- und Marketingchef Rudolf, der dem Dude die Unterschiede zwischen den Bullets detailliert erläuterte. Alle starrten ihn unentwegt an, fünfundzwanzig Augenpaare folgten jeder Bewegung. Er sah Spott in einigen Gesichtern, Neid und Missgunst hier und da, vor allem aber sehr viel Skepsis – und die übliche Portion Duckmäusertum.

Andy übernahm wieder und erläuterte die wichtigsten Aspekte der internationalen Strategie, bei der es um dezentrale Produktionsstätten, maximale Skalenerträge und schnellstmögliche Marktdurchdringung ging. Insbesondere die Pläne für Europa wirkten auf den Dude extrem ambitioniert. In einigen Ländern war Cannabis noch völlig illegal, in manchen teilweise toleriert, in anderen fest in die dortigen kriminellen Strukturen integriert.

In dem Moment sagte Andy: «Zur Überwachung und Organisation dieser hochkomplexen internationalen Aufgabe haben wir ein kleines Spezialteam zusammengestellt, das sich seit Monaten auf diese Aufgabe vorbereitet.» Er drehte sich dem Dude zu. «Vielleicht kennen Sie sogar einige der Herren.»

Drumbach grinste bei diesen Worten seltsam.

Die Tür ging auf. Drei hochgewachsene kräftige Männer in sehr eleganten Nadelstreifenanzügen und mit pomadisierten schwarzen Haaren schritten leichten Fußes in den Saal und direkt auf Andy zu.

Wladimir, Alexej und Arseni.

«Diese Männer werden unsere Produktionsstätten im Ausland, insbesondere in wichtigen Ländern wie Albanien und Tschechien, überwachen und die Sicherheitsmaßnahmen für die heimischen Anlagen organisieren.»

Bevor der Dude einen klaren Gedanken fassen konnte, griffen große Pranken nach seinen Händen. Jemand stützte sich von hinten auf ihn. Die drei Russen begrüßten ihn wie einen alten Freund.

«Hey, endlich ist der Dude da.»

«Willkommen im Team.»

Wladimir zog ihn halb aus dem Sessel, in dem er wie festgewachsen sitzen bleiben wollte. Sein früherer Knastbeschützer drückte ihn so fest an sich, dass seine Wirbelsäule an zwei verhakten Stellen befreit knackte.

«Dude, mein Bruder, ich bin so froh!»

Ich nicht, dachte der Dude, ich nicht.

Andy fuhr fort und betonte die Notwendigkeit, die eigenen Interessen auch im politischen Raum angemessen zu vertreten, um dort nicht zum Spielball der herrschenden Lobbyistenzirkel zu werden.

«Aus diesem Grund freue ich mich sehr, lieber Dude, dir unseren neuen Berliner Chefberater vorzustellen, der dich, wie er mir eben erst sagte, sogar selbst schon einmal kontaktiert hat: Dr. Emil Zwillinger, wissenschaftlicher Berater diverser Grünen-Abgeordneter – und ab sofort unser sehr diskreter, aber hoffentlich wirkungsvoller Mann in der Hauptstadt!»

Eine Art verhärmter Daniel-Cohn-Bendit-Verschnitt nickte dem Dude von der gegenüberliegenden Seite des Tisches sehr freundlich zu, wie einem alten Bekannten. Nun ja, in gewisser Weise waren sie das ja auch. Ein Grüner auf der Payroll von Black Devil, das nennt man wohl eine Zeitenwende, dachte der Dude beeindruckt, oder einfach nur korrupt.

■

HAMBURG. Wie erst jetzt bekannt wurde, hat der zu einer mehrjährigen Haftstrafe verurteilte frühere Innensenator Hamburgs, Motev, entgegen ersten Ankündigungen doch auf eine Berufung verzichtet und seine Strafe akzeptiert. Das bestätigte auf Nachfrage die schleswig-holsteinische Staatsanwaltschaft. Motevs Anwalt war für eine Stellungnahme nicht zu erreichen. Motev ist wegen einer von ihm geführten Cannabisplantage zu dreieinhalb Jahren Gefängnis verurteilt worden.

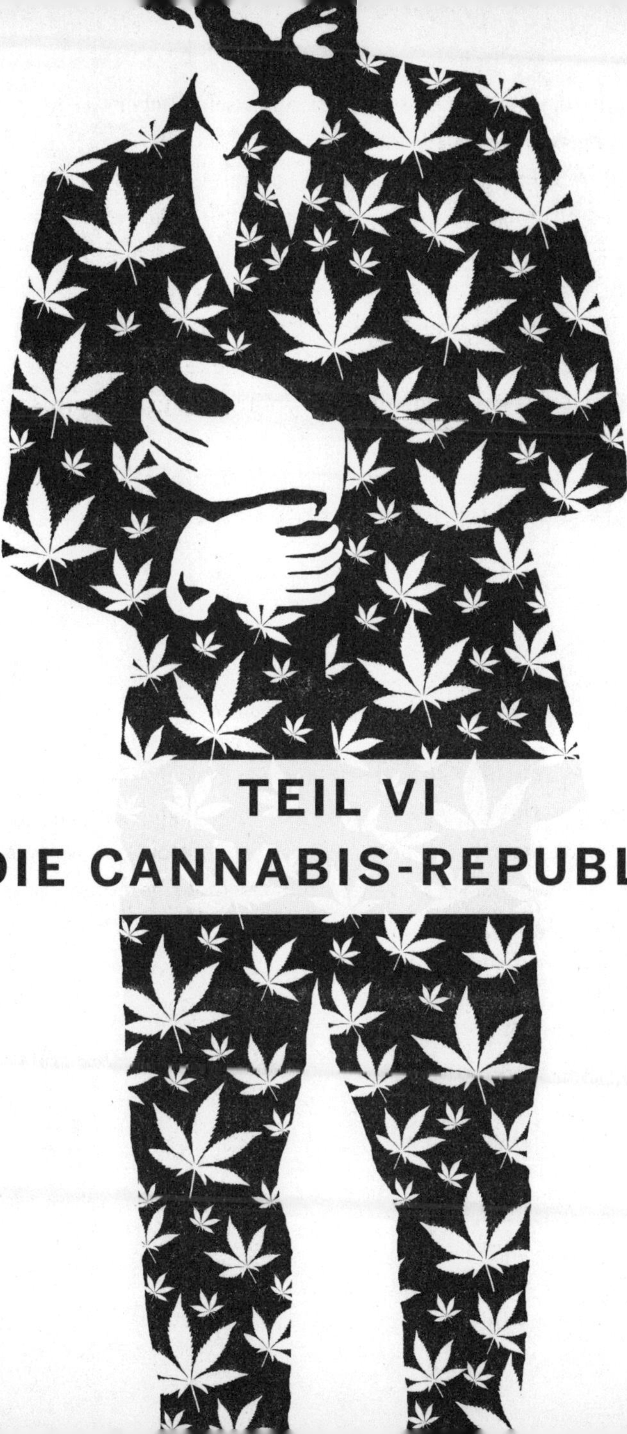

TEIL VI
DIE CANNABIS-REPUBLIK

Der Dude schaute aus dem Fenster auf die Kulturstadt und musterte unauffällig sein Spiegelbild im Fenster. Der weiße Leinenanzug und die Schlangenlederstiefel harmonierten mal wieder hervorragend miteinander, ebenso das lachsfarbene, weit offene Hemd.

«Na, dann wollen wir mal, oder?»

Sein neuer Kumpel Andy hielt ihm einen Montblanc-Füller hin, einen aus der ganz großen Serie, Le Grand, schönes Teil, dachte der Dude noch und erinnerte sich daran, dass er ungefähr seit der vierten Klasse nie mehr mit einem Füller geschrieben hatte. Aber heute war eben ein besonderer Tag.

Er sah Andy fest ins auffallend glatte Gesicht. Drumbach zeigte seine tadellosen porzellanweißen Zähne. Der Dude setzte sein Profigrinsen auf. Andy klopfte auffordernd auf das Dokument, genau auf die Stelle, wo er seine Signatur hinsetzen sollte.

Drumbach ist im Grunde ein Schmierlappen, dachte der Dude, gerade jedoch ein nützlicher und großzügiger Schmierlappen. Alles an dem Manager war ein Tick zu viel: die Haare zu ölig, die Anzüge zu eng und zu teuer, die Sneakers zu modern, was in diesem Alter höchst verzweifelt wirkte, weil das Lechzen nach Anerkennung durch Jüngere etwas Demütigendes hatte. Echte Kerle brauchten das nicht, aber ein echter Kerl war Andy nicht – nicht in den Kategorien des Dude.

Die ganze Show, das modernistische Getue, das Herumgekumpel mit den Mitarbeitern, das auch nichts anderes war als das Anbiedern des Henkers an seine Opfer, wie dem Dude klarwurde, während sie in den vergangenen Wochen über ihren Plänen und Ideen gebrütet hatten und er den Black-Devil-Chef in Interaktion mit seinen Mitarbeitern sehen konnte. Das alles war durch und durch verlogen und zynischster Zynismus.

Die hier arbeitenden jungen Menschen fühlten sich anscheinend trotz des erratischen, eigentlich unverhohlen autoritären Charakters von Andy wohl, weil ihnen vorgegaukelt wurde, es gebe keine Grenzen mehr zwischen Arbeit und Freizeit, alles verschmelze zu einem erfüllten Leben – und das glaubten die auf bestürzend rührende Weise tatsächlich. Es war wie bei Google, Facebook, Apple oder anderen modernen Sekten. Wer dort auf der Payroll stand, zählte sich bereits zu den Auserwählten, nur weil ein durch und durch berechnender Arbeitgeber mit Hilfe von ein paar sehr billigen Goodies wie freien Soft Drinks und Mittagessen vom hauseigenen Koch sowie Eis rund um die Uhr den Angestellten das Gefühl gab, besonders geschätzt und ausgesucht behandelt zu werden. Das kannte der Dude auch aus der Immobilienwelt seiner Madame, wo sich selbst erwachsene Männer vor Freude in die Hose machten, wenn ihnen ein alberner Kicker auf den Flur gestellt wurde und sie ab und zu an ein paar Stangen ziehen durften. Herrje, was für Muschis.

Er setzte den Füller auf und zauberte eine besonders saubere, beeindruckend große Unterschrift auf das handgeschöpfte Büttenpapier. Supergehalt, super Tantiemen, super Beteiligungen, super Perspektiven, superduper.

Andy hob sein Champagnerglas.

«Willkommen bei Black Devil!»

«Auf eine goldene Zukunft!»

«Auf eine grün-goldene Zukunft!»

DÜSSELDORF. Hinter den Kulissen der stark expandierenden Szene der sogenannten Growshops und Headshops in Deutschland sei es zu heftigen Übernahmeschlachten und Marktturbulenzen gekommen, berichtet das Handelsblatt. Während der Media-Markt-Ableger SuperGrow erneut 126 Filialen und der Bauhaus-Ableger FantasticGrow 231 Flagshipstores vor allem in Großstädten eröffnete, schlossen die Drogeriemarktketten dm und Rossmann mit jeweils 450 beziehungsweise 455 bisher unabhängigen Fachläden sogenannte exklusive Kooperationsverträge, die nach Meinung einiger Insider eine totale Übernahme bedeuten. Nach Angaben der Bundesvereinigung der Growshops und Headshops (BudGroH) ist die Zahl der freien Growshops auf unter 2000 gefallen, mehr als 4000 unabhängige Geschäfte seien bereits verschwunden. Zuletzt hatten sich Meldungen gehäuft, der Konzentrationsprozess laufe zunehmend aggressiver ab. An einigen Stellen war die Rede von anonymen Käufern, möglicherweise branchenfremden Konzernen. Für diese Gerüchte, so das Handelsblatt, gebe es von keiner Seite eine offizielle Bestätigung.

Der Dude legte den Füller zur Seite. Er war jetzt ein regulärer Angestellter des Black-Devil-Konzerns. Nicht irgendein Angestellter, sondern der Chief Cannabis Business Development Officer, kurz CCBDO. Dafür würde es unbegrenzt Freiflüge nach Hamburg geben, wo er eine eigene Versuchsstätte aufbauen könnte, einen Firmenwagen der Porsche-Klasse, wenn er wollte, dazu anfangs fünfundzwanzigtausend Euro pro Monat plus eine sehr großzügige und kompliziert zu berechnende Umsatzbeteiligung am erwarteten Cannabisgeschäft. Irgendwie würde er wohl einen Teil der fünfundzwanzigtausend Kracher nicht ausgezahlt bekommen, meinte Andy eben, als er danach gefragt hatte, wegen der Steuern und der Krankenkasse und anderer Abzüge. Griff der Staat einfach ab. Peng.

Das war dem Dude immer noch neu, er hatte ja nie Steuern gezahlt, na gut, im Altenheim zuletzt wohl, aber da war der Verdienst so gering, dass es kaum Abzüge gab. Und jetzt würde richtig was runtergehen? Warum ließ sich Andy darauf ein? Besser wäre es doch, meinte der Dude, er bekäme die Kohle schwarz, aber da winkte Andy ab, nee, nee, keine krummen Dinger. Er wolle sich nicht ausgerechnet jetzt in Schwierigkeiten bringen, wo es losgehe und der Staat umso sorgfältiger auf die Führungszeugnisse der Antragssteller für Cannabislizenzen schauen werde.

Angestellter. Das hatte der Dude nie werden wollen. Im Fahrstuhl nach dem Umtrunk blätterte er kurz durch den fünfzehnseitigen Vertrag. Das sei ganz normal, das Kleingedruckte könne er getrost vergessen, alles eine einzige überflüssige juristische Schwurbelei, hatte Andy erklärt, als er ihm das Dokument auf den Tisch legte. Versteht kein Mensch, braucht kein Mensch, einfach weitermachen.

So sah der Dude das auch. Er würde sich so ein Regelwerk zehnmal durchlesen können und immer noch nichts kapieren, also besser gleich ganz darauf verzichten. Als er in großen Schritten durch das riesige Foyer zum Eingang eilte, rief ihm die scharfe Annika, die ihm auf Bestellung – und Andys Wunsch und Bezahlung, wovon der Dude aber nichts ahnte – regelmäßig im Hotel um die Ecke und bald wohl auch in einer eigenen kleinen Wohnung hier zu Diensten war und auch gern mal eine Freundin mitbrachte (das kostete Andy den dreifachen Tarif, den er später auf die Hälfte herunterhandelte), hinterher: «Bis später, Mister Chief Cannabis Business Development Officer.»

Geiles Ding.

Es gab kein Freizeichen, Mailbox. Schon wieder. Madame versuchte es erneut. Immer dasselbe Ergebnis: nichts. Wütend schmiss sie ihr Handy aufs Sofa. Es war Freitagabend, sie hatte ihr japanisches Kleid mit dem besonders hohen Schlitz an. Morgens war sie beim Sport und bei der Massage gewesen, mittags bei der Pediküre, nachmittags beim Friseur, dann Kleid abholen und schminken. Sie sah sensationell aus. Für den Dude. Es sollte eine Überraschung sein, aber jetzt war der nicht zu erreichen. Keine Ahnung, wo er wieder steckte. Laut Terminplan sollte er schon in Hamburg gelandet sein. Vielleicht war der Black-Devil-Flieger noch in der Luft? Sie rief beim Airport an, der Learjet war nicht angemeldet, niemand wusste Bescheid. Wiederholt prüfte Madame den Sitz des sündhaft teuren Seidentraums und setzte sich an den großen Tisch im Esszimmer. Die Jungs waren übers Wochenende bei ihrer Mutter, was die super fanden, weil sie mit Onkel Herbert an die

Hohwachter Bucht zum Segeln fahren durften. Das perfekte Setting für ein Love Weekend. Und jetzt?

Madame ärgerte sich. Andererseits, so war er eben. Ging voll auf in dem neuen Job, hängte sich voll rein, gab alles und noch zehn Prozent mehr. Ihr kleines Abenteuer mit Andy erwähnte er nie wieder, was sie ihm hoch anrechnete. Die übernommene Aufgabe und die zugeteilte Verantwortung ließen ihn aufleben, anscheinend beflügelten ihn der Zuspruch und die Anerkennung zu neuen Höchstleistungen und einem Selbstvertrauen, das ihr sehr bekannt vorkam. Das war ihr Dude. Energisch, entspannt durch Erfolg, großzügig, laut, lustig, fordernd. Ein echter Mann, einer, der Welten bewegen und verändern konnte und sich um nichts scherte. Allein der Gedanke machte sie ein bisschen wuschig. Die vergangenen Jahre blendete sie einfach aus, extreme Situation, extreme Reaktionen, so war das eben, dachte Madame, das nennt man Leben, da läuft nichts einfach nur geradeaus. Zwischendurch fuhr ihr manchmal ein kleiner Stich in die Brust, für Sekunden nur, wenn sie überlegte, ob er das möglicherweise anders sehen könnte. Da gab es einen Rest giftiger Zweifel in ihr. Was, wenn es gar keine Chance für einen echten Neustart für sie beide gäbe, weil der Riss zu tief war?

Der Dude hatte in diesen Wochen ständig zu tun. War ständig auf Achse. Per Jet, per Auto mit Fahrer, allein oder mit Kollegen, sie hatte keinen Überblick mehr. Sporadisch nur meldete er sich von unterwegs. Alles war immer irgendwie geheim, nie konnte sie ihm Details entlocken, die sie selbstredend interessiert hätten. Das Kulturstädtchen, Österreich, Albanien, Tschechien, Berlin, Hamburg, kreuz und quer durch die Republik, dazu die Beneluxstaaten, das waren die Stationen, zwischen denen er stetig zu pendeln schien, so viel zumindest wusste sie.

Oft ging er gar nicht ans Telefon, und wenn, dann nur kurz. Nicht selten nahm eine Assistentin ab, die sich mit dem Namen Annika meldete, und entschuldigte den Dude. Was ist das für eine Frau, wollte sie wissen, wie sieht die aus, wo kommt die her, was macht die? Später biss sie sich aus Scham über diese Fragen so fest sie konnte in die rechte Hand. Eifersucht. Das Gefühl war ihr neu. Nicht schön. Sehr fies sogar. Aber er beruhigte sie auch nicht, sondern zeigte ihr nur ein Facebook-Foto von dieser billigen, hochgebockten Unterarmtattoo-Tussi. Die sei bei Black Devil eine Art Mädchen für alles, der Chef hätte sie ihm an die Seite gestellt, damit er sich auf seine Arbeit konzentrieren könne.

«Ach, Mädchen für alles?»

«Ja, genau.»

«Wahrscheinlich für wirklich alles, ja?»

«Wie meinen?»

«Vielleicht bläst sie dir auch ab und zu schön einen, damit du ganz entspannt arbeiten kannst, ja?»

«Madame!»

«Kannst du ruhig zugeben, das mit der kleinen Schlampe, ja, macht sie dich richtig geil?»

«Reiß dich zusammen, sonst gehe ich.»

«Ach, jetzt drohst du mir auch noch. Mir reicht schon, wie die aussieht, dicke Brüste, diese Lippen und die Klamotten, billiger geht es ja kaum. Und billig, da stehst du doch drauf!»

Weg war er. Das hätte sie vielleicht raffinierter anbringen können, warf sie sich später vor. Ach, ihr neuer alter Dude. Wie gut ihm auch dieser maßgeschneiderte Nadelstreifenanzug von Tom Reimer im Mittelweg stand, den er jetzt manchmal trug. Dazu die maßgeschneiderten Stiefel. Wow. Schon wenn sie ihn so unten auf der Straße herankommen sah, schwappte ihr Herz über.

Sie rief noch mal an. Mailbox. Früher war es die Plantage, heute Black Devil. Es war zum Heulen. Wer dachte eigentlich mal an sie?

▬

Die Vorstandsvorsitzende las den aktuellen Lagebericht ihres Sicherheitsdienstes. Sie traute niemandem. Schlimme Zeiten waren das, selbst glasklare Verabredungen wurden hinterrücks umgangen. So hatte sie sich die Welt nie vorgestellt, damals an der Uni. Später merkte sie, wie die meist männlichen Egoisten sie bei Praktika und Jobs an die Seite drängten, weil sie auf Zusammenhalt und Gemeinschaft pochte. Also änderte sie ein paar Sachen.

Erste und wichtigste Regel: Nimm auf niemanden Rücksicht, es sei denn, es nützt dir. Die anderen Regeln hatte sie vergessen, sie brauchte nur die eine. Trotzdem war sie stets enttäuscht, wenn sie vorgeführt bekam, wie brüchig der zivilisatorische Firnis um sie herum wirklich war.

Jetzt also Andy von Black Devil. Traf sich offensichtlich mit diesem Ex-Grasanbauer aus Hamburg, um entgegen aller Vorsätze und Vereinbarungen leise, still und heimlich eigene Plantagen aufzubauen, und zwar deutschlandweit, berichteten ihre Späher und Spione. Drumbach ging, mutmaßlich wegen fehlender finanzieller Mittel, nicht so großzügig und großflächig vor, wie Meduk es tat. Aber die Tendenz war eindeutig. Black Devil ging geradezu vorbildlich konspirativ vor, das war einigermaßen bemerkenswert, konstatierte Isabelle Frevert anerkennend. Sie schrieb sich mehrere Fragen auf, die daraus resultierten. Sie wollte innerhalb der nächsten vierundzwanzig Stunden eine Probe von diesem legendären Strongdude aus einer der Drumbach-Versuchsanlagen haben, Böll müsste den Stoff analysieren. Meduk würde die Aufkäufe von Hallen und Land intensivieren, den Entwicklungsetat noch mal aufstocken und die Binnenstruktur sorgfältiger tunen. Ein neues Team müsste ab sofort die Chancen für eigene Produkte auf dem Freizeitmarkt ausloten. Der Sicherheitsdienst sollte evaluieren, inwieweit die Bemühungen von Black Devil etwas «verzögert» werden könnten – mit allen geeigneten Mitteln, Infiltration, Sabotage, das ganze übliche Programm. Sie hielt inne. Sie las den letzten Satz ihrer Notizen. Riss den Zettel vom Block und machte hundert kleine Schnipsel daraus. Es gab Sachen, die sollte man nie verschriftlichen, das war das Credo ihres Sicherheitschefs. Und der Ex-Stasi wusste, wovon er sprach. Sie griff zum Hörer.

«Verbinden Sie mich mit dem Sicherheitschef und anschließend mit der Rechtsabteilung.»

BERLIN. Deutschland, einig Cannabis-Republik: Fast 67 Prozent aller Deutschen über 18 Jahren sind für eine umfassende Änderung der bestehenden Cannabis-Gesetze. Das ist das Ergebnis einer repräsentativen Forsa-Umfrage im Auftrag der Bild-Zeitung. Erstmals sprach sich auch eine deutliche Mehrheit der Anhänger von CDU und CSU dafür aus. Eine klare Zwei-Drittel-Zustimmung für eine volle Freigabe von Cannabis ab 18 Jahren ergibt sich in der Altersgruppe 18–25 und bemerkenswerterweise auch bei den Senioren in der Gruppe 60+. In einer gemeinsamen Stellungnahme hatten erst vergangene Woche die Bundesverbände der Deutschen Industrie, der Arbeitgeber und der Bauern noch einmal dringend an die Politik appelliert, zügig die notwendigen Schritte einzuleiten, «die erforderlich sind, um Deutschland als Agrar- und Wirtschaftsstandort wettbewerbsfähig zu halten».

Eine deutliche Mehrheit der Deutschen (57 Prozent) erhofft sich von einer umfassenden Freigabe eine spürbare Verbesserung der wirtschaftlichen Lage des Landes, knapp ein Fünftel wäre bereit, in neuartige Cannabis-Papiere, sogenannte C-Aktien, zu investieren, für die einige Experten einen Boom erwarten, wie man ihn zuletzt auf dem damals sogenannten Neuen Markt erlebt habe.

Die Kanzlerin blickte aus ihrem Fenster zum Reichstag, ein friedliches Bild, entspannte Menschen nach Feierabend oder im Urlaub. Wie selten konnte sie mit ihrem Mann einfach mal so durch Mitte spazieren oder ohne Zeitdruck die Sonne genießen. So viele Jahre machte sie den Job bereits, sie wollte nicht wie die anderen enden, so verbissen, so ausgezehrt. Die vielen manischen Polit-Junkies, die einen würdevollen Abschied verpassten, weil sie nicht loslassen konnten oder wollten. Berauscht von der eigenen Bedeutung, aufgeputscht vom Elixier der Macht und von der Aufmerksamkeit, die ihnen die Medien und alle permanent entgegenbrachten. Jedes Wort wurde hunderttausendfach verstärkt und wiederholt, so lange, bis man selbst an die Größe und Herrlichkeit der eigenen profanen Aussagen glaubte. Fast niemand gab das freiwillig auf, lieber riskierten sie es, einfach umzufallen oder umgestoßen zu werden.

Das würde ihr nicht passieren. Sie wollte noch was anderes in ihrem Leben machen, sie wollte ein selbstgewähltes Ende und, wenn möglich, mit einer gesicherten Zukunft für ihre Partei. Darauf war alles angelegt, für sie stand der Termin fest.

Ein Platz in den Geschichtsbüchern war ihr ohnehin sicher, spätestens seit ihrem Engagement in der Flüchtlingskrise. Alle würden sich gern an sie erinnern, na ja, zumindest einige, vielleicht nicht gerade die eigenen Parteimitglieder, haha, aber wie auch immer, ihr Bild als verantwortungsbewusste europäische Staatsfrau würde bleiben, egal, so glaubte sie, was sie in den verbleibenden Monaten noch anstellte.

Für das Ende ihrer Kanzlerschaft gab es zwei Möglichkeiten. Ihr Favorit war lange der sachliche, unaufgeregte Wachwechsel gewesen, aber in den vergangenen Monaten war ihre Lust auf eine etwas eindrucksvollere Verabschiedung gewachsen. Noch einmal ein Projekt anschieben und durchsetzen, das auf Jahrzehnte die Geschicke des Landes beeinflusst – und gleichzeitig zum letzten Mal alle offenen Scheunentore der Bundesrepublik einrennen, das wäre eher nach ihrem Geschmack. Wobei sie mit diesen Plänen zugleich, wie man sagen musste, eine solide Grundlage für ihre persönliche berufliche und finanzielle Zukunft vorbereiten könnte.

Natürlich würde sie sich während ihrer Amtszeit niemals bereichern, so wie das manch andere ja erwiesenermaßen machten oder gemacht hatten – und da gab es nicht nur das Beispiel Strauß und Bayern. Das kam für sie nicht in Frage. Aber wenn man es sich genau überlegte, war ihre Karriere ja mit dem Tag des Ausscheidens beendet, und eventuelle neue Tätigkeiten danach würden eher den Steuerzahler entlasten, denn damit wollte sie den Wählern den Übergang versüßen: Sie würde einfach auf ihre standesgemäße Rente und alle Ruhezulagen verzichten, was aber nur ginge, wenn sie ein anderes Einkommen hätte, für das sich dieser edle und lobenswerte Schritt lohnen würde. Sie drehte sich vom Fenster weg und ging zu ihrem Schreibtisch. Darauf lagen zwei gleich große Mappen. Auf der einen stand «Cannabis-Legalisierungsgesetz, Koalitionsentwurf», auf der anderen «Top Secret – privat».

Ach, die Isabelle, die treue Seele, dachte die Kanzlerin, als sie in den geheimen Privatdokumenten blätterte, der geht es auch nicht nur ums Geld, da sind wir zwei uns schon ein bisschen ähnlich, die will auch gestalten und Ziele erreichen. Und manchmal musste man vielleicht einfach eine Einzelne etwas stärker unterstützen, damit davon alle profitieren. Schließlich sollte sie das Wohl der Bundesrepublik Deutschland mehren, überlegte sie und schloss lächelnd die «Top Secret – privat»-Mappe.

BERLIN. Mit überwältigender Mehrheit und den Stimmen großer Teile der Opposition hat heute der Bundestag das «Cannabis-Legalisierungsgesetz» (CanLeg) verabschiedet, das Cannabis praktisch dem Alkohol gleichstellt, allerdings mit deutlich schärferen Jugendschutzbestimmungen. «Dieser 2. September 2019 ist ein großer Tag für die Bundesrepublik. Nach einer intensiven gesellschaftlichen Diskussion haben wir quer durch alle Parteien einen Konsens erreicht, den wir uns in anderen Bereichen nur erträumen können», sagte eine sichtlich zufriedene Kanzlerin. Die neuen Regeln sollen ab Oktober in Kraft treten. Die Bestimmungen erlauben einen freien Verkauf von Cannabis und Cannabis-basierten Produkten in allen Verkaufsstellen, die gemäß dem verschärften Jugendschutz handeln. Medizinische Produkte können nach wie vor nur nach Vorlage von Rezepten in Apotheken bezogen werden – diese Regelung gilt bei Mixturen, die nicht auf rein pflanzlicher Basis angeboten werden.

Die Oppositionsparteien unterstützten die Regierungsvorlage

weitgehend, kritisierten jedoch Details. Von den Grünen und Linken hieß es, bis hinein in die steuerlichen Einzelheiten würden «Großbetriebe auf die unzulässigste Weise bevorzugt». Mehrere Abgeordnete klagten, man hätte sich für das Gesetz mehr Zeit lassen müssen, viele Unternehmen seien nicht vorbereitet und fürchteten um ihre Wettbewerbsfähigkeit.

Sehr positiv äußerten sich die CSU und ihr Vorsitzender. Das Gesetz sei ein starkes Signal an die deutsche Landwirtschaft und fördere ihre Zukunftsfähigkeit: «Das Cannabisverbot war ein Verbot bayerischer Lebensfreude und eine inakzeptable Einschränkung unseres katholischen Frohsinns», hieß es aus München.

▬

Eight Fingers stand vor den Hallen und freute sich auf den Dude. Der war wochenlang unterwegs gewesen, nie erreichbar, immer hektisch. Gefiel Eight Fingers nicht. Manchmal sehnte er sich zurück in die erste Plantage, als alles noch so familiär und vertraut war. Diesmal ging es gleich um die ganze Welt, globale Märkte, Skaleneffizienz, Prozessoptimierung, er verstand kaum noch, was der Dude in diesem unangenehmen neuen Slang erzählte. Es kam ihm vor wie das Bullshit-Bingo dieser Kreise, die sie verachteten. Die Zusammenarbeit mit diesem Gel-Kopf Drumbach in seinen lächerlichen Sneakers gefiel Eight Fingers auch nicht. Auf dem Kiez hätten sie so einen früher ausgelacht und ein bisschen geboxt. Wenn Leute wie der Black-Devil-Chef das Sagen hatten, lief etwas aus dem Ruder. Sie hatten ein Leben lang für das Gras gekämpft und alles in Kauf genommen, aber jetzt, da die Ernte anstand, fuhren die Lackaffen in ihren Lackaffenkutschen vor und räumten alles ab? Solche Zustände hatte er schon als Hafenstraßenbesetzer eklig gefunden. Fuck Capitalism, dachte Eight Fingers, daran hat sich nichts geändert.

Zwei Landrover holperten mit hochtourigen Motoren von der Landstraße über den unbefestigten Weg zur ersten Halle, vor der Eight Fingers wartete. Der Dude sprang vom Beifahrersitz des Gefährts an der Spitze, der Wagen stand noch nicht ganz, als er Eight Fingers bereits fest an seine Brust zog.

«Was für eine Freude, unseren besten Mann vor Ort zu sehen!»

Wer ist «Wir», wollte Eight Fingers gerade fragen, schon formierte sich eine kleine Truppe hinter dem Dude, die aussah wie eine unglückliche Mischung aus Camel Trophy Tour und schlechter Daily Soap. Zwei kräftigere Typen hielten sich im Hintergrund. Sonnenbrille, schwarze Anzüge, geschorene Haare – die beiden Schränke trugen ein Black-Devil-Abzeichen auf der Brust und diese Anstecker, die Pflicht waren und an amerikanische Politiker erinnerten, die nie ohne eine kleine Sternenbanner-Anstecknadel anzutreffen sind. Drei kleine farbige Patronen in Grün, Rot und Weiß standen für die Peace-Bullet, die Action-Bullet und die Health-Bullet. Auch Eight Fingers trug diese Nadel widerwillig, der Dude hatte ihn mehrfach gebeten, dann angefleht und ihm schließlich praktisch befohlen, das Ding anzubringen. Na ja, es harmonierte mit dem schwarzen Arbeitsoverall, der auf beiden Ärmeln das Black-Devil-Zeichen zeigte – in genau diesen Farben und erweitert um eine Hanfblattsilhouette. Damit lief Eight Fingers ohnehin den ganzen Tag durch die Hallen, auch das anfangs nur unter Protest, aber der Dude sagte, das gehöre zum neuen Geschäft. Ist doch nur ein blöder Overall, zieh ihn einfach an, und niemand hat mehr Probleme. Da tat er es, aber Eight Fingers behagte die Vorstellung nicht, seine Seele an ein Unternehmen wie Black Devil verkaufen zu müssen, das von

Luftpumpen wie Andy geführt wurde, der ebenso gut auch Panzer oder Giftgas anbieten würde, wäre damit mehr Geld zu scheffeln. Nun gut, Eight Fingers machte es sowieso nur wegen und mit dem Dude, auch wenn der sich rasant zu verändern schien. Er sah ein bisschen krank aus, getrieben, nicht ganz bei der Sache. Wollte auch kaum noch kiffen, obwohl er es doch jetzt ganz offiziell durfte, wie alle anderen auch. Komische Entwicklungen, seltsame Zeiten.

Schon rannte der Tross hinter dem Dude her, die Blondine auf ihren High Heels hatte einen besonders engen Black-Devil-Overall an. Sie hatte an einem Ohr eine Freisprechanlage für ihr Handy angebracht und hielt ein rosa Clipboard in den langen Fingern. Während der Dude im Eiltempo durch die Hallen stapfte, gab er laufend Anweisungen, die sie sofort eifrig mitschrieb. Der Dude achtete gar nicht darauf, ob Eight Fingers hinterherkam, obwohl der doch der «Regional Manager Northern Germany» war. Diesen albernen Titel hatten sie zumindest auf sein Namensschild geschrieben. Diese Schilder mussten sie tragen auf ihrer Cannabisplantage, so weit ist es gekommen, dachte Eight Fingers, das sagt doch schon alles. Nach zwanzig Minuten war der Rundgang beendet.

Der Dude klopfte Eight Fingers gönnerhaft auf die Schulter. «Gute Arbeit, altes Haus!»

«Finde ich auch, hast du klasse gemacht», flötete die Blonde.

Eight Fingers spürte eine Welle schlackiger Traurigkeit hochsteigen.

«Was war früher in den Hallen?», fragte einer.

Der Dude lachte. «Sag du es ihnen, Eight Fingers!»

Eight Fingers winkte ab, er hätte jetzt gern einen geraucht. Aber das war ja während der Arbeitszeit streng verboten. Wer sich dabei erwischen ließ, flog sofort und musste eine hohe

Konventionalstrafe zahlen. Schnell war herausgekommen, dass Black Devil in jedem Team ein oder zwei Spitzel beschäftigte, die nichts anderes zu tun hatten, als Drumbach an allen Hierarchien vorbei stets als Ersten zu informieren. Der Dude hatte dazu nur gemeint: «So sind die eben.» Mehr nicht. Früher hätte er ihnen die Hölle heißgemacht.

«Na gut», sagte er jetzt, «dann erzähle ich das kurz selbst, meine Lieben.»

Meine Lieben, meine Lieben, äffte Eight Fingers den Dude nach, natürlich nur heimlich und stumm, denn so weit konnte er gar nicht sinken, dass er vor dieser Honktruppe seinen Freund lächerlich machen würde.

«Diese drei Hallen waren einst die Heimat der vielleicht modernsten Dreifelderwirtschaft des Nordens, wahrscheinlich der ganzen Republik.»

Die Tussi quietschte vor Vergnügen, die anderen raunten und stießen sich gegenseitig an. Sie hatten schon Gerüchte gehört, eine Menge Tratsch, nichts Belegbares, aber der Dude musste es ja wissen.

«Oh, Dude, war das deine Anlage?», rief das Dumm-Dumm-Geschoss.

«Nein, nein, hier wurde kein Strongdude hergestellt. Die Anlage war zwar die modernste, aber meinen Stoff haben sie nie toppen können.»

Gelächter, einige klatschten. Es war, alles in allem, wie Eight Fingers fand, eine abgrundtief hirnrissige und deprimierende Show, die von diesen Lachnummern und seinem Dude vor seinen eigenen Augen live aufgeführt wurde.

Der Dude fasste schnell die wahre Story zusammen: Wie der berüchtigte frühere Innensenator Motev hier jahrelang eine Plantage betrieben habe, während er sich in Hamburg zeitgleich einen Ruf als extrem harter Hund machte, der rücksichtslos gegen Drogenhandel und Anbauer vorging. Wie niemandem auffiel, dass er sich damit nur lästige Konkurrenten vom Leib hielt, was erst nach einem «bedauerlichen Unfall» in der Nähe und den daraufhin erfolgten Ermittlungen herausgekommen sei.

Eight Fingers hatte das Gefühl, eine Ära würde zu Ende gehen, eine Freundschaft, irgendwie alles. Das triumphierende Geplapper des Dude war geisteszerstörend, das war nicht mehr seine Welt. Aber als er innerlich gerade alle Leinen kappen wollte, hörte er genau an der Stelle, als der Dude in einer phänomenalen Untertreibung von einem «bedauerlichen Unfall» sprach und damit ihren Weggefährten und Lebensmenschen No Brain meinte, in der Stimme des Dude einen Bruch. Da sackte was weg, und als er die Augen des Dude fixierte, nahm er einen feuchten Schimmer wahr. Der Dude war noch nicht ganz verloren.

Mit übertrieben durchdrehenden Reifen setzte sich die Mini-Landrover-Karawane in Bewegung, in Hamburg am Flughafen wartete der Flieger mit Wladimir und seinen beiden Stellvertretern. Eight Fingers blickte ihnen kopfschüttelnd hinterher.

▬

FRANKFURT. Das überraschend schnell verabschiedete neue Cannabis-Legalisierungsgesetz hat in der Wirtschaft unterschiedli che Reaktionen hervorgerufen. Arbeitgeberpräsident Katz begrüßte die Entscheidung, wies aber darauf hin, dass man sich eine engere Abstimmung gewünscht hätte. Ähnlich äußerte sich BDI-Chef Hunkel. Die Unternehmen wunderten sich über das enorme Tempo, mit dem das Vorhaben «durchgepeitscht» worden sei. Business-Insider berichteten, hinter den Kulissen sei es zu heftigen Verwerfungen gekommen. Gerüchten zufolge habe sich eine kleine Gruppe führender Unternehmer heimlich zusammengetan, um sich im Kanzleramt Vorteile in Bezug auf die Legalisierung zu sichern. Unter diesen «Verschwörern» seien auch Katz und Hunkel selbst gewesen. Beide wiesen alle Vorwürfe zurück und sprachen von einer «infamen Hetzkampagne».

Andy täuschte sich, wenn man das mal so sagen durfte, ausgesprochen selten. In entscheidenden Momenten seiner Karriere konnte er sich sozusagen blind auf seinen Instinkt verlassen, diese Mischung aus Gier, Bedeutungshunger, Bauernschläue, Kaltblütigkeit und siebtem Sinn. Zumindest im Geschäft.

Außerhalb des normierten Handlungsrahmens ging schon mal etwas daneben, da reagierten seine Gegenüber teilweise zu emotional, zu irrational, zu geistlos. Deswegen erlebte er in großen Abständen auch Niederlagen, aus denen er andererseits, wie er dachte, wiederum gestärkt hervorging. Zumal diese kleinen Schlappen praktisch ausnahmslos in den privaten Bereich fielen. Im Firmenkosmos mit seinen klaren Hierarchien kam er bestens klar: Er befahl, die anderen hatten zu folgen oder flogen raus. Das verstand er unter Management by Motivation, darüber konnte er sich gar nicht genug amüsieren.

Wie einfach das mit dem Dude war, erstaunte selbst Andy. Was so ein paar Jahre Knast aus Menschen machen können, überlegte er, aus harten Kerlen werden Jungen, die sich nach Anerkennung und Erfolg verzehren und dabei alle ihre Sensoren ausschalten. Das gefiel dem Black-Devil-Chef, das sollte mal Schule in der Republik machen. Einfach alle eine längere

Zeit in den Bau und danach in einen festen Job, dankbarere Mitarbeiter würde man kaum finden. Auf jeden Fall klappte das bei dem Dude. Der hatte tatsächlich wie vermutet (oder besser: gehofft) an geheimer Stelle Samen seines legendären Strongdude gebunkert. Damit war das Problem sozusagen gelöst. Eine Probe des Strongdude, die sie von diesem kauzigen Eight Fingers bekamen, der knapp zweitausendfünfhundert Gramm gebunkert hatte, übertraf die kühnsten Erwartungen. Das Zeug war eine Sensation, wie alle Labor- und Geschmackstests bestätigten. Erfahrene Kiffer, blutige Anfänger, Greise, Manager und Hausfrauen, alle Probanden flippten nach dem Konsum begeistert aus – es war ein Traum. Sie beobachteten diese Reaktion in allen sozialen Schichten, in allen Altersgruppen und in allen Regionen und Ländern. In einigen Nachbarstaaten mit anderen gesetzlichen Vorschriften hielten sie die Tests wegen der schwierigen Gesetzeslage noch heimlich ab, aber auch dort war es nur eine Frage der Zeit, bis alle dem deutschen Beispiel folgen würden, das würde die Kanzlerin schon regeln, bislang hatte sie es immer noch bei allen existenziellen Fragen geschafft, den anderen europäischen Ländern ihren Willen aufzuzwingen, das war in der Finanzkrise geglückt und in der Flüchtlingskrise zumindest teilweise, warum also nicht auch in der Cannabis-Frage?

Andy fand diesen Cannabis-Imperialismus, mit dem das große, mächtige Deutschland ganz Europa massiv unter Druck setzte, lustig – ökonomisch war er ein Geschenk des Himmels. «Am deutschen Wesen soll die Welt genesen», endlich ergab diese alte Maxime der Außenpolitik wieder Sinn. In den zwanziger und frühen dreißiger Jahren war Deutschland ja schon einmal Exportweltmeister in Sachen Drogen gewesen. Firmen wie Merck und Bayer hatten die halbe Welt mit Heroin und Kokain beliefert, ganze Jahresernten Koka waren aus Peru zur Weiterverarbeitung nach Hamburg verschifft worden. Erst die Nazis hatten die von ihnen willkürlich «Rausch*gift*» getauften Substanzen verteufelt, nur um im Krieg ihre Killertruppen mit Pervitin, einer Art Chrystal Meth, in die Schlachten zu schicken. Andy hatte sich da einiges angelesen. Im Grunde half er jetzt Deutschland, sich von den letzten Fesseln nationalsozialistischen Gedankenguts zu befreien und an liberalere Weimarer Zeiten anzuknüpfen. Dazu brauchte er den Dude.

Deswegen schmeichelte er dem Grasbauer, wo er konnte. Er ließ ihn den Privatjet benutzen und stellte ihm bei seinen Reisen eine Truppe zur Seite, die nur seine Bedeutung steigern sollte. Die Show war perfekt – und wirkte. Das Produkt war Weltklasse, damit würde Black Devil den Markt freiräumen. Er freute sich schon auf die Reaktion der Frevert, die ihm immer einen Tick zu siegesgewiss und selbstsicher war. So Frauen kannte er sonst kaum. Er war ganz froh, dass es von diesem Kaliber nicht zu viele gab. Eine Kanzlerin und eine Vorstandsvorsitzende waren nach seinem Geschmack schon mehr als genug weiblicher Einfluss in der Republik.

Oberstes Ziel war es jetzt, die bundesweit geplanten und im Aufbau befindlichen Strongdude-Zentren allesamt schnellstens voll funktionsfähig zu kriegen. Zugleich müsste der Dude das neue Superkraut auf Strongdude-Grundlage zur Perfektion bringen, das mit einem deutlich höheren CBD-Wert die Health-Bullet auf dem globalen Krebsmarkt zum Erfolg führen würde. Der Dude hatte ihm versprochen, das werde in wenigen Monaten der Fall sein.

Drumbach wippte in seinem ergonomischen Fünftausend-Euro-Bürostuhl hin und her, alles lief wie am Schnürchen. Am entscheidenden Tag würde er dem Dude seinen Lieblingspassus im Arbeitsvertrag zeigen. Der stand direkt unter dem

Abschnitt mit den fünfzehn Prozent Umsatzbeteiligung bei allen Gewinnen aus dem globalen Cannabisgeschäft mit Strongdude. Zwei Zeilen nur. Aber sie waren Millionen wert. Wahrscheinlich sogar Milliarden.

—

«Ja, Drumbach hier, wer ist da?»

«Guten Morgen, mein lieber Drumbach, hier ist Isabelle Frevert von Meduk.»

«Ach, Frau Frevert, was für eine nette Überraschung, wie ist die Lage, was macht die Cannabis-Revolution?»

«Haha, immer zu einem Scherz am Morgen aufgelegt, der charmante Herr Drumbach, oder? Hier läuft alles bestens, ich kann nicht klagen. Und selbst?»

«Alles schön, wir liegen voll im Plan und warten begierig auf News aus Berlin. Gibt es da einen neuen Stand zum echten Zeitplan?»

«Nein, nein, leider nicht, aber ich bleibe natürlich dran.»

«Ach, kommen Sie, Frau Frevert, Sie können mir doch nicht erzählen, dass Sie nicht zu Ihrer alten Studienfreundin durchdringen. Wenn es einer kann, dann doch Sie!»

«Sehr schmeichelhaft, aber ich fürchte, Sie überschätzen meinen Einfluss.»

«Ich weiß nicht, in Berlin erzählt man sich andere Sachen, demnach gehen Sie bei der Kanzlerin praktisch ein und aus, was ich natürlich im Sinne unseres gemeinsamen Vorhabens absolut begrüßenswert finde.»

«Was die Leute sich eben so erzählen, mein Lieber, man wird einmal irgendwo gesehen, zack, schon heißt es, man wohne da. Aber das ist leider nur Wunschdenken. Übrigens, wenn wir gerade darüber sprechen, was so erzählt wird, möchte ich Ihnen nicht vorenthalten, dass mir auch einiges über Sie zu Ohren gekommen ist.»

«Ach ja, habe ich mit der falschen Frau ein Verhältnis begonnen, haha?»

«Nein, es geht da mehr um Geschäftliches.»

Die Vorstandsvorsitzende blätterte in dem Materialkonvolut, das ihr der Sicherheitschef auf den Tisch gelegt hatte. Auf dem Umschlag prangte ein signalrotes «Top Secret». Sie sah Fotos von Black-Devil-Fahrzeugen vor Hallen in allen Teilen der Republik, sie sah Drumbach auf Feldern und vor Mehrzweckgebäuden, sie sah abgetippte Mitschnitte von Telefonaten zwischen diesem Dude und Drumbach, zwischen Drumbach und Rudolf, dem Black-Devil-Marketingchef, und vieles mehr. So eine solide Stasi-Ausbildung ist doch eine feine Sache, dachte sie. Wie gut, dass ihr Sicherheitschef nicht für die Gegenseite arbeitete.

«So, so, da bin ich gespannt!»

«Na ja, es ist nichts, was Sie nicht schon wüssten. Schließlich waren sie in den meisten Fällen höchstpersönlich dabei, wie es sich bei geheimen Operationen eigentlich nicht gehört. Mein lieber Drumbach, da sollten Sie in Zukunft etwas vorsichtiger sein.»

«Was soll der Scheiß? Hören Sie auf, in Rätseln zu sprechen. Was meinen Sie?»

«Bleiben Sie ganz entspannt, kein Grund zur Aufregung, wir wollen uns doch alle wie Erwachsene benehmen, ja?»

«Jetzt sagen Sie endlich, was Sie sagen wollen, oder ich lege auf. Ich habe keine Lust auf Ihr Geraune. Verschwenden Sie nicht meine Zeit!»

«Oha, Ihre Maske fällt aber schnell, Drumbach, das hätte ich nicht gedacht. Also: Sie hintergehen unsere gemeinsame

Abmachung, nach der wir Black Devil exklusiv mit hochwertigem Cannabis beliefern sollen. Wir engagieren uns nicht im Freizeitmarkt, Sie verzichten auf eine eigene Produktion. Wir haben Millionen investiert, um die geeigneten Kapazitäten zu schaffen.»

Andy sagte nichts, sie hörte nur ein ruhiges Atmen.

«Doch Sie lassen Ihre Trupps quer durch die Republik ziehen und Hallen und Felder aufkaufen und planen im ganz großen Stil den eigenen Anbau.»

«Ach ja, wow.»

Andys Bemerkung klang eher kraftlos, wie Isabelle Frevert fand, das wunderte sie nicht. «Ja, wow, genau. Und darüber hinaus haben wir erfahren, dass Sie sich sehr weit aus dem Fenster lehnen, Drumbach, ich würde fast vermuten, ein bisschen zu weit, auch juristisch betrachtet.»

«Wollen Sie mir drohen, Frevert? Da muss ich ja lachen.»

«Lachen Sie gern. Sie wissen doch, wer zuletzt ...»

«Seit wann ist es in Deutschland verboten, Hallen anzumieten, wenn das überhaupt den Tatsachen entsprechen sollte?»

«Kommen Sie, Drumbach, seien Sie wenigstens jetzt ein Mann mit Mumm und geben Sie Ihr Treiben zu, es liegt doch alles auf dem Tisch ...» Sie schlug mit der flachen Hand auf die Dokumente. «Und ich glaube kaum, dass in Deutschland jede beliebige Brausefirma das Recht hat, mit ihren Produkten auf den Medikamentenmarkt zu schielen, wie Sie es offensichtlich in völliger Verkennung der Rahmenbedingungen und in grenzenloser Selbstüberschätzung tun.»

«Woher wollen Sie das wissen?»

Andys Stimme klang sehr gepresst. Es gab keine offiziellen Unterlagen zur Health-Bullet, Frevert konnte nichts in der Hand haben, aber ein Gefühl sagte Andy, dass sie alles wusste. Es musste ein Leck geben.

«Die Aufsichtsbehörden werden darüber nicht sehr erfreut sein.»

Isabelle Frevert bluffte jetzt ein bisschen. Sie und ihre Justiziare waren sich nicht wirklich sicher, was juristisch daraus folgte, dass bestimmte Cannabissorten gegen Krebs halfen, also wie ein Medikament wirkten. Könnte dann jeder damit einfach auf den Markt kommen und dafür werben? Das war für sie das ultimative Horrorszenario.

«Sie drohen mir also tatsächlich, Frevert?»

«Ich benenne Fakten, nichts weiter. Fakten, die Behörden und vielleicht auch Staatsanwälte interessieren dürften.»

«Meinen Sie, die fänden diese Fakten so interessant wie Ihre seit Jahren manipulierten Studien?»

Frevert zuckte zusammen. Woher wusste der das?

«Lenken Sie nicht ab, Andy, nur weil Sie sich nicht an geltende Regeln und Verträge halten, müssen nicht alle so verdorben sein wie Sie. Unsere Geschäftsbeziehung ist hiermit beendet. Sie werden von unseren Anwälten hören.»

«Ich freue mich jetzt schon drauf.»

«Und noch was, Andy.»

«Ja?»

«Fahren Sie zur Hölle!»

▬

«Ruhe bitte!» Der Dude brachte die Runde augenblicklich zum Schweigen. Durch ein angedeutetes Nicken gab er Rudolf zu verstehen, mit seinen Ausführungen zu beginnen. Rudolf fragte laufend alle Informationen aus den Standorten ab und bereitete sie auf. So war der Dude zu jeder Zeit auf dem neuesten Stand.

Rund zwei Dutzend jüngere Menschen starrten ihn gebannt an. Sie zuckten bei seinen Sprüchen zusammen und duckten sich unter seiner Lautstärke. Wenn er ihnen ein geradezu freundschaftlich gemeintes «Du bist mir ja eine Muschi» entgegenwarf, sahen sie aus, als wollten sie gleich den UN-Sicherheitsrat anrufen. «Hätten wir einen Betriebsrat», meinte Andy eben noch auf dem Flur lachend, «würdest du täglich gesteinigt, aber zum Glück lasse ich so einen Quatsch hier nicht zu.» Klopfte ihm auf die Schulter und verschwand in seinem Büro.

War dem Dude egal. Die meisten der Dynamiker vor ihm waren lupenreine Selbstaufgeber der Unterwerfungsklasse 1a, die durch Anpassung jede Situation zu überleben glauben. Sie versuchten es zumindest, was zu besonders bizarren Erscheinungen führte. Rudolf, der von Andy hochgelobte und vergötterte Marketingchef, lief in letzter Zeit plötzlich in Schlangenlederstiefeln herum, Imitaten zwar nur, aber trotzdem fiel das in einem Sneaker-Umfeld extrem auf, vor allem auch deshalb, weil er dazu entweder Dreiteiler im Tartan-Muster spazieren führte oder weiße Leinenanzüge der billigeren Tom-Wolfe-Variante, gepaart mit lachsfarbenen oder violetten Breitkragenhemden. Nice try, aber so konnte man bei ihm nicht punkten. Muschi blieb Muschi, da halfen auch keine ordentlichen Schuhe.

Rudolf warf eine Power-Point-Präsentation an die Wand. Der Vortrag hieß «Hail of Bullets». Der Dude lehnte sich zurück. In Windeseile blätterte Rudolf durch die vielen Karten und Charts, es war eine Tour quer durch die Republik. Die Standortnamen waren mit einer Zahl versehen, die angab, zu wie viel Prozent die Anlage vor Ort bereits einsatzfähig war.

«Stuttgart: 87 Prozent. München: 92 Prozent. Augsburg: 72 Prozent. Nürnberg: 32 Prozent. Wiesbaden ...»

«Hey, Moment, was ist da in Nürnberg los, Rudolf? Zweiunddreißig Prozent, da kannst du nicht einfach weitermachen, als wäre nichts!»

Der Dude beugte sich nach vorne und schüttelte den Kopf.

«Wir haben vor vier Wochen ein Minimum von siebzig Prozent für den heutigen Tag festgelegt. Wer ist der Regionalmanager?»

Ein magerer Dreißigjähriger mit Kassengestellbrille hielt schüchtern einen Arm in die Höhe.

«Wie heißt du? Was ist dein Problem?»

«Ich heiße Titus. Wir haben einen Spinnmilbenbefall der übelsten Art. Schon vor zehn Tagen haben wir den Vorfall gemeldet und um Hilfe gebeten. Aber nichts ist passiert.»

Der Junge sah aufrichtig verzweifelt aus und erinnerte den Dude für einen Moment an den Kleinen, einen alten Gefährten, der ihn einst in die Geheimnisse des Anbaus eingeweiht hatte. Ein Botaniker vor dem Herrn, der wandelnde grüne Daumen, der sich allein aus altruistischen Gründen dem Hanf verschrieben hatte. Um ihn herum saßen heute nur Leidenschaftsdarsteller, die ebenso gut Versicherungspolicen verscherbeln könnten, würde sie jemand dafür bezahlen. Ihre Träume waren billige Abziehbilder billiger Werbeclips, fand der Dude, in ihnen glühte nichts als die lodernde Flamme der Langeweile. Das war ein Vorteil, denn damit waren sie ihrer Zielgruppe sehr nahe. Aber er ließ sich seinen Unwillen nicht anmerken, er brauchte Andy und Black Devil, sie waren seine einzige Chance. Der Junge aus Nürnberg rührte ihn trotzdem.

«So geht das nicht!», donnerte der Dude.

Alle wichen reflexartig ein Stück zurück, es gab mitleidige Blicke für den Nürnberger Regionalmanager.

«Wieso wird Titus im Stich gelassen?»

Schlagartige Stille. Der Hagere atmete auf.

«Ich weiß nicht, Dude, wir werden das sofort überprüfen, Dude.»

«Titus, wenn bis morgen Mittag kein Rescue-Team in deinen Hallen arbeitet, will ich deine Stimme auf meinem Handy hören, klar?»

«Klar, Dude, mache ich.»

«Okay, dann alle wieder beruhigen – weiter. Rudolf, bitte.»

«Frankfurt: 76 Prozent. Kassel: 94 Prozent ...»

Es folgte eine lange Litanei, Städtenamen, Prozente, hier und da kleinere Anmerkungen über Besonderheiten, Ärger mit Motorradfahrern, seltsame Besuche von Unbekannten, an einigen Stellen konnte Sabotage nicht ausgeschlossen werden. Sie dachten alle automatisch an Freverts Leute. Wladimir sollte sich die besonders bedrängten Standorte mit Arseni und seinen Albanern mal genauer ansehen. Der alte Knastkumpan gab ihm ein schnelles Thumbs up, weiter ging's.

Auf seinem Handy checkte der Dude derweil den Wochenplan, der ihm wieder mal keine Zeit für nichts ließ. Madame rief an, er ging nicht dran, unmöglich in dieser Situation. Zudem hatte er keine Lust, immer der gleiche Ärger, es brachte nichts. Das war für sie und die Kinder eine harte Zeit, das verstand er sofort, sie fühlte sich ausgeschlossen, auch das konnte er nachvollziehen. Aber es ging nicht anders. Nur so kam er zurück ins Business. Alle anderen waren schon zu weit und zu groß. Der Knast hatte ihn um Jahre zurückgeworfen. Andy war seine Rettung. Bei den geschätzten Umsätzen und seiner Beteiligung brauchte der Dude nach eigenen Berechnungen knapp ein Jahr, um genug finanzielle Mittel angehäuft zu haben. Dann würde er einfach gehen – und Andy und allen anderen zeigen, was er wirklich draufhatte.

MÜNCHEN. Erstmals wird es auf dem Oktoberfest ein neues Zelt geben, in dem ausschließlich THC-haltiges Hanf-Bier ausgeschenkt und Cannabis-Zigaretten geraucht werden sollen. Das hat der Sprecher der Wiesnwirte, Georg Moshammer, gestern Abend auf einer Pressekonferenz verkündet. Er habe sich der Unterstützung aller Wirte versichert, allgemein werde das Experiment begrüßt. «Als Traditionsveranstaltung steht es uns gut an, wiederbelebte Bräuche der bayerischen Lebensart harmonisch zu integrieren. Hanf gehörte jahrhundertelang zum Landleben dazu, deswegen ist es nur logisch, dass wir diesen Schritt gehen.» Um auch die stark gewachsene muslimische Bevölkerung an die Wiesn heranzuführen, habe er in seinem eigenen Zelt einen Extrabereich eingerichtet, in dem statt Maßkrügen ausschließlich Wasserpfeifen oder fertig gerollte Joints gereicht würden. Tests im Vorfeld mit der Vereinigung «Moslems für Bayern» hätten hervorragende Ergebnisse geliefert. Moshammer: «Nach zwei Joints stehen die genauso auf den Bänken wie alle anderen nach drei Maß. Das ist Integration auf bayerische Art.» Angesprochen auf Kritiker, die ihm eine unzulässige Kooperation mit Black Devil vorgeworfen haben, weil er damit einem nicht in München oder gar Bayern ansässigen Getränkehersteller quasi zu einem eigenen Zelt verhelfe, winkte Moshammer ab: «Wir wollen unseren Gästen die reinsten und besten Rohstoffe garantieren, und das ist nun einmal das Strongdude, wie mittlerweile jeder weiß. Da wären wir ja deppert, würden wir das ausschlagen.»

Die Vorstandsvorsitzende wollte ihren Sicherheitschef einmal persönlich in seinem War Room besuchen. Isabelle Frevert war kürzlich aufgefallen, dass sie gar nicht wusste, wie es in der

Zentrale des Sicherheitsdienstes eigentlich aussah. Schon beim Gang über das Werksgelände kam ihr das alles unwirklich vor. Den anderen auch.

Überall stießen sich Arbeiter in blauen oder weißen Overalls und gelben Helmen an, weil sie gar nicht glauben konnten, wer da im sechstausend Euro teuren Kostüm seinen Weg suchte. Ein paar Malocher winkten, sie freute sich über deren Freude, das sollte sie vielleicht öfter mal machen, dachte die Vorstandsvorsitzende, das hebt doch sofort die Laune. «Hey, Chefin, alles klar?», riefen ein paar Mutige. «Ah, da kommt der Schichtwechsel!», schrie ihr ein ganz besonders Vorwitziger hinterher. Als sie dem jungen Arbeiter zuwinkte, klatschten und johlten seine Kollegen.

Lobby und Eingangsschleuse der Sicherheitszentrale erinnerten sie an den letzten Mission-Impossible-Film vom vergangenen Jahr. Überall Kameras, Portale, Fingerabdruckscanner, Touchpads, keine Schlüssel, keine Schlösser, alles vollautomatisch, sie war begeistert. Sie liebte es, wenn Profis ihre Aufgaben ernst nahmen. Die Flure sahen aus wie in der CIA-Zentrale in Langley, das Logo auf dem Boden erinnerte sogar ein bisschen an das Original. Es war seltsam still, der Schall wurde restlos geschluckt, in den Büros blinkten Monitore und kleine Kontrollleuchten. Überall standen seltsame Kästen herum, die Isabelle Frevert noch nie gesehen hatte. Toll.

Mitten im War Room saß ihr Sicherheitschef in einem bequemen Sessel auf einer leicht erhöhten Ebene, sodass er an Captain Kirk von Raumschiff Enterprise denken ließ. Dazu passte die Mittelkonsole, die im Prinzip eine von beiden Seiten bespielbare Monitorwand war. Vor jeder Seite saßen fünf Männer und Frauen in ihren Meduk-Security-Uniformen (ein Look wie die Spezialeinheit KSK, nur ohne Waffen – ihre

Idee, das fand sie sehr schick) mit Headsets. Es gab kein Fenster, nur gedämpftes rötliches Kunstlicht. Die Meduk-Chefin war angetan von der riesigen Deutschlandkarte, auf der es in diversen Farben leuchtete und blinkte und in der stellenweise sogar kleine Monitore eingelassen waren, anscheinend für Live-Cam-Übertragungen. Auf den ersten Blick erkannte sie alle offiziellen Meduk-Standorte, aber auch alle geheimen sowie die von Strohmännern und Tarnfirmen akquirierten Hallen, Fabriken, Felder und Anlagen. Davon waren farblich abgegrenzt die Standorte der Konkurrenz, insbesondere die von Bayer und BASF, Beiersdorf, Henkel und Fresenius, sowie ein paar kleinere – und, besonders herausgestellt, alle Orte, an denen sie von Black-Devil-Aktivitäten wussten. Das waren, wie Frevert sofort sah, mittlerweile unerwartet viele.

Der Sicherheitschef war stolz auf seine Zentrale, und die Chefin befriedigte seinen Hunger nach Anerkennung und Lob sehr überschwänglich und laut genug, damit alle Anwesenden und Vorbeigehenden es mitbekamen. Er legte ihr ausführlich dar, welche Objekte und Zielpersonen sie in diesem Augenblick konkret überwachten. Fasziniert sah sie sozusagen live der Konkurrenz beim Arbeiten zu. Sie hatte sich einiges vorgestellt, aber das übertraf alles, was sie sich jemals hätte ausdenken können. Die Anlage würde auch Edward Snowden beeindrucken, sie war sich sicher.

Ihr oberster Firmenspion konnte von hier in jedes relevante Vorstandszimmer der Chemie- und Pharmaindustrie schalten, auf einen kleinen Klick hin entrollte sich auf einem wandfüllenden Bildschirm der aktuelle Mailverkehr eines jeden Managers der überwachten Firmen. Das Gleiche galt für interne Chats sowie Telefongespräche, egal, ob die verschlüsselt geführt wurden oder nicht. Sie sah, wie sich in Leverkusen gerade der erweiterte Vorstand von Bayer in den – sie musste kurz schlucken – privaten Räumen der Villa ihres Vorstandsvorsitzenden-Kollegen traf. Sie sah auch, wie der Chef von Beiersdorf seiner Sekretärin einen Brief diktierte, der im selben Moment neben der Live-Cam als Word-Dokument hier im Raum entstand. Sie sah, wie sich in dem geheimen Forschungslabor von Henkel ein paar Wissenschaftler in weißen Kitteln über ein nicht zu identifizierendes Objekt beugten. Sie war sprachlos.

«Das ist ... Das ist ... Das ist allerhand.»

«Ach, nicht der Rede wert.»

«Doch, doch, ich bin wirklich schwer beeindruckt.»

«Na ja, wir haben uns Mühe gegeben. Sie wollten ja das Beste, und ich glaube, wir sind ziemlich nah dran.»

«Wie groß sind die Sicherheitsrisiken, die wir hier eingehen?»

Isabelle Frevert nickte in Richtung der hochkonzentrierten Mitarbeiter an den Abhör- und Überwachungsmonitoren.

«Machen Sie sich keine Sorgen, Frau Frevert, die sind alle auf Herz und Nieren geprüft.» Er beugte sich verschwörerisch zur Chefin. «Und wir haben uns natürlich doppelt und dreifach abgesichert.»

Der Sicherheitschef öffnete einen Ordner auf seinem Bildschirm, gab mehrere Passwörter ein, und zu sehen war eine lange Liste von Namen und Adressen, offensichtlich die der Mitarbeiter, hinter die in Signalrot Bemerkungen geschrieben waren. Es waren jeweils sehr ähnliche Sachverhalte, die hier aufgeführt wurden: Beteiligungen an Straftaten, Betrügereien, Steuerhinterziehung, dazu intimste Details zu familiären Beziehungen, sexuellen Vorlieben und Drogenmissbrauch.

Frevert wurde ein bisschen schwummrig. Anscheinend sammelte ihr Angestellter hier belastendes Beweismaterial, um die Mitarbeiter zur absoluten Verschwiegenheit verdonnern zu können. Sie sah die Genugtuung in seinem kaltem Gesicht, sie spürte diesen kaum zu verbergenden Ehrgeiz, der sich aus einer Mischung von grundloser Verletzung und sadistischem Unterdrückungswillen speiste und ihn zum idealen Mitarbeiter eines jeden Geheimdienstes machte. Ganz bestimmt aber zum idealen Leiter ihrer Sicherheitsabteilung. Doch das machte ihn auch, dachte sie sofort, zu einem Mitarbeiter, der ihr selbst einmal gefährlich werden könnte.

Sie sah den Sicherheitschef eindringlich an. Vor ihr thronte ein bei der Stasi ausgebildeter, irgendwie frustrierter Krimineller, der sich einen Apparat aufgebaut hatte, dessen Ausmaß ihr selbst bis eben nicht ganz klar gewesen war. Von wessen Geld eigentlich, mit welchem Budget? Innerlich verfasste sie eine Notiz an sich selbst: sofort überwachen lassen, Bücher prüfen, heimlich auf ihn Revision ansetzen. Bisschen Vorsicht würde nicht schaden.

«Wie ist die Lage bei unseren liebsten Freunden?»

«Die gehen sehr koordiniert, geradezu generalstabsmäßig vor. In allen bestehenden Anlagen sind sie diese Woche bei über achtzig Prozent, bei vielen läuft es zu hundert Prozent. Angefeuert durch die explodierende Nachfrage, akquirieren sie wie die Besessenen weiter, europaweit, aber vor allem in Deutschland.»

«Reibungslos?»

«Reibungslos. Also natürlich erst, seitdem Sie angeordnet haben, die kleinen, na ja, ‹Störungen› zu beenden. Wir haben unsere Rocker und Arbeiter, mit denen wir die Anlagen infiltriert hatten, abgezogen, alle Sabotagearbeiten wurden eingestellt. Das war doch richtig, oder?»

«Auf jeden Fall, gut gemacht.»

Isabelle Frevert sah ihn gönnerhaft an. Der frühere Stasi-Mann erinnerte sie an eine Mischung aus Frettchen und Bullterrier. Sie wollte lieber nicht wissen, was der als Honeckers eifrigster Mann in den letzten Tagen vor der Wende mit vermeintlichen Dissidenten gemacht haben mochte. Moment, das war natürlich eine sensationelle Idee, wie sie sofort dachte. Zweite Notiz an sich selbst: um jeden Preis seine Stasi-Akte besorgen, Vergangenheit lückenlos dokumentieren. Das würde ihr Pfand werden, perfekt.

«Wo stehen Sie mit der Qualität?»

«Nach unseren jüngsten Beobachtungen ist der Dude sehr zufrieden, er scheint mit dem aktuellen Strongdude wieder genau auf dem Level zu sein, mit dem er einst berühmt wurde.»

«Irgendwas, das ich sonst noch wissen müsste?»

«Nein, ich glaube nicht. Ach doch, vielleicht, aber das ist eher privat.»

«Privat? In unserem Geschäft gibt es nichts Privates!»

Beide lachten herzlich.

«Also?»

«Der Dude verbringt öfter Zeit in einem größeren, aber völlig unscheinbaren Haus am Stadtrand von Hamburg, das überwachen wir nicht extra. Wohl eine Art Refugium, wenn er mal wieder Stress mit Madame hat. Sieht eher aus wie ein Sauftreff für ihn und seine Kumpel.»

«Haha, da lassen wir ihn mal in Ruhe. Was macht die Konkurrenz?»

«Panik überall, verzweifelte Versuche, eigene Züchtungen an den Start zu bekommen. Einige gehen über Holland, aber ich sehe derzeit weder bei Qualität noch Volumen eine Gefahr für uns.»

«Sehr gut.»

«Fast hätte ich es vergessen: Der Dude hat für morgen kurzfristig einen Termin bei Drumbach aufgedrückt bekommen.

Wir wissen noch nicht, worum es geht. Es schien sehr, sehr dringend zu sein.»

«Mh, seltsam, was kann das sein?»

«Keine Ahnung, aber morgen werden wir es wissen, als wären wir dabei gewesen.»

Sie lachten laut los. Im Hintergrund sah man Andy auf einem Monitor vor der Panoramascheibe stehen und auf sein Kulturstädtchen schauen. Daneben lief der Dude durch eine große Halle, neben ihm Eight Fingers und ein ganzer Tross der Black-Devil-Staffage.

Isabelle Frevert begab sich summend zurück zum Ausgang.

Alles lief wie am Schnürchen.

Sie musste dringend mal wieder in Berlin anrufen.

FRANKFURT. Das Getränke- und Wellnessunternehmen Black Devil hat nach Ansicht von Börseninsidern die besten Chancen, nächstes Jahr in den DAX aufzusteigen. Der sensationelle Start des früheren Limonadenexperten mit seiner Cannabis-basierten «Bullet»-Linie habe die Märkte nicht nur überrascht, sondern in einem Maße euphorisiert, wie man das seit der Neuen-Markt-Hysterie nicht mehr erlebt habe. Der Wert des Unternehmens habe sich seit der Legalisierung bereits verzehnfacht, Gerüchte über eine neue Bullet, die zur Behandlung von Krebs eingesetzt werden könne, ließen die Broker an der Wall Street verrückt spielen. Die Bullet-Linie von Black Devil ist vor zwei Monaten in den USA gestartet und hat innerhalb dieser kurzen Zeit theoretisch bereits Coca-Cola überrundet. Theoretisch deshalb, weil das Unternehmen nicht mit der Produktion nachkommt. Dem Vernehmen nach verhandelt Black Devil seit längerem mit großen amerikanischen Tabakproduzenten über Kooperationen der unterschiedlichsten Art für neue Strongdude-Plantagen, die bislang auf den europäischen Raum beschränkt sind: «Das sind die Phantasien, nach denen der Markt lechzt. Wir sind schon alle ganz high», so ein Analyst.

▬

«Du hast dich so verändert, Dude, ich erkenne dich kaum noch wieder.»

Madames Stimme klang ungewohnt schwach am Handy.

Er räusperte sich.

«Ich verspreche, diese Zeit geht vorüber.»

«Aber wann, Dude, wann? Wir sehen dich kaum noch. Und wenn du da bist, rast du sofort wieder weg und sagst nicht einmal, wohin genau. Selbst Eight Fingers kennt dich kaum noch. Hast du eine Geliebte?»

«Nein, so ein Quatsch!» Er lachte. Was sollte er mit einer Geliebten? Wenn er Druck verspürte, sagte er Annika Bescheid, wobei die ihn mittlerweile langweilte. Er vermisste seine Jungs, und ja, er vermisste auch Madame. Das neue Refugium, das er manchmal ganz allein aufsuchte, ein Haus an der Stadtgrenze, das nur er und Eight Fingers kannten, diente anderen Zwecken.

«Als Chief Cannabis Business Development Officer bin ich nun einmal ...»

«Hörst du dich eigentlich manchmal selbst reden? Chief Cannabis ... blabla, das ist doch genauso lächerlich wie dein Nadelstreifenanzug und alles!»

Sie hatte natürlich recht. Es war eigentlich wie im Knast. Um zu überleben, nahm er die Farbe seiner Umgebung an, zumindest ein bisschen. Aber er konnte nicht anders. Wenn er jetzt ausstieg, wäre alles umsonst gewesen.

«Du musst Geduld haben, Madame, alles wird gut.»

FRANKFURT / RHEINLAND. Tobias Hunkel, langjähriger Präsident des Bundesverbands der Deutschen Industrie, ist heute überraschend mit sofortiger Wirkung von allen Ämtern und Funktionen des Verbands zurückgetreten. In einer kurzfristig anberaumten Pressekonferenz erklärte er: «Meine neue Tätigkeit als Leiter der expandierenden CannabisCare-Sparte bei Meduk, die ich bereits im kommenden Monat beginne, lässt mir keine andere Wahl. Ich war über die vergangenen Jahre mit großer Freude und Leidenschaft Präsident des BDI, glaube aber, es ist Zeit für einen Generationenwechsel. Ich möchte nicht verheimlichen, dass mich die unhaltbaren Vorwürfe angeblicher unangemessener Aktivitäten während meiner Amtszeit schwer getroffen haben.» Aus einschlägigen Kreisen hieß es, der Wechsel von Hunkel zum Chemie- und Pharmaziekonzern Meduk sei ein Skandal. Der abgetretene BDI-Chef habe immer wieder die Verhandlungen über eine Legalisierung mit dem Argument gebremst, man müsse sich auf viele Jahre der Vorbereitung einstellen – was viele Unternehmen so sehr beruhigte, dass sie die Forschung im Bereich Cannabis nicht forciert hätten. Sogar in dem als «Verschwörerkreis» bekannt gewordenen geheimen Gremium sei Hunkel ein Bremser gewesen. Dass nun ausgerechnet er zum Konzern Meduk wechsele, der offensichtlich mit Hochdruck auf die erwartete Legalisierung hingearbeitet habe und nun den Markt praktisch allein übernehme, könne kein Zufall sein. Am Rande der Pressekonferenz fielen Worte wie «Verrat» und «Korruption». Auf Anfrage ließ das Büro Hunkels mitteilen, man werde mit allen juristischen Mitteln gegen Verleumdungsversuche kämpfen.

Der Dude ging in dem Konferenzzimmer, in dem seine Karriere bei Black Devil begonnen hatte, auf und ab. Er trommelte mit den Fingern gegen die Scheibe, setzte sich hin, stand wieder auf, inspizierte das Gebäckangebot auf der Ablage neben der Tür, fummelte am alten Overheadprojektor herum, der hier wohl nur noch aus nostalgischen Gründen stand, presste seine Nase gegen das Glas und lehnte sich kurz gegen den Konferenztisch. Er hasste es, wenn man ihm Termine in den Kalender schob, ohne dass er wusste, weshalb. Sein Leben war mittlerweile in Dreißig-Minuten-Abschnitte eingeteilt, das ging Woche für Woche so. Er konnte sich gar nicht mehr daran erinnern, wann er sich das letzte Mal eine richtige Jolle reingezogen hatte. In was für einem Geschäft arbeitete er noch mal, Cannabis? Lächerlich.

Andy will dich dringend sprechen, du musst sofort kommen, es ist wirklich wichtig, nein, es ist nichts, was übers Telefon verhandelt werden kann. Womit würde Andy diese Einladung rechtfertigen? Ein neuer Mega-Deal? Ein weiterer Durchbruch? Alles lief ja gerade wie am Schnürchen, die A-Bullet und die P-Bullet schlugen sensationell ein, die ganze Welt berichtete darüber, die Medien waren außer sich, und Deutschland drehte ohnehin durch. Die Umsätze waren vom Start weg gigantisch, sie kamen mit der Produktion gar nicht nach. Deswegen grasten sie jetzt die ganze Republik nach Hallen und Ackerland ab, immer in einem erbitterten Wettstreit mit dieser Frevert, deren umfassende Hinterfotzigkeit erst jetzt allen klarwurde, weil sich zeigte, wie akkurat sie sich seit langer, langer Zeit auf den C-Day vorbereitet hatte. Mit Produktionsstätten überall, riesigen Feldern und Weiterverarbeitungskapazitäten – für den hauseigenen Stoff aus ihrem Pflanzenschutzzentrum, den sie offensichtlich lange vor der Gesetzesänderung hatte züchten lassen. Allerdings war Black Devil ihr einen entscheidenden Schritt voraus: Das Strongdude schnitt in allen Tests am besten ab. Bei Stiftung Warentest hatte es als einziges Gras ein «Sehr gut» gewonnen, was den Ansturm auf die Black-Devil-Drinks und artverwandte Produkte noch einmal verstärkte. Weswegen alle sehr gespannt auf die H-Bullet warteten, die kommenden Montag gelauncht werden sollte. Die Weltpresse fieberte dem Termin entgegen, die globale Pharmaindustrie zitterte.

Vielleicht wollte Andy ein letztes Update von seinem CCBDO?

▬

BERLIN. Der neue Drogenbeauftragte der Bundesregierung hat heute Eltern eindringlich davor gewarnt, ihrem Nachwuchs zu Weihnachten die vielerorts erhältlichen Kids-Grow-Sets zu schenken. Die Firma BetterLife bietet dieses beliebte Bastelset derzeit flächendeckend in Supermärkten für 5,99 Euro an. Das Set enthält Samen einer weiblichen Hanfpflanze sowie eine detaillierte Aufzucht- und Anbauanleitung. Damit, so der Drogenbeauftragte, würden die erheblichen Gefahren, die von dieser Droge immer noch ausgingen, aufs sträflichste unterschlagen. Vertreter der Opposition, aber auch der Großen Koalition selbst kritisierten die Bemerkungen des Drogenbeauftragten als «übergriffig».

▬

«Hallo, Dude!» Der Personalchef, den er nur einmal bei der Vertragsunterzeichnung gesehen hatte, eilte in den Raum, gefolgt von einem Mann in einem schwarzen Dreiteiler.

«Das ist übrigens unser Justiziar, ich glaube, ihr beide hattet noch nicht das Vergnügen, oder?»

Der Dude schüttelte den Kopf.

«Na, dann setzen wir uns mal und bereden die Formalitäten.»

Der Personaler schmiss sich auf einen Stuhl, der Justiziar ließ sich steif daneben nieder.

«Was für Formalitäten? Wo ist Andy?»

Beide guckten erstaunt.

«Du weißt schon, warum wir uns heute treffen, oder?»

«Nein, keinen blassen Schimmer. Ich dachte, Andy will was von mir.»

«Oh.»

«Wie, oh?»

«Das wusste ich nicht, das tut mir leid, das ist, tja, aber dann, wie soll ich sagen, damit haben wir nicht gerechnet.»

Der junge Manager wirkte ernsthaft verstört, was den Dude leicht irritierte, weil er spürte, wie sich hier gerade Konstellationen veränderten, möglicherweise auch Lebenswege, eventuell sein eigener.

«Dann rück mal lieber raus mit der Sprache, bevor ich richtig schlechte Laune kriege», sagte der Dude mit einer Stimme, die er gern gegen eine weniger belegte ausgetauscht hätte.

«Gut, also, wo fange ich an?»

«Spar dir den Bullshit – was willst du von mir?»

«Okay, das hat ja alles keinen Sinn. Also, Dude, heute ist der letzte Tag deiner Probezeit, und wir werden dich nicht übernehmen. Das ist damit dein letzter Arbeitstag für dieses Unternehmen.»

«Was?»

«Ja, sorry, aber das ist rechtlich einwandfrei, wie dir der Justiziar sofort erklären wird, denn innerhalb der Probezeit, wie es in deinem Arbeitsvertrag steht, den du ja unwidersprochen in dreifacher Ausfertigung unterschrieben hast, darf jeder Vertragspartner bis zum letzten Tag ohne Angabe von Gründen das Beschäftigungsverhältnis fristlos kündigen. Zu den sozialen Leistungen in diesem Falle kommen wir später.»

Im Schädel des Dude explodierten mehrere Atombomben. Alles sehr hell, alles sehr verstrahlt, alles sehr kaputt. Hiroshima war ein Witz dagegen.

Er sah diese beiden Charaktermasken vor sich. Er sah Sätze, die sich auf ihn zubewegten, sah die Öffnungen in den Gesichtern, aus denen sie krochen, diese Buchstabenreihen, die aus Sprengköpfen zu bestehen schienen. Es war, als hätte er seinen Kopf in einen Häcksler gesteckt und beobachtete nun von außen dessen präzises Zerstörungswerk am eigenen Leib, ohne aber die Schmerzen zu spüren. Die Erkenntnis war schon da, nur das Gefühl dazu fehlte noch. I feel so comfortably numb.

«Wir bräuchten bitte deinen Hausausweis und deine Jet-Berechtigungskarte, die vier Firmen-Kreditkarten und die Papiere für den Dienst-Porsche sowie die Schlüssel für dein kleines Apartment hier, das wir bereits für dich geräumt haben. Die Sachen sind auf dem Weg nach Hamburg zu deiner Privatadresse. Hast du noch Fragen?»

Der Dude starrte den Personalchef an und wunderte sich, weil er nicht die kleinste Tötungsabsicht verspürte, so taub fühlte sich alles an.

«Dude, mir persönlich tut das aufrichtig leid, aber wir haben unsere Anweisungen.»

Fotze, dachte der Dude nur, was bist du bloß für eine miese

Fotze. Und Andy ist die Oberfotze. «Ihr Wichser seid geliefert.»

Der Personalchef lächelte provozierend nachsichtig.

«Bestimmt, Dude, ganz bestimmt, warum noch mal genau?»

«Weil ihr ohne mein Strongdude eure ganze Poser-Butze schließen könnt, deswegen.»

«Ja, ohne Strongdude wären wir nicht halb so weit, wie wir sind, das stimmt, aber wie kommst du auf die absurde Idee, unser Verkaufsschlager gehöre dir?»

Der Dude beugte sich weit nach vorne, der Personalchef wich ein Stück zurück.

«Willst du mich verarschen, du Muschi, das ist mein Strongdude, das ist meine Züchtung, meine Pflanze, und ich habe tausend Leute, die das bezeugen werden. Und dann könnt ihr mit eurer Kotzbrause endgültig zur Hölle fahren, da wolltet ihr doch immer hin, ihr Black-Devil-Fucker.»

«Na, na, na, Dude, wer wird denn gleich so ausfallend werden. Beruhig dich mal, das ist das ganz normale Geschäftsleben. Und was das Strongdude angeht, liegst du leider ein bisschen falsch.»

Der Justiziar straffte seinen bereits sehr aufrechten, brettartigen Körper und begann mit fisteliger Stimme, von einem Blatt abzulesen, das er aus seinem Jackett hervorgeholt hatte. Der Dude hörte Paragraphen, gedrechselte Formulierungen und Wörter, die er nicht kannte. Er verstand nur Bahnhof.

«Was will der Clown mir sagen?»

«Ich erkläre Ihnen gerade, dass alle Leistungen und Erfindungen, alle Ideen und Konzepte, die Sie für uns in der Zeit ihrer Anstellung entwickelt haben, automatisch Eigentum der Firma sind. Wir haben alle Ihre Mails diesbezüglich aufbewahrt und bei einem Notar hinterlegt, und aus denen geht eindeutig hervor, dass Sie das Strongdude für uns entwickelt haben. Strongdude gehört Black Devil.»

Der Dude registrierte das Gerede nur so halb, alles war so weich und nebelig, die Dinge verschwammen, im Kopf vor allem. So viele irritierende Informationen auf einmal, er sog heftig Luft ein, er fühlte sich wie in den ersten Sekunden seines Knastaufenthalts. «Ich fliege sofort zurück nach Hamburg.»

«Sicher», sagte der Personalchef, «aber natürlich nicht mehr mit unserem Jet. Unten in der Lobby ruft man dir bestimmt gern ein Taxi. Du hast übrigens in all unseren Anlagen Hausverbot. Ach ja, Eight Fingers ist auch entlassen. Schönen Tag noch!»

Die Tür öffnete sich, drei bullige Security-Männer traten ein und hinter den Dude.

Er stand benommen auf und ließ sich wortlos nach unten führen.

Annika, die an der Rezeption saß, würdigte ihn keines Blickes.

Vor der Tür wartete schon ein Taxi.

BERLIN. Die amtliche Kriminalstatistik verzeichnet für das vergangene Halbjahr einen Rückgang von mehr als 17 Prozent bei Gewaltdelikten jeglicher Art. Ob dieser Rückgang tatsächlich mit erhöhtem Cannabiskonsum zu erklären sei, wie in Medien vermutet wird, bleibe ohne genauere Untersuchungen reine Spekulation, hieß es aus dem Innenministerium. Bei klassischen Alkoholdelikten wie auch schweren und tödlichen Unfällen sei es zu einem Rückgang von 21 Prozent gekommen. Gleichzeitig habe man 45 Prozent mehr Cannabis-am-Steuer-Fälle registriert, die in absoluten Zahlen allerdings nur einem Bruchteil der alkoholbedingten Unglücksfälle entsprechen. Seit der Legalisierung von Cannabis gelten, ähnlich wie beim Alkohol, strenge Grenzwerte für Konsumenten. Im Gegensatz zu früheren Regelungen werden aber nur Werte betrachtet, die auf Konsum unmittelbar vor Fahrantritt zurückzuführen sind. In der Vergangenheit durften die Behörden auch Führerscheine von Cannabis-Konsumenten einziehen, die seit Tagen nichts mehr konsumiert hatten – oder gar nicht am Steuer saßen.

■

«Wir müssen sofort zum Patent- und Markenamt und beides schützen lassen, Patent und Marke, dann können die nichts mehr machen! Mit etwas Glück hat Andy daran noch gar nicht gedacht ...»

Man sollte Eight Fingers nie unterschätzen, dachte der Dude anerkennend, in heiklen Momenten kommt der schneller auf Betriebstemperatur als jeder andere Mensch.

«Da geht es nur darum, wer zuerst anmeldet, die interessieren keine Umstände, keine Erklärungen, nichts. Entweder du hast die Marke oder ein anderer, egal, wie gerecht oder ungerecht das ist.»

Daran hätte der Dude nie gedacht, aber das klang vernünftig und logisch. So weit war es schon gekommen, dass er die staatlichen Stellen anrief, um Gerechtigkeit zu erfahren, schoss es dem Dude durch den Kopf, das dürfte er niemandem auf dem Kiez erzählen, die würden ihn nie wieder ernst nehmen.

Nach alten Maßstäben sollte er natürlich seinen Motorradfreund anrufen und mit ihm bei Andy zu Hause vorbeischauen. Andy würde das bestimmt sehr verwundern, diese Welt kannte der gar nicht, der kannte nur die eine Spielwiese, auf der sich alle schön an die offiziellen Regeln halten mussten, die er so hervorragend für sich zu interpretieren und zu missbrauchen wusste. Juristisch und moralisch durfte man so einem eigentlich erst gar nicht kommen. Was das Rechtliche angeht, hatte er die teuersten Anwälte des Landes und keinerlei Skrupel, alle und alles zu hintergehen, aber so, dass ihm keiner etwas konnte. Moralisch war ihm nicht beizukommen, weil er die Kategorie überhaupt nicht verstand. Damit war er nicht allein. So sahen das ja viele in ähnlichen Positionen. Das war schließlich ihr Kapitalismus, da fühlten sie sich bombensicher, so ein Sozialarbeiterquatsch wie Moral kümmerte die nicht. Deswegen musste man sie ab und zu daran erinnern, dass es auch noch andere Maßstäbe gab, überlegte der Dude.

Der Motorradfreund dachte sofort an ein paar Hiebe mit dem Baseballschläger auf die Knöchel. Der Dude fand das übertrieben, verstand aber die Idee dahinter, die sich sein Rockerkumpel bei der IRA abgeschaut hatte. Wer gegen die Regeln der republikanischen Terroristen in Belfast verstieß, bekam früher ein sogenanntes Sixpack verabreicht, Schüsse durch jedes Handgelenk, durch jedes Knie und durch jedes Fußgelenk. Das brachte niemanden um, machte die Opfer aber zu Krüppeln. Nach dem Waffenstillstand griff man zu Knüppeln, Cricket- oder Baseballschlägern – was die Verletzungen verschlimmerte: Statt sauberer Durchschüsse gab es furchtbare Trümmerbrüche. Diese Methode wendete der eigentlich lammfromme Freund auch gelegentlich an, «mit großem Erfolg», wie er manchmal sagte, um bei bösen Blicken des Dude kleinlaut hinterherzuschieben, dass er «nie mehr als zwei Gelenke» bearbeite, und auch «nur ganz, ganz selten, versprochen». Na ja.

Das war keine Option, der Dude wollte nicht wieder in den Knast – und er wollte Andy nicht nur persönlich treffen, sondern vor allem geschäftlich, er wollte Black Devil vernichten. Der Schlüssel dazu war das Strongdude. Natürlich gehörte ihm das Zeug. Nahm er es Andy weg, war Andy platt. So einfach war das. Black Devil baute nur auf diese eine Sorte und einen Hybrid für die H-Bullet. Beides seine Erfindung. Deswegen war Eight Fingers' Idee richtig. Niemals hatte Andy daran gedacht, das Gewächs patentieren zu lassen, davon war nicht auszugehen. Damit würde er ihn kriegen. So wahr ihm der Staat helfe. Der Dude klemmte sich hinter das Telefon und hatte bald den Namen von einem Experten für Patent- und Markenrecht.

Er grinste Eight Fingers an.

«Gute Nacht, Andy!»

■

Der Dude schaute manchmal noch richtig Fernsehen, also das Programm, wie es ihm die Sender vorsetzten. Das war so wunderbar bekloppt altmodisch, er liebte es. Er verspürte dabei das beruhigende Gefühl der Wahllosigkeit, die herrliche Entmündigung, das sehen zu müssen, was sich ein verbeamteter Gerontokrat vor Wochen oder Monaten als ideale Abfolge ausgedacht und von diversen Ober- und Untergremien sehr korrekt hatte genehmigen lassen. Was für ein aus der Zeit gefallener Unsinn, daran konnte sich der Dude wirklich erfreuen.

Im Vorabendprogramm liebte er besonders die Werbung. Die Treppenlifte und Hämorrhoidensalben fand er faszinierend, Knoblauchpillen und Cremes gegen Pilze jeder Art, das hatte er früher stundenlang schauen können, weil er sich nach jedem Werbeblock lebendiger, fitter und jünger fühlte als jemals zuvor. Die Welt war in diesen Minuten eine einzige Krankheit, ein ständig bedrohlicher und wuchernder Tumor, den es mit allen Mitteln zu bekämpfen galt, die von der rettenden Heilindustrie auf den Markt geworfen wurden, also den zuverlässigen deutschen Pharmaunternehmen, die sich lüstern auf jedes neue Krankheitsbild stürzten.

Als er jetzt einschaltete, war alles anders. Dem Dude fiel fast das Frühstück aus dem Gesicht. Cannabis-Creme gegen Falten, Gras-Extrakte für einen ruhigen Schlaf, Hasch-Öl für Hornhaut an den Füßen, Hanf-Pillen gegen Kopfschmerzen, Cannabis-Drops («Mit der Extraportion CBD») gegen Rheuma, Cannabis-Drinks («Mit besonders viel THC») für «stärkere Gehirnleistung bis ins hohe Alter», Vaporizer für «gemütliche Nachmittage», fertig gerollte Joints «in allen Größen» für die Dame oder den Herrn «in den aktuellen Trendfarben», nicht zu vergessen «Bongs, mit denen jede fröhliche Runde noch fröhlicher wird». Dazu betörende Bilder von lachenden Alten, von grinsenden Alten, immer wieder tanzende Senioren, rennende Senioren, zufrieden strahlende Senioren, unterlegt mit Bob Marley, Peter Tosh, aber auch mit abgestandenen Rock Tunes. Das Programm war sorgfältig differenziert.

Für die jüngeren Alten ab fünfundvierzig Jahren wurden massiv Präparate angeboten, mit denen sie der permanenten Überforderung im Beruf und im Privatleben begegnen könnten. Cannabis-Potenzmittel («Bei unseren Eltern hieß es in den Siebzigern: Mit Haschisch in der Blutbahn kannst du bumsen wie ein Truthahn. Ja, nicht alles, was damals gesagt wurde, ist heute falsch ...»), Gras-Gleitcreme für «berauschende Stunden», Dope-Gels für ein «High im Ich», also gegen Minderwertigkeitsgefühle, dazu Inhalationsstifte für «Ein spontanes Strahlen im Office» sowie THC-Kaubonbons und -Lollis für «den hellen Geistesblitz in der Konferenz am Morgen». Reiseveranstalter offerierten Trips auf griechische Inseln, wo man «gemeinsam abheben» könne wie einst im Juni an der Siegessäule, unterlegt mit alten Technohymnen und Bildern der längst vergessenen Berliner Loveparade aus den Neunzigern. Ganz zum Schluss, vor der Ratgebersendung «Mein Hanf, dein Hanf, für wen ist Hanf da?», kamen noch Anlagetipps, in denen sehr ernsthaft diverse sogenannte C-Aktien, also «Cannabis-Papiere», erörtert und empfohlen wurden, darunter einige amerikanische, aber auch viele neue deutsche, von denen der Dude teilweise noch gar nicht gehört hatte.

«Diese Rendite macht Sie high!»

«Anlagen, bei denen Sie vor Freude einen Lachflash kriegen.»

Der Dude war sprachlos.

BRAUNSCHWEIG. Vor einem «gefährlichen Chaos» mit «unabsehbaren Folgen für die zivile Luftfahrt und die Gesellschaft» durch sogenannte Cannabis-Drohnen (C-Drohnen) hat der Präsident des Luftfahrt-Bundesamts in Braunschweig gewarnt. Die Zahl der mittelschweren bis schweren, anmeldepflichtigen, da gewerblich genutzten Transportdrohnen sei seit der Legalisierung auf mehrere zehntausend explodiert. Schon heute komme es landesweit täglich zu rund 300 Unfällen verschiedenster Art mit außer Kontrolle geratenen Flugobjekten, von denen nach jüngsten Erhebungen mehr als 97 Prozent zur Auslieferung von Marihuana dienen. Namentlich erwähnte der Präsident der Behörde die Konzerne Meduk und Black Devil, die für rund drei Viertel aller Flugbewegungen verantwortlich seien. Die Braunschweiger Experten sprachen sich für ein Verbot großer Lieferungen von «stofffremdem Verpackungsmaterial» aus, eine direkte Anspielung auf den «Bullet-Service» des Black-

Devil-Konzerns. Mit dem «Drohnen-Sondergesetz zum Cannabis-Vertrieb» sei eine Auslieferung von Getränkedosen nicht gedeckt. Durch den Einsatz der umstrittenen Großdrohnen, die gewaltige Kontingente von kompakt verbundenen Dosen ausliefern, sei es allein in den vergangenen drei Monaten zu vier schweren Unglücksfällen mit dreizehn Toten gekommen, bei denen Großladungen «bombengleich» aus der Höhe herabstürzten. Das Amt plädierte für ein sofortiges Flugverbot aller C-Drohnen und eine Überarbeitung der entsprechenden Richtlinien.

▬

«Wie, das ist schon angemeldet?»

«Ja, tut mir leid.»

«Das kann doch gar nicht sein, es gehört mir, ich habe es erfunden, dafür habe ich massenhaft Zeugen, halb Hamburg, den ganzen Norden. Verstehen Sie, das Strongdude ist meine Erfindung, ich habe es gezüchtet, niemand anders, ich bin der Vater dieses Krauts, verdammt noch mal!»

«Dude, nun beruhigen Sie sich doch, daran zweifle ich doch keine Sekunde. Sie wollten, dass ich die Pflanze patentieren lasse und die Marke anmelde, und dafür habe ich auch alles sofort wie verabredet eingereicht, aber jetzt kommt leider heraus ...»

«Was heißt denn überhaupt, jetzt kommt das heraus, haben Sie möglicherweise noch ein bisschen herumgetrödelt, und jemand ist uns zuvorgekommen, oder was?»

«Dude, ich bitte Sie, hören Sie auf, mich zu beleidigen, oder ich gehe sofort.»

«Sorry, er meint das nicht so, wirklich.»

Eight Fingers legte eine Hand beruhigend auf den Unterarm des Anwalts. Der Dude schnaubte, seine Arme wirbelten sinnlos und ungelenk umher, es sah aus wie spastische Zuckungen.

«Nein, wir haben keine Zeit vertrödelt, sondern sofort nach unserem Treffen gehandelt, aber es hat trotzdem etwas gedauert, bis wir die Recherchen abschließen konnten, die parallel zum Anmeldeprozess liefen, der ohne Vorprüfung abläuft, zumindest bei der Marke. Und so haben wir eben herausgefunden, dass Marke und Patent schon seit mehr als einem Jahr registriert sind. Seltsamerweise lagen zunächst keinerlei Informationen zum Anmelder vor, was höchst ungewöhnlich ist und auch nicht vorkommen darf, aber es war so: nix. Nachfragen wurden nicht beantwortet, niemand war zuständig, alle zuckten die Schultern und waren offensichtlich nicht daran interessiert, uns zu helfen. Einer sagte sogar: ‹Was geht Sie das eigentlich an?› Sehr komisch, haben wir noch nie erlebt. Wir haben mit Beschwerden und juristischen Schritten gedroht, hat alles nicht geholfen. Tatsache ist, Patent und Marke sind bereits angemeldet.»

«Also doch Drumbach und Black Devil?»

«Kann sein, kann nicht sein, kriegen wir derzeit nicht raus, ändert auch nichts am Sachverhalt.»

Der Dude fühlte sich alt, alt und schwach. «Und da kann man nichts machen, gar nichts?»

«Nein, rechtlich ist die Situation einwandfrei, Marke und Patent sind sogar weltweit registriert, was richtig viel Geld kostet.»

«Scheiße!»

Besorgt blickte der Anwalt in das grotesk verzerrte Gesicht des eben noch schlaff im Sessel hockenden Dude. Jetzt stand er da, den Mund weit aufgerissen, die Stirn rot, kein wirklich schöner Anblick, dachte Eight Fingers, dem der Auftritt seines

Freundes ein wenig peinlich war, wenngleich er den Frust verstand.

Der Dude war gearscht.

Und zwar richtig.

▬

Die Börse spielte völlig verrückt. Und eigentlich war das, objektiv betrachtet, noch maßlos untertrieben. Hysteriewellen schwappten wie Tsunamis durchs Land und übers sogenannte Parkett, es gab kein Halten mehr, im Netz, im Fernsehen, in den Zeitungen, in den sozialen Netzwerken vor allem, wo sich Millionen gegenseitig aufstachelten und verrückt machten. Nirgendwo noch ein rationaler Funke, nichts, aus, vorbei. Die Gefühlsexplosionen ließen Isabelle Frevert verstummen, während sie in ihrem Büro die Monitore der drei Rechner und zwei Flachbildschirme beobachtete, wo lautlos diverse Programme und Live-Schaltungen liefen. Sie fühlte sich ein bisschen überfordert, das kannte sie gar nicht mehr, wie sie bemerkte. Der überwältigende Erfolg stellte die Vorstandsvorsitzende komplett ruhig. Ihre Vorzimmerdame stand ratlos vor ihr, zuckte mit den Schultern und ging, lächelnd.

Die Börsen waren Übertreibungen in alle Richtungen gewohnt, heftige Ausschläge und irrationales Gruppenverhalten waren seit jeher ein fester Bestandteil der sogenannten Börsenkultur, wie alle wussten, aber nur selten jemand zugeben wollte. Die naive Idee, die Aktienkurse hätten zuvörderst etwas mit der wirtschaftlichen Performance und Realität der Unternehmen zu tun, war eine charmante Illusion oder, viel öfter, eine handfeste Lüge. Trotzdem hielten selbst intelligentere Zeitgenossen an diesem Glauben fest, sei es aus Verzweiflung oder aus Berechnung. Nach Ansicht der Meduk-Chefin gab es nichts Verlogeneres und Willkürlicheres als die Finanzseiten selbst der angeblich seriösen Blätter. Fast nie wurden Krisen und externe Schocks zuverlässig vorhergesagt, aber hinterher hatten sie alles immer schon lange kommen sehen. Diese andauernde Divergenz zwischen Realität und Wahrnehmung führte zu keinerlei Einsichten oder Verhaltensänderungen. Die gesamte Finanzberichterstattung war für Isabelle Frevert eine einzige intellektuelle Zumutung, die, so dachte sie, dem geistigen Niveau der dortigen Akteure entsprach.

Seit Jahrzehnten wurden die Börsen von unmoralischen Zockern, berufsmäßigen Blendern und gefährlichen Suchtcharakteren, wie man sie sonst nur in Rotlichtvierteln fand, zu Casinos degradiert. Für die erfahrene Unternehmerin war das kein Vorurteil, sondern eine realistische Beschreibung der Wirklichkeit, da musste sie nur an die kriminelle Energie der deutschen Banker in den vergangenen Jahren denken. Leider war sie als DAX-Unternehmen von dieser Spezies abhängig. Heute aber freute sie sich über deren Aufmerksamkeit.

Die Meduk-Zahlen aus dem letzten Quartal 2019, also dem ersten Quartal nach der vollständigen Legalisierung, waren die größte Sensation, für die je ein deutsches Unternehmen seit Gründung der Bundesrepublik gesorgt hatte. Umsätze, Gewinne, Marktdurchdringung, alle Werte waren mehr als doppelt, viele sogar dreimal so hoch wie erwartet. Der mühsam herausgearbeitete Vorsprung, die jahrelangen heimlichen Vorarbeiten, jetzt fuhren sie die Ernte ein. Meduk bombte mit seinen Cannabis-Produkten die Konkurrenten überall vom Platz. Es war ein Siegeszug sondergleichen. Die anderen Chemie- und Pharmariesen verfielen in eine Art Schockstarre angesichts ihres Hanf-Panzers, der bereits in den ersten Tagen und Wochen nach dem offiziellen «Go» alle überrollt hatte.

Nur Black Devil hielt sich auch sehr ordentlich an den Märkten. Das nahm Frevert emotionslos zur Kenntnis, vielleicht sogar ein bisschen wohlwollend, wie ihre Vorzimmerdame erstaunt registrierte, die sie bei einzelnen Zahlen, die auf den Bildschirmen aufflackerten, tatsächlich juchzen hörte.

Sah man sich die eigenen Rekordzahlen und den bemerkenswerten Erfolg von Black Devil im Freizeitsegment an, wunderte es viele Topmanager von Meduk sehr, dass die Vorstandsvorsitzende ausgerechnet jetzt die Auflösung der hauseigenen Entwicklungsabteilung für Energydrinks bekanntgab. Der Freizeitmarkt fehlte noch auf dem Weg zur absoluten Dominanz im Cannabis-Sektor. Aber Isabelle Frevert hatte einen Plan. Und die Entwicklungsabteilung war von Anfang an ein Ablenkungsmanöver gewesen, was nur sie und ihr Sicherheitschef wussten.

Ergriffen genoss sie die Hymnen, die weltweit auf Meduk und sie gesungen wurden. Bloomberg TV, Asia Business News, das Wall Street Journal, die New York Times, der Guardian, undsoweiterundsofort, von den deutschen Medien gar nicht erst zu reden, und das lag nicht nur an Freverts engen Kontakten zu der Verlegerfrau aus dem Inner Circle, die einige Organe aus ihrem Medienimperium schon früh – nach einigen dezenten Hinweisen bei den kleinen Treffen des Kreises – auf einen positiveren Cannabis-Kurs hatte umschwenken lassen. Kein deutscher Journalist konnte sich heute dem Sog des Meduk-Triumphs entziehen. Dagegen verblassten selbst die Erinnerungen an die Haffa-Brüder und EM.TV. Es wurde überlegt, die Aktie in Frankfurt, New York und London kurzfristig aus dem Handel zu nehmen, so sehr überschlugen sich Meldungen und Anleger. Jede Stunde neue Sensationsnachrichten. Praktisch jetzt schon wertvollstes Unternehmen des

DAX. Das persönliche Lob der Kanzlerin am Telefon war nur das Sahnehäubchen auf dem goldenen Kuchen des Tages.

Isabelle Frevert griff sich ihr Champagnerglas, stellte sich vor Böll, der ebenfalls stumm auf die Bildschirme starrte, und prostete ihm zu: «We are the Kings of the World!»

Böll schwankte einen Moment, vielleicht der Kreislauf, vielleicht die Wucht der Ereignisse. Er, der trockene Wissenschaftler, spürte das ungewohnte Gefühl des Glücks durch seine Knochen kriechen, ein Funke Pathos zündete in einer entlegenen Hirnregion ein mittleres Feuerwerk und verzückte alle Neurotransmitter, der Forscherkörper wusste gar nicht umzugehen mit all diesen inneren Erschütterungen und Aufregungen, und plötzlich spürte der Leiter des Meduk-Pflanzenschutzzentrums, wie ihm der größte und härteste Ständer seit der frühen Pubertät wuchs. Unaufhaltsam wanderte das sich überraschend gigantisch anfühlende Stück Fleisch durch die bedauerlicherweise viel zu locker sitzenden Boxershorts noch oben und zeichnete sich, wie er mit einem entsetzten Blick nach unten erkennen konnte, gut sichtbar unter der viel zu weiten Anzughose ab. Zu allem Unglück verspürte er den kaum unterdrückbaren Drang, seinen eisenharten Knüppel sofort in einen weichen Haufen Mutterboden zu stecken, wie er es nach Feierabend gern in seinem Labor machte. Aber im Moment stand er einfach mit der klar erkennbaren Riesenlatte und einem Glas Champagner in der Hand vor seiner Chefin und sagte: «Ja, Frau Dr. Frevert.»

Er stockte kurz. Der Titel! Das war die Aufregung. Seine Chefin bemerkte es gar nicht.

Das sagte doch alles.

Was für ein Tag.

KIEL. Auf Initiative der Agrar- und Ernährungswissenschaftlichen Fakultät der Christian-Albrechts-Universität Kiel diskutiert die Hochschulrektorenkonferenz bei ihrer nächsten Sitzung die bundesweite Einführung des neuen Studiengangs Hanfanbau und Hanfwirtschaft. Zuvor hatten sich bereits die Studienfakultät für Agrarwissenschaften und Gartenbauwissenschaften der TU München-Weihenstephan sowie der Fachbereich Agrarwissenschaften, Ökotrophologie und Umweltmanagement der Justus-Liebig-Universität Gießen für diesen Schritt ausgesprochen. Ein Sprecher der Uni Kiel sagte der Deutschen Presse-Agentur, die agrarwissenschaftlichen Fachbereiche der deutschen Universitäten könnten mit der Einführung eines solchen Ausbildungswegs, der europaweit einzigartig sei, das globale Renommee der deutschen Landwirtschaft steigern und internationale Studierende anlocken. Ein Partnerprogramm mit der University of Colorado sei bereits initiiert.

Der Dude strich über den Kiez, er wusste nicht, wohin er eigentlich wollte. Er war unruhig, er war schlecht gelaunt. Seit dem Rausschmiss machte er sich Vorwürfe. Wahrscheinlich lag es am Gefängnis. Nach den Jahren der Demütigung war er zu schnell auf die Lobhudeleien angesprungen. Sein Magen erinnerte ihn ständig an die Schmach. Ein paarmal hatte er sich noch in sein Refugium vor den Toren der Stadt zurückgezogen, um abzuschalten, nachzudenken und ein bisschen in Ruhe zu tüfteln, das war in diesen Tagen schwierig genug. Ein Cannabis-Sturm fegte durch die Republik, wie ihn niemand für möglich gehalten hätte, und er stand abseits. Konsumenten, Produzenten, Anleger, die Erregungskurve schoss steil in den Himmel. In den Innenstädten kündete praktisch jede Straße vom Siegeszug seiner geliebten Pflanze. Kioske, Kneipen, Clubs, Restaurants, Imbisse, Supermärkte, Klamottenläden, Baumärkte – an keinem öffentlichen Ort entkam man mehr der Werbung. Von Getränken bis zur Hanf-Kleidung von Top-Designern, kein Marktsegment wurde ausgelassen. Das war sie also, die neue «Cannabis-Republik Deutschland», wie es in einigen Berichten hieß.

Die Blüten wurden mittlerweile weithin als ein natürliches und reines Wunder- und Heilmittel gegen praktisch jede denkbare Krankheit und jedes Wehwehchen anerkannt. Die Apotheken warfen einen guten Teil ihrer alten pharmazeutischen Produkte aus den Regalen und bewarben die bombastische Vielfalt neuester Angebote auf Cannabis-Basis, leider meist die von Meduk, wie der Dude angewidert konstatieren musste. Der Konzern hatte die Nase vorn, sein Vorsprung auf dem Markt war erschreckend. Meduk hatte mehr Auswahl als alle anderen, der Dude konnte das kaum ertragen.

Firmen wie Meduk hatten jahrzehntelang auf härteste Chemie gesetzt, ohne Rücksicht auf ökologische, soziale oder gesundheitliche Konsequenzen. Sie hatten an der Spitze derer gestanden, die in der viel besungenen Deutschland AG nichts anderes sahen als ein nützliches Vehikel, mit dem man die externen Kosten der Produktion – verseuchte Flüsse, dreckige Luft, giftige Abfälle – in erheblichem Umfang sozialisieren und die Gewinne privatisieren konnte, das war ihre Idealvorstellung von «freien Märkten». Bei jeder neuen, dringend notwendigen Umweltauflage drohten sie mit Abwanderung der Produktion oder Massenentlassungen: Die politische Erpressung gehörte für sie zum Kleinen Einmaleins des täglichen Umgangs. Schärfere Regeln akzeptierten sie nur grummelnd und widerwillig. Dass ein Unternehmen wie Meduk nun als Hohepriester des chemiefreien Cannabis-Lebens auftreten und sich damit eine goldene Nase verdienen konnte, während die «kleinen» Anbauer und Vorkämpfer entnervt aufgeben mussten, fand der Dude so unerträglich wie sein eigenes Schicksal. Und während er darüber nachdachte bei seinem ziellosen Spaziergang über den Kiez, fiel ihm ein, wohin er jetzt wollte.

Am Tresen im Silbersack, einer seiner alten Stammkneipen, standen drei oder vier Gestalten. Der Dude mochte die Hoffnungslosigkeit, die in solchen Läden in der Luft hing. Es gab hier keine Illusionen, keine falschen Versprechungen, keinen unbegründeten Optimismus, es gab nichts Dringendes zu besprechen, weil sowieso alles scheiße und aussichtslos war. Das war ein beruhigender und identitätsstiftender Grundkonsens, der die richtigen Leute anlockte. Zufrieden bemerkte er, dass ihn niemand erkannte und sich kein Mensch nach ihm umdrehte, als er sich mit den Ellbogen auf die Holzplatte stützte und bestellte. Zusammen allein sein, das wollten hier alle. Stell dich hin, mach keinen Dicken, bestell, trink einfach und nerv nicht. Das war eine hohe Stufe der Zivilisation, die nicht an vielen Orten in dieser Perfektion erreicht wurde.

Der Carlos I brannte den Weg frei für ein paar Holsten, die den Rachen auf den nächsten Carlos I vorbereiteten. Das war ein fein abgestimmtes Alkoholballett, trainiert in vielen Jahren selbstloser Experimente. Manchmal musste es einfach Alkohol sein. Egal, wie angespannt er war, nach ein, zwei Runden am Tresen spürte der Dude, wie sich der Stress und Druck im grauen, klebrigen Zellhaufen, den er sich in seiner Konsistenz wie den bei Kindern beliebten Glibberschleim vorstellte, langsam auflöste, verdampfte, verschwand. Und im selben Maße, wie sich dieser Akt der Befreiung durch Alkohol vollzog, setzte der Körper das betörende Gefühl der Melancholie frei, das den Dude umhüllte und einlullte, bis ihn eine prickelnde Verzweiflung geradezu in Hochstimmung versetzte. So intensiv, so wahrhaftig und essenziell, er liebte es. Und schämte sich nicht ob des einsetzenden Selbstmitleids. Wieso auch? Dafür stand man doch hier im Kneipendämmerlicht in der Silbersackstraße – es war ja auch schon nach sechzehn Uhr.

Der Dude schaute sich um, er kannte niemanden. Ein Kerl in einem dreckigen weißen Anzug am anderen Ende der Theke verbarg sein Gesicht hinter Haaren, die speckig glänzten und nicht mehr wussten, wie sich Wasser anfühlt. Er hatte einen Gehstock an den Tresen gelehnt, goldener Knauf, dunkles Holz, beides wirkte deplatziert, Stock und Mann. Der Kellner schob dem Typen relativ zügig neue Kurze unter die Mähne, wo eine knöcherne, viel beringte Hand sie aufnahm und in den Schlund kippte. Der Kellner sagte unvermittelt zu dem Gebeugten: Wir sind jetzt bei vierzig Euro, willst du weitermachen?

«Was?»

«Du hast mir gesagt, ich soll dir sagen, wenn du bei vierzig Euro bist, und das Limit haben wir erreicht.»

«Laber nicht rum, schenk einfach weiter ein!»

Der Dude erstarrte.

«Michael?»

Der Kopf auf der anderen Seite des Tresens zuckte hoch. Der Dude sah ein Antlitz, das aus mehreren Gesichtern zusammengesetzt wirkte. Einzelne Partien passten nicht zueinander. Aus den wässrigen Augen schimmerte der Rest eines Lebenswillens, den er mal bewundert hatte. Sein Bruder. Der Ältere. Der Geschlagene. Der Kaputtnik, der ihn aus Rache in den Knast gebracht hatte. Und danach Motevs Arbeitssklave geworden war, weil der ihn sonst auch in den Bau gebracht hätte. Nach dem Abgang des Innensenators war der Bruder offensichtlich noch weiter abgestürzt. Verräter mag niemand.

Michael sah den Dude. Er dachte – nichts. Sein Bruder

eben. Oder eher Halbbruder, das wusste der Kleine ja nicht. Lange nicht gesehen. Er kippte noch einen Kurzen. Das brannte gut. Scharfe Säure im Hals, spontaner Wunsch nach Kotzentleerung, kurz durchatmen, konzentrieren, verdrängen, ging schon wieder.

Der Dude stellte sich neben ihn.

«Wie geht's?»

«Mh, ganz gut.»

«Schön.»

«Ja.»

«Was machste?»

Der Bruder hob sein Bierglas. «Trinke.»

«Sehe ich.»

«Dann ist ja gut.»

«Meine ja nur.»

«Ich auch.»

Sie schwiegen nebeneinander für zwei, drei weitere Runden. Der Dude blieb erstaunlich ruhig. Zu seiner eigenen Verwunderung spürte er nicht viel. Oft hatte er sich ausgemalt, wie er den Bruder zusammenschlagen und quälen würde. Umbringen. Foltern. Irgendwas in die Richtung. War alles weg. Er dachte an früher, als sie alle zusammen gewesen waren, mit den anderen, mit No Brain und Eight Fingers.

«Scheiße, das mit No Brain.»

Der Bruder zuckte, sein Körper schien sich noch mehr zu krümmen, die Haare berührten das Tresenholz.

«Ja!»

«Hatte er nicht verdient.»

«Nein.»

«Ich hoffe, er ruht in Frieden.»

Michael wankte vor und zurück, etwas arbeitete in ihm. Er spuckte einen rotgrünen Klumpen neben seine Stiefel.

«Der verdammte Orang-Utan von Motev kam in der Nacht mit den Motorradfahrern, wollten Druck machen wegen der Qualität und so. Wollten mich einschüchtern.»

Der Dude vergaß das Atmen.

«Sie fuhren weg. Am Morgen habe ich von dem Unfall gehört.»

Der Dude starrte ihn an.

«Ich habe die Spinnmilben natürlich gleich gesehen. Dachte an No Brain. Alles passte. Also habe ich nichts unternommen gegen die Viecher.»

Der Dude spürte, wie ein Heliumballon mitten in seinem Kopf aufgepumpt wurde. Sehr heiß, sehr prall.

«Und als die Ermittlungen nicht weiterkamen – die Anlage war wegen der Spinnmilben schon fast hin, Motev und die Jungs flippten völlig aus –, da ...»

Der Bruder wandte sich zum ersten Mal direkt dem Dude zu, in dem zerklüfteten, vernarbten Trümmerfeld seines Gesichts hingen zwei seltsam gelbliche Augen, die fast geschlossen waren. Sehschlitze, die an bemooste Schießscharten erinnerten.

«... habe ich der Staatsanwaltschaft ein paar Hinweise gegeben, ein paar kopierte Unterlagen, auch ein, zwei Handyfilmchen und Fotos, auf denen Motev und seine Helfer in der Halle gut zu sehen sind ...»

Der Dude schluckte. «Du warst das.»

«Ja.»

Sein Bruder, der Verräter, hatte Motev verraten. Der Dude spürte, wie eine Last von ihm abfiel. Er hob sein Glas. «Auf No Brain.»

«Auf No Brain.»

Sie schwiegen wieder. Da war nichts mehr. Kein Hass, kein Ärger, aber auch sonst nichts. Das ist schon viel, dachte der Dude. Er streckte seinem älteren Bruder die Hand hin.

«Mach's gut!»

Die Hand des Dude hing etwas hilflos in der Luft.

Der Ältere schob seine Haare zur Seite, zum ersten Mal öffnete er die Augen ganz, der Dude sah kaum Weiß, auch die Haut war so grau. Michael schaute ihn fragend an, dann legte er seine feuchtkalte Hand in die Rechte des Dude und nickte schwach.

«Klar, mache ich.»

Andy fand die meisten Menschen uninteressant. Eigentlich alle, die ihn nicht an sich selbst erinnerten. Das machte ihn zu einem einsamen Typen, aber das sah er nicht so. Das Einzige, was ihn außer sich selbst, seinem Aussehen und Black Devil wirklich beschäftigte, waren Frauen. Je mehr, desto besser, je jünger, desto angenehmer, am liebsten relativ dünne, modelähnliche Wesen, die sich beeindrucken ließen und die Annehmlichkeiten genossen, die er ihnen ohne Ende bieten konnte, wenn er denn wollte. So blieb er nie allein.

Es gab auch ein paar Männer, die ihn nicht sofort langweilten. Der Dude war einer davon gewesen, aber der musste ja leider das Unternehmen noch während der Probezeit verlassen, zu schade aber auch, hahaha.

Die Frevert war für ihn weder das noch das andere. Er musste zugeben, dass er das ganz interessant fand, so eine Frau zu kennen, die in keines seiner Raster passte. Mit der würde er nie Sex haben können, das hatte er gleich bei der ersten Begegnung gedacht. Das war nichts Persönliches, das galt bei Drumbach eigentlich für alle Frauen über dreißig. Mit so einer konnte er selbstredend auch niemals befreundet sein, weil das

Interessante an dieser Art Person automatisch ätzendstes Konkurrenzdenken auslöste. Es ging ihm und anderen, die ähnlich gestrickt waren, ja niemals um ein mädchenhaftes «Möge der Bessere gewinnen», fair und von redlichen Absichten geprägt. Das war Sozialgelaber, Opferkram. Nein, es ging immer um den Sieg an sich, um die Vernichtung der anderen, es ging um Macht, Triumph und Beherrschung. Das machte ihm Spaß, dafür lebte er.

Siege machten ihn richtig geil.

Deswegen konnte er die Erregung kaum bändigen, die ihn ergriff, als er wieder und immer wieder auf die ersten veröffentlichten Zahlen nach der Einführung der H-Bullet starrte, die am Morgen an die Presse verteilt wurden. Gestern Abend hatte er mit Rudolfs Abteilung darauf angestoßen, das war herrlichst in ein sehr wildes Gelage ausgeartet, und am Ende konnte er diese kleine versaute Annika von der Rezeption zu einer spontanen Nummer oben im Konferenzzimmer überreden – ohne extra Bezahlung.

Wer hätte aber auch erwartet, dass genau in der Woche der Markteinführung der H-Bullet das amerikanische Gesundheitsministerium nach jahrelangen, repräsentativ angelegten Studien den Durchbruch verkündete und ganz offiziell erklärte, bestimmte Cannabissorten linderten sehr effektiv bestimmte Krebsarten – vorausgesetzt, der CBD-Wert sei so hoch, wie er auf dem Markt leider kaum zu finden war. Aber, und das war die Sensation, dieser ungewöhnliche Wert lag nur unwesentlich über dem ihres Strongdude-Hybriden. Damit war Andys H-Bullet eine «global sensation», die bereits auf CNN über die BBC World bis Al Jazeera nonstop verkündet wurde. Andy grunzte zufrieden und zog sich zur Erfrischung an diesem besonderen Tag eine kleine Line vom Schreibtisch, so viel Entspannung musste sein.

Das Telefon stand nicht still, es gab Anfragen aus aller Welt, die international größten Anleger wollten einsteigen, die ganz großen Player kooperieren, es gab hundertfach Lizenzanfragen, die er nie bewilligen würde, weil er die Kontrolle nicht leichtfertig abgeben wollte. Es war ein Traum, der alles in den Schatten stellte, was Cannabis bisher an Nachrichten produziert hatte.

Fuck you, Frevert, dachte Andy, fuck Meduk, fuck you all. In Zukunft wird es nur noch einen geben: mich. Er fixierte sich in dem wandgroßen Spiegel, den er direkt gegenüber dem Schreibtisch hatte anbringen lassen, damit er sich immer betrachten konnte. Seine Haut wirkte glatt, die Haare voll, seine Brustmuskeln spannten das enge Poloshirt mit dem Black-Devil-Emblem ganz attraktiv. Er machte einen frischen Eindruck, trotz des kleinen, schmutzigen Exzesses in der Nacht zuvor. So sehen echte Gewinner aus, dachte Andy, der gar nicht wusste wohin mit dieser ganzen Begeisterung über sich selbst.

In der Gegensprechanlage knisterte es. Zwei Männer wurden ihm angekündigt, die hätten es sehr eilig, die ließen sich nicht abwimmeln, es gehe um die Zukunft von Black Devil und Herrn Dr. Drumbach.

«Schick sie zum Teufel, ich will an so einem Tag wie heute nicht gestört werden.»

«Sie sagen, dann gehen sie sofort zur Presse und klären die Medien über die Wahrheit auf.»

«Was?»

«Ja, sie haben Dokumente dabei, die angeblich die Wahrheit über das Strongdude enthalten.»

«Lass sie rein. Fünf Minuten, mehr haben sie nicht.»

Zwei sehr langweilig, aber korrekt aussehende Männer

betraten den Raum. Sie stellten sich als Vertreter des Unternehmens Meduk vor.

«Womit kann ich Ihnen helfen an diesem wunderschönen Tag, der vielleicht auch ein bisschen das Ende Ihres Arbeitgebers einläutet, wenn ich so sagen darf?»

«Wir würden Sie gern über einen rechtlichen Sachverhalt informieren, und uns scheint der Augenblick heute besonders passend.»

«Na, da bin ich aber mal gespannt.»

«Wir haben hier notariell beglaubigte Kopien des Patent- und Markenamtes Düsseldorf, aus denen zweifelsfrei hervorgeht, dass Herr Thomas Frevert, der eigentlich Thomas Wichert heißt und der Ehemann der Vorstandsvorsitzenden von Meduk, Isabelle Frevert, ist, dass also Thomas Frevert die alleinigen Marken- und Patentrechte an Strongdude und auch an dem Hybriden hält, den Sie in Ihrer H-Bullet verwenden. Diese Rechte hat er treuhänderisch seiner Frau und Meduk überlassen, womit Meduk die operative Hoheit über diese Pflanzen hat.»

«Was, ich habe selbst ...»

«Ja, Sie haben selbst Marke und Patent anmelden lassen, das ist wahr. Hat aber irgendwie nicht richtig geklappt, wovon Ihnen niemand etwas erzählt hat, weil diese Info aus mysteriösen Gründen gar nicht aus dem Amt zu Black Devil gedrungen ist. Und irgendwie hat dann leider auch niemand mehr richtig nachgefasst und recherchiert.»

«Was soll das heißen, wir haben doch ...»

«Aber ehrlicherweise sollten wir hinzufügen, dass Ihnen auch die besten Recherchen nichts genutzt hätten, denn die Ämter waren so diskret, den wahren Absender der Anmeldungen in diesem Fall nicht zu offenbaren. Und manchmal werden bestimmte Anmeldungen auch einfach irgendwie liegengelassen, vergessen, man hörte sogar von fiesen Unterschlagungen, aber das sind sicher alles nur böse Gerüchte, meinen Sie nicht?»

Die beiden Meduk-Männer lachten aufreizend und grinsten sich wissend an.

«Tja, manchmal sind mächtige Verbündete eben doch ganz nützlich, aber wem sagen wir das, oder?»

«Aber, wieso, ich ...»

«Wir hätten Sie darauf aufmerksam machen können, wollten wir aber nicht. Warum auch? Wir wollten erst dem Dude, später dann Ihnen die Gelegenheit geben, die Markteinführung erfolgreich zu absolvieren und die Anlagen so aufzubauen, dass wir sie in einem funktionsfähigen Zustand übernehmen können. Nämlich jetzt!»

«Ich, das kann gar nicht ... So ein Blödsinn. Niemals, ihr Schweine, ich werde euch alle ...»

Andy sah nicht mehr richtig gut aus, wie er hätte feststellen können, wenn er in den Spiegel geguckt hätte, aber er war gerade abgelenkt.

«Wir können Ihre Produktion sofort stoppen lassen und Sie mit einer Schadensersatzklage in den Ruin treiben. Oder Sie verkaufen uns Ihr komplettes Unternehmen für einen fairen Preis, den wir allerdings selbst festlegen. Oder Sie bleiben der dynamische Chef Ihres eigenen Reichs und entrichten einfach auf alle Gewinne die sehr faire und mehr als angemessene Lizenzgebühr von siebzig Prozent. Des Weiteren verpflichtet sich Black Devil, substanzielle Teile der zur Produktion notwendigen anderen Stoffe und Materialien bei Meduk zu den von uns speziell für Sie festgelegten Preisen zu erwerben. Dann braucht niemand von Ihrem kleinen Missgeschick zu erfahren, die Kartellbehörde bleibt ruhig, Sie verdienen weiter an unserem gemeinsamen Erfolg – und alle sind happy, oder?»

Andy hätte sich gern übergeben. Aber da war nichts mehr. Weder im Magen noch im Kopf. Nur noch Luft, extrem stickige Luft.

«Wir geben Ihnen Zeit bis morgen früh um neun Uhr, um diesen generösen Vorschlag zu überdenken.»

Drumbach nickte schwach.

«Ach, und noch etwas, wenn Sie sich nach reiflicher Überlegung zu einer vernünftigen Kooperation entscheiden sollten, was ich Ihnen als Jurist nur raten kann, wird Ihnen mein sympathischer Kollege hier, unser Sicherheitschef Böll, mit seinem Team als Co-Chef zur Seite gestellt. Sehen Sie das als eine konstruktive Vertrauensmaßnahme. Guten Tag.»

Die beiden Männer drehten sich um und gingen.

Andy starrte auf den Schreibtisch.

Diese Maserungen in der Platte waren ihm vorher noch nie so aufgefallen.

Aber warum waren die so unscharf?

Er wischte sich über die Augen.

Wahrscheinlich die Klimaanlage.

Was sonst?

HAMBURG. Eine Zwei-Drittel-Mehrheit der Deutschen ist «äußerst zufrieden» oder «sehr zufrieden» mit den Folgen der umfassenden Legalisierung von Cannabis. Das hat eine aktuelle Umfrage des Magazins Stern ergeben (Ausgabe vom 30.04.2020). Die Zustimmung verteilte sich nach Ansicht der Meinungsforscher überraschend gleichmäßig über die sozialen, geographischen und politischen Grenzen hinweg. Einzig im Vergleich der Generationen kam es zu kleineren Abweichungen. So zeigten sich die über Siebzigjährigen besonders begeistert von den neuen Möglichkeiten, insbesondere was die therapeutischen und schmerzlindernden Wirkungen der diversen auf dem Markt erhältlichen Produkte angeht. Eine erstaunliche Entwicklung ist unter Jugendlichen zu beobachten: Hier bewertet nur knapp ein Viertel die Folgen der Legalisierung positiv. Die Meinungsforscher zitieren beispielhaft die sechzehnjährige Marlene M. aus München: «Ich ziehe mir doch kein Zeug rein, das auch meine Oma krass findet.»

Die Kanzlerin blätterte lustlos durch die Akten. Sie war in einer seltsamen Stimmung, obwohl es eigentlich wie immer lief. Vielleicht sogar ein bisschen besser. Im Inland explodierte die Cannabis-Wirtschaft ungehindert weiter, der Effekt übertraf die Erwartungen in allen Bereichen. Arbeitsplätze, Umsätze, Exporte, die Kurven zeigten steil in den Himmel, die Probleme im Sucht- und Jugendbereich blieben überschaubar, mittlerweile machte sich die neue germanische Leidenschaft sogar in der Kriminalstatistik bemerkbar. Das Volk der Trinker und Alkoholiker, das im Vollrausch zu Allmachtsphantasien und Gewaltexzessen tendierte, die seit Jahrzehnten als eine Art Folklore und integraler Bestandteil des «Nationalcharakters» betrachtet wurden, offenbarte neuerdings eine viel entspanntere, friedlichere Seite. Natürlich wurde weiter gemordet und totgeschlagen, selbstverständlich prügelten sich Menschen weiterhin ohne Grund, aber das alles passierte anscheinend immer seltener, die Kurve brach auf wirklich unerhörte Weise ein, womöglich tatsächlich wegen des Cannabis-Effekts, vielleicht auch nicht, egal, allein das Ergebnis zählte. Es war der Kanzlerin eine Freude, das zu beobachten.

Ein paar ältere und ihrer Ansicht nach früh vergreiste Abgeordnete ihrer Partei, die sie heimlich «Stahlhelmfraktion» nannte und die eigentlich viel besser in eine dieser neuen Sektierergruppen passten, die seit der sogenannten Flüchtlingskrise ihr Unwesen trieben, beschwerten sich schon lautstark über die «Verweichlichung» der «sedierten Deutschen», über «die Vernichtung des letzten Rests des ohnehin kümmerlichen Wehrwillens», aber das waren einsame Stimmen in einem großen Heer der fröhlichen neuen Deutschen, die allesamt das entspannte Klima im Land begeistert begrüßten, wie ihr jede Umfrage bescheinigte. Die Krankenkassen jubilierten, weil ihre Kosten runterrauschten und die Mitglieder gesünder wurden. Die Alten waren besser drauf und hatten weniger Schmerzen undsoweiterundsofort. Kritik gab es nur vereinzelt von Realitätsverweigerern und aus dem Ausland, aber das war sie weiß Gott nun schon gewohnt.

Allenthalben wurde ihr ja mit schönster Regelmäßigkeit ein «deutscher Sonderweg» vorgeworfen. Alle schrien nach Führung, und wenn sie dann führte, dachte sie manchmal genervt, war es auch nicht okay. In der europaweiten Finanzkrise war sie in einigen Ländern an den üblichen Nazi-Pranger gestellt worden, in der Flüchtlingskrise hatten sich fast alle europäischen Nachbarn über ihre Haltung empört, und jetzt fühlten sich anscheinend ein paar durch die umfassende Legalisierung überfordert. «Order from Berlin: Get high now! The new German Cannabis-Imperialism», titelte der einflussreiche Economist und traf damit eine verbreitete Stimmung unter eigentlich befreundeten Regierungen. Diese Heuchler. Die Bürger dieser Länder, das bestätigten alle Statistiken, strömten zu Hunderttausenden über die Grenzen, um sich hier mit den neuen Bio-Produkten einzudecken, aber ihre Politiker wollten einfach nicht das Gebot der Stunde erkennen. Klar war ihr die europäische Dimension wichtig, aber was sollte sie denn machen, wenn die anderen nicht kapierten, was getan werden musste?

Sie wurde von der Weltpresse nicht mehr als «World Leader», sondern immer nur noch als «World Dealer» bezeichnet. Aber sie wusste vom BND natürlich längst, dass sich die Eliten in Frankreich, Großbritannien und Polen nur darüber ärgerten, dass die deutsche Wirtschaft durch ihr beherztes Vorgehen einen vielleicht uneinholbaren Vorsprung in der Cannabiswirtschaft aufgebaut hatte. Das war nicht ihr Problem. Sollten sich doch alle freuen, dass überhaupt noch ein europäischer Staat mit den USA auf einem Gebiet mithalten konnte. Sonst beschwerten sich alle, dass man Quasi-Monopolisten wie Facebook, Google oder Amazon keine eigene europäische Alternative entgegenstellen konnte, aber nahm man wenigstens bei Cannabis den Kampf gegen die US-Vormachtstellung auf, war es auch wieder nicht richtig.

Die Kanzlerin schaute versonnen auf einen Stapel Unterschriftenmappen vor sich. Immer dasselbe eigentlich. Irgendwie war der Kick weg. So viele Jahre, langsam müsste auch mal Schluss sein. In letzter Zeit dachte sie oft darüber nach. Mal wieder reisen ohne Terminkalender, ohne ständig erreichbar zu sein. Einen neuen Abschnitt beginnen. Die verbleibenden Jahre mit ihrem Mann genießen, so was in der Richtung. Und an neuen Aufgaben in ganz anderen Bereichen wachsen.

Sie zog die Schublade auf und strich über den Umschlag. «Top Secret – privat». Das Angebot lag immer noch da. Ein durchaus großzügiges Angebot, wie sie sagen musste. Da ließ sich die Isabelle nicht lumpen. Das war schon sehr, sehr verlockend. Eigentlich war das ja nicht ihr Stil, aber wenn sie vorher ein halbes Jahr Urlaub einbauen würde, wäre doch vielleicht gegen so einen Schritt nicht mehr viel einzuwenden. Außerdem war es ja auch ihr Leben. Und dann wäre sie nicht mehr von irgendwelchen Mehrheiten irgendwelcher Querulanten abhängig, *das* müsste doch ein paradiesisches Gefühl sein. Allein der Gedanke fühlte sich schon gut an. Die Kanzlerin lächelte und schloss die Schublade wieder. Ihr Entschluss stand fest.

«Wow, das ist exzellent.»

«Ein Wahnsinn, ich kann es leider nicht anders nennen.»

«Besser noch als vorher!»

«Besser? Das ist überhaupt kein Vergleich.»

Der Dude und Eight Fingers strahlten sich gegenseitig an. Sie ließen den Joint kreisen. Begutachteten die Glut, sogen den Qualm tief ein, schmeckten den feinsten Geschmacksnuancen nach. So etwas hatten selbst sie noch nie inhaliert. Beide schauten erwartungsfroh Madame an, die ihnen gegenübersaß.

Die betrachtete ihre beiden großen Jungs. Sie atmete langsam aus, sah den hellen Rauch aus ihren Lungen strömen und fühlte eine erregende Leichtigkeit, gepaart mit einer glitzernden Klarheit, die sie beschwingte und glücklich machte. Das war ein Zauberstoff, der ihr Leben verändern würde, sie wusste es genau. Das war jetzt schon so. Sie brauchte nur den Dude anzusehen. Der graue Schleier über seinem Gesicht war verschwunden, keine schwarze Gedankenwolke drängte sich mehr ins Bild, ihr Kerl vibrierte wie ein Kraftwerk unter Volllast. Da saß kein Opfer mehr, da wartete ein Weltveränderer auf den Sprung in die nächste Runde. Ihr wurde sofort unglaublich warm, diese Energie machte sie geil. Sie war sehr verliebt.

Doch nicht nur der praktische Test fiel äußerst positiv aus. Eben erst hatte ein Kurier die aktuellen Laborwerte vorbeigebracht.

Da stand es schwarz auf weiß.

Sie hatten die Sensation geschafft.

Die heimliche Arbeit in dem Häuschen am Rande der Stadt, dem «Refugium», von dem selbst Madame nichts wusste, hatte sich offensichtlich gelohnt.

Von außen sah das Gebäude aus wie ein völlig normales Reihenhaus. Ohne Onkel Herberts Hilfe hätten sie das nie so hinbekommen. Madame war völlig baff, als sie von diesen Verbindungen hörte, so diskret war alles abgelaufen. Schon in den ersten Wochen bei Black Devil hatte der Dude den Verwandten angerufen und ihm von seinen Plänen erzählt. Onkel Herbert hörte zu und fackelte nicht lange. Über einen Anwalt wurde ein Haus angemietet und nach den Vorstellungen des Dude komplett entkernt und umgebaut. Über Geld wurde nie geredet, Onkel Herbert zahlte alles. «Mach dir keine Sorgen, Dude, wenn das Geschäft Geld abwirft, werden wir uns schon einigen, darauf hast du mein Wort.» Das reichte dem Dude. Und so bekam er die feinste Ausrüstung, die es auf dem Markt zu kaufen gab. Niemand ahnte, dass im schmucken Reihenhäuschen eine topmoderne Hightech-Plantage entstand.

Es gab kein Wohnzimmer, keine Küche, keine Schlaf- oder Esszimmer, nur Pflanzen, Lampen, Zelte und eine riesige Werkbank, die an die Entwicklungsabteilung von Apple oder Google denken ließ. In den Zelten züchteten sie neue Keimlinge, in den anderen Zimmern Mutterpflanzen und neue Sorten. An der Hightech-Werkbank tüftelte Eight Fingers, der sich in den langen Jahren des Dude'schen Knastaufenthalts zu einem veritablen Technik- und Internet-Nerd entwickelt hatte, an einer Anbau-Revolution: Das Ergebnis war ein vollautomatisiertes, App-gesteuertes Gerät zum sorgenfreien Heimanbau, die simpelste, effizienteste, sparsamste und ökologisch sauberste Miniplantage des Globus, erhältlich in drei Größen:

für drei Pflanzen, sechs Pflanzen oder zehn Pflanzen. In Kühlschrankgröße, in jeder Wohnung installierbar. Mehr brauchte keine Privatperson. Von jedem Trottel bedienbar. Zutaten einfüllen, Wasser anschließen, App aktivieren, abwarten – fertig. Die wichtigsten Faktoren für das Wachstum wie Licht, Luftzufuhr, Nährstoffe und pH-Werte wurden kontinuierlich erfasst und analysiert. Bei Abweichungen von der Norm bestand die Möglichkeit automatischer Anpassungen oder eines manuellen Eingriffs. Eight Fingers' System verfügte über eine Vorrichtung für Kartuschen mit den benötigten Nährstoffen, ähnlich den Tintenpatronen eines Druckers. Bei geschlossener Tür wurden die Pflanzen mit einer eingebauten Kamera überwacht. Ein Live-Stream aus dem Inneren konnte direkt ins Internet übertragen werden. Und irgendwie hatte Eight Fingers, der alte Zausel, es geschafft, das Ding aussehen zu lassen wie eine Mischung aus iPad und Raumschiff Enterprise, jeder Styler, aber auch jeder normale Konsument würde so einen Kasten unbedingt haben wollen.

Diesmal wollten sie alles richtig machen. Der Anwalt von Onkel Herbert meldete sofort Marke und Patent für den «Dude-Tresor» an, und zwar weltweit.

Aber das schönste Spielzeug war nichts wert ohne den Stoff, der alle überzeugen und zu ihnen locken würde. Denn der Markt war mittlerweile nicht nur riesig, sondern auch brutal. Sie konnten es täglich auf den Finanzseiten der Online-Dienste und in den Wirtschaftszeitungen verfolgen, wo eigene Tabellen für den ständig schwankenden Cannabispreis unterschiedlicher Materialgüte mittlerweile ganz selbstverständlich neben den Notierungen anderer Rohstoffe wie Gold, Silber oder Öl standen. Die Aufholjagd auf Meduk und Black Devil hatte längst begonnen. Von allen Seiten griffen mächtige Player an. Die früheren Zigarettenkonzerne, Coca-Cola Company, die

Pharmaindustrie, Red Bull sowieso, die mächtigsten Nahrungsmittelkonzerne der Welt wie Nestlé, PepsiCo, Unilever, Danone oder Kraft Foods. Daraus resultierte ein erbarmungsloser Preiskrieg, dem reihenweise selbst größere Plantagen und Anbieter zum Opfer fielen. Die kleinen selbständigen waren ohnehin meist schon untergegangen.

Nur das Luxussegment blieb stabil. Onkel Herberts Vorhersagen bewahrheiteten sich Punkt für Punkt. Je mehr Cannabis auf den Markt kam, je mehr Abstriche aus Preisgründen bei der Qualität gemacht wurden, desto stärker stiegen die Ansprüche der kaufkräftigen Kundschaft. Die reinste Ware, der natürlichste Stoff und der beste Geschmack erzielten Rekorderlöse. Das war ihr Feld. Da waren sie Experten. Und es gab nur eine Sorte, die mit Strongdude ernsthaft konkurrieren konnte.

Die rauchten sie gerade.

Entwickelt und verfeinert in einem unscheinbaren Reihenhaus. In ihrer kleinen «Superplantage», wie Eight Fingers und der Dude das Refugium untereinander nur nannten. Das wollten sie auch im Namen berücksichtigen. Morgen würden sie für dieses Kraut die Marke anmelden und die Pflanze patentieren lassen. Alles war bestens vorbereitet, Onkel Herberts Anwalt bereits gebrieft.

Wenn Millionen Menschen Cannabis wollten, gab es keinen Grund, warum sich diese Millionen Menschen das Gras nicht selbst züchten sollten.

Mit dem «Dude-Tresor» war das ein Kinderspiel.

Ab sofort konnte jeder ganz leicht zu Hause anbauen.

Und zwar einen Stoff, den es so noch nicht gegeben hatte.

Der Dude funkelte Madame an, die Energie und der Optimismus in seinem Blick ließen sie vibrieren. Ganz warm wurde ihr, so auffordernd, wie der guckte, so unverschämt gierig und zuversichtlich. Es fühlte sich an wie der Anfang von etwas ganz Großem.

Good-bye, Frevert.

Good-bye, Andy.

Welcome back, Dude.

EPILOG

Böll trat ein, in der Hand eine dicke Mappe, auf der sie gleich das «Top Secret – K»-Etikett erkannte. Frevert musterte ihr aufgeregtes Genie.

«Ist es das, was ich vermute?»

«Ja, Frau Dr. Frevert, es ist nicht nur ...»

«Frevert, mein Lieber, einfach Frevert.»

«Entschuldigung, ich bin so nervös ...»

«Schon gut, also, schießen Sie los.»

«Frau Frevert, das ist der ultimative Durchbruch.»

Bölls Stimme brach vor Anspannung.

«Alle Werte wurden bestätigt und übertroffen.»

«Wissenschaftlich korrekt und nachweisbar?»

«So korrekt, dass uns zumindest niemand etwas anderes nachweisen wird.»

«Und wir bekommen das in der Qualität und der Menge hin, die wir bräuchten?»

«Innerhalb von sechs Monaten könnten wir Deutschland komplett beliefern, in einem Jahr Europa, mindestens.»

«So gut wie das Urprodukt?»

«Besser, Frau Frevert, besser. Das bestätigen uns sogar unsere Kollegen aus Bogotá.»

«Böll, Sie wissen, was Sie da sagen?»

«Ja, Frau Frevert.»

«Ein letztes Mal, Böll: Sind Sie sich vollkommen sicher? Wir lindern damit Schmerzen besser als zuvor, wir erleichtern älteren Menschen das Leben, den Kranken das Siechtum, den Sterbenden den Abschied, wir lassen Autofahrer und Piloten konzentrierter arbeiten und bringen mehr Spaß in deutsche Betten – unter Vermeidung aller denkbaren schädlichen Nebenwirkungen, immer vorausgesetzt, wir gehen damit verantwortlich um? Können Sie das alles klar und eindeutig bejahen?»

Böll straffte sich und nahm so etwas wie militärische Haltung an. Er legte sogar beide Hände an die Hosennaht. «Jawoll, Frau Frevert.»

«Gut, mein lieber Böll, dann wollen wir mal.»

Sie nahm den Hörer ab und sprach mit ihrer Vorzimmerdame.

«Machen Sie mir einen Termin mit dem Kanzleramt. Sagen Sie dem Kanzleramtschef einen schönen Gruß. Sagen Sie ihm, wir müssen dringend über die Legalisierung reden.»

Sie blinzelte Böll verschwörerisch zu.

«Nein, nicht schon wieder Cannabis, sagen Sie, diesmal geht es um Kokain. Ja, Sie haben ganz richtig gehört, Kokain. Sagen Sie, wir müssten dringend reden, wir haben eine Lösung gefunden.»

MIX
Papier aus verantwortungsvollen Quellen
FSC® C083411

Das für dieses Buch verwendete Papier ist FSC®-zertifiziert.